最新 障害児保育マニュアル

元 東京都北療育医療センター副院長
中島 雅之輔 編著

株式会社 新興医学出版社

Management of the Cerebral Psychomotor Disorders

EDITORS
MASANOSUKE NAKASHIMA

Tokyo Metropolitan Kita Medical
and Rehabilitation Center for the
Challenged
1-2-3, Jujodai, Kita-ku, Tokyo, Japan

© First edition, 2007 published by
SHINKOH IGAKU SHUPPAN CO., LTD, TOKYO.
Printed & bound in Japan

編 者

中島雅之輔　（元東京都北療育医療センター　副院長）

執筆者

今井　祐之　（東京都北療育医療センター　小児科　医長）
若杉　宏明　（元東京都北療育医療センター　通園科　医長）
中島雅之輔　（元東京都北療育医療センター　副院長）
高見　葉津　（東京都北療育医療センター　訓練科　主任技術員）
船崎　俊子　（元東京都北療育医療センター　通園科　主任技術員）
鈴木あつ子　（東京都北療育医療センター　歯科　医長）
猪野　民子　（むさしの小児発達クリニック）
坂井　和子　（むさしの小児発達クリニック）
川崎　葉子　（むさしの小児発達クリニック　院長）

（執筆順）

序　文

　本書の目指したところは，それぞれの執筆者が熱い思いのもとに書いた基本的考え方を理解していただくことにある．というのは，それを理解していただくことにより，書かれている細かな技術はよりたやすく身につくと思うからである．

　本書はマニュアルと名付けてあるので，これさえあれば日常発生する各種の問題にも対応できるよう，全般を網羅するよう構成してあるが，それを十分に利用できるか否かは，読者の基本的理解の仕方による．しかし，一方的に読者の責任に負わせるのではなく，各執筆者は精根込め，読者の理解が十分得られるよう解説している．

　各執筆者は，いうまでもなく，現在最先端の現場で日常的に種々の障害児に接し，養育者や現場の職員からの信頼を得，研修にこられた方々にも教育し，好評を博している方々である．

　現在の社会環境をみると，これまで主として健常児に対して，保育活動を行って来た保育園，幼稚園においても，障害児をさらに受け入れなければならない状況になってきている．しかし，これらの保育士を初めとした職員は，障害児に対する専門的教育を十分に受けていないし，また研修の機会もほとんどないという現状である．裁判所までが重症心身障害児を受け入れるべきであるという方向性を出している．現場の不安はいかばかりかと思慮する次第である．

　このような時に出版社から，表題のような現場の職員に役立つマニュアルを出版しないかとの誘いがあった．大変時宜に合い，社会的ニーズに叶った立派な企画と考え，早速この要望に十分に応えるべく執筆者を選んだ．その結果がこの書に現れたはずである．

　本書の概略を示してみると，障害児，とくに脳損傷児の臨床像に関することは肢体不自由児施設の小児科医，健康管理に関しては同通園担当で感染症専門の小児科医，運動発達の分野は整形外科医である編者自身，摂食機能・コミュニケーション機能面については肢体不自由児施設で30年以上の実績を持つ言語聴覚士，保育ならびに保育計画を肢体不自由児通園での経験を活かした保育士が執筆した．いずれの執筆者も長い豊富で良質な経験を積んだ障害児療育の専門家である．さらに章を変え知的障害児への対応は，実際現場で対応している小児発達クリニックの小児精神科医・心理士が執筆を担当した．最終章には日常業務の中ですべての児に関り合いがあるという意味で口腔衛生，歯科治療の項目も加えた．これは日常歯科治療に従事している歯科医師に担当して頂いた．

　対象とする読者は，統合保育を行っているか，またはこれから行おうとしている保育園，幼稚園の保育士・幼稚園教諭，肢体不自由児・知的障害児の通園・入園施設の職員，養護学校職員，保健所保健師，その他障害児全般を知りたいという希望のある理学療法士・作業療法士・言語聴覚士，また以上の分野を目指す学生などである．

　すべての執筆者が編者の要望に応え，遅滞なく原稿を送って下さった．これは編者にとり誠にうれしいことであり，感謝の念に耐えない．ただ全体の整合性を保つための文章の校正を無理にお願いし，一部不本意な方もおられたのではないかと危惧する．分担執筆のため文体が不統一になりやすい，という欠点を克服するため校正せざるを得なかった．しかし，それにもまして分担執筆のよい点，すなわち各専門家がそのもっとも得意とするところを執筆し，全力を尽くすという点が，本書には明確に現れてい

ると思う．

　最大限校正に努力したが，誤字，誤植，脱字，思い違い，説明不足など，問題点はまだ存在すると思うので，読者の皆様のご指摘，ご意見，ご要望，並びに叱咤・激励を期待している．これを謙虚にこれを受け止め，改訂の際に役立てたいと思う．しかし，大きな問題点があるとすれば，それはすべて編者の責任であることをここに明記したい．

　また，本書出版にあたっては，企画，校正等に尽力頂いた新興医学出版社 服部秀夫，林峰子両氏に，この場を借り深甚なる感謝の念を表する次第である．

　最後に，本書を上梓することにより，読者の皆様にいささかなりともお役に立てることができれば，編者また執筆者として，無上の喜びであることを述べ，本書の序としたい．

2007年5月　　中島雅之輔

目 次

第1章 肢体不自由児，重症心身障害児への対応

I. 発達遅滞・障害児の臨床像 — 3
- A 脳障害児の概念 … 3
- B 脳性麻痺 … 3
  1. 脳性麻痺の定義 … 3
  2. 発生原因 … 5
  3. 発生頻度 … 5
  4. 分類 … 5
  5. 臨床診断 … 8
  6. 合併する障害 … 8
- C 知能障害 … 11
- D てんかん … 12
- E まとめ … 13

II. 健康管理（予防注射を含む） — 14
- A 健康管理のチェック項目 … 14
  1. 体格 … 14
  2. 体温 … 15
  3. 呼吸 … 15
  4. 睡眠 … 16
  5. 食事と嚥下 … 16
  6. 皮膚 … 16
- B よくみられる病態 … 16
  1. 消化器 … 16
  2. 呼吸器 … 17
  3. てんかん … 17
  4. 感染症 … 18
  5. 循環器 … 23
  6. アレルギー性疾患 … 23
  7. 外科疾患 … 23
  8. 整形外科疾患 … 24

	9.	皮膚科疾患	24
	10.	耳鼻咽喉科疾患	25
	11.	眼科疾患	26
	12.	精神医学的疾患	26

Ⅲ. 運動発達の理解と促しかた ―― 29

A	運動発達の理解のために		29
	1. 第1期：首すわりまで（4ヵ月まで）		29
	2. 第2期：四つ這い移動まで（8ヵ月まで）		35
	3. 第3期：独歩まで（12ヵ月まで）		41
B	運動発達の促しかた―独歩まで		42
	1. 第1期：首すわりまで（4ヵ月まで）		43
	2. 第2期：四つ這い移動まで（8ヵ月まで）		48
	3. 第3期：独歩まで（12ヵ月まで）		54
C	運動発達と整形外科的問題に対する Q and A―独歩以降		60
	Q1. 皆ができることがまだできない		60
	Q2. ふらふらしてよく転倒する		62
	Q3. 歩容がおかしい		63
D	障害特有の援助方法，注意点		69
	1. 各種染色体異常		69
	2. 二分脊椎		71
	3. 脳性麻痺		73
	4. 筋ジストロフィー症		76

Ⅳ. 摂食機能，コミュニケーション機能の理解と援助方法 ―― 77

A	食べる機能の発達とその障害		78
	1. 食べることの意義		78
	2. 食べる機能の発達		78
	3. 食べる機能の障害		80
B	言語・コミュニケーションの発達とその障害		81
	1. コミュニケーションの発達		81
	2. 言語発達		82
	3. 脳性麻痺児や重心児の言語・コミュニケーション発達障害		83
C	障害を配慮した援助内容		83
	1. 食事に問題のある子どもたち		83
	2. コミュニケーション・言語に障害のある子どもたち		86
D	まとめ		88

V. 保育計画のたてかた ─── 90
- A 障害児受け入れにあたって ……… 90
  1. 障害に対する考えかた ……… 90
  2. 障害児の生活 ……… 90
- B 生活習慣づくり ……… 90
  1. 生活リズム ……… 90
  2. 食事 ……… 91
  3. 食習慣獲得に向けての考えかたと方法 ……… 91
  4. トイレットトレーニング ……… 92
  5. 更衣 ……… 92
- C 発達を促す遊び（保育内容） ……… 93
- D 保育計画について ……… 96
- E 家族支援について ……… 101

第2章 発達障害児への対応

I. 事例から学ぶ対応 ─── 105
- A A子ちゃん ……… 106
  重度精神運動発達遅滞，てんかん ……… 106
- B B君 ……… 109
  自閉症―孤立型 重度の精神遅滞 ……… 109
- C C子ちゃん ……… 111
  ダウン症 中軽度精神遅滞 ……… 111
- D D子ちゃん ……… 113
  自閉症 軽度精神遅滞 ……… 113
- E E君 ……… 118
  高機能広汎性発達障害 ……… 118
- F F君 ……… 121
  ADHDを伴うPDD ……… 121
- G G君 ……… 123
  場面かん黙，高機能PDD ……… 123
- H H君 ……… 125
  ADHD ……… 125
- I I君 ……… 126
  虐待要因を抱える環境で育つ子 ……… 126

II. 発達障害の捉えかた ─── 128
- A 発達障害の捉えかた ……… 128

	B	発達障害児の家族の理解	*129*
	C	きょうだいへの対応	*129*
	D	発達障害児のいるクラスの保育	*130*
	E	園内の調整	*131*
	F	関係機関との連携	*132*
	G	まとめ	*133*

第3章 肢体不自由児・精神発達遅滞・自閉症児の口腔管理

Ⅰ. 口腔の保健衛生管理 — *137*

 A 口腔の保健衛生管理 … *137*
 B 障害と口腔内の特徴 … *137*
  1. 肢体不自由児，おもに脳性麻痺の口腔所見 … *137*
  2. 精神発達遅滞の口腔所見 … *138*
  3. 自閉症の口腔所見 … *139*
 C 障害児の発達期における口腔衛生管理 … *139*
  1. 口腔ケアの目的 … *139*
  2. 障害児に対する口腔ケアの意義 … *139*
  3. 口腔ケアの実際 … *140*

第1章

肢体不自由児，重症心身障害児への対応

Ⅰ．発達遅滞，障害児の臨床像
Ⅱ．健康管理（予防注射を含む）
Ⅲ．運動発達の理解と促しかた
Ⅳ．摂食機能，コミュニケーション機能の理解と援助方法
Ⅴ．保育計画のたてかた

I 発達遅滞・障害児の臨床像

今井　祐之：東京都立北療育医療センター小児科医長

発達障害は，一般的に，乳児から幼児期にかけて，発達の「遅れ」や質的な「歪み」，機能獲得の困難さが生じる心身の障害を指す概念である．発達障害にはさまざまな原因があり，身体的な原因による脳性麻痺から，知的な遅れがおもな知的障害者，さらに自閉症や広汎性発達障害まで，非常に広い範囲が含まれる概念である．知的障害や広汎性発達障害については，別の章で詳細に述べられるので，ここでは，身体的な原因で発達遅滞をきたす脳性麻痺児に焦点をあてて，まとめていく．

A 脳障害児の概念

発達障害は前述したようにさまざまな原因により起こりうるが，大部分は脳障害に起因する脳障害児であると考えられる．脳障害児とは，妊娠中・周産期・乳児期早期に受けた脳障害の結果，精神運動発達の遅れを示す一群の小児をいう．したがって，脳障害児の臨床症状を考えることが，発達障害児の理解に重要である．脳障害児の臨床症状は，脳障害の部位や程度によって，①手足の不自由さを示す麻痺症状，②知恵の遅れを認める知的障害，③多動や落ちつきがないなどの行動異常，④突発的な発作症状を示すてんかん，の4つに大別できる．この考えをわが国では楢林が，脳損傷児の概念として図1のようにまとめている．

図で明らかなように，各症状は単独でみられることもあるが，多くの場合は，いくつかが重なり合って認められる．脳障害児の臨床症状は，上記の①～④の4症状の組み合わせとして考えると理解しやすい．「脳性麻痺と知的障害」や「脳性麻痺と知的障害とてんかん」などのように併記して病名を示すことにより，脳障害児の臨床像をより具体的に表現できる．知的障害やてんかんは，従来脳性麻痺の随伴症候または合併症として扱われてきたが，それぞれが特有の病理学的基礎をもっているわけでなく，神経病理学的所見も共通であり，神経学的に密接に関連性のあるこれらの障害を個々に分離して考えるより，一括してとらえた方が，理解しやすいであろう．

B 脳性麻痺

1. 脳性麻痺の定義

脳性麻痺という言葉は，脳に原因があって手足に麻痺をきたす状態であるが，状態のみを表す名称ではなく，ひとつの疾患単位として定義されている．日本における脳性麻痺の定義は，1968年の厚生省脳性麻痺研究班の定義を用いることが多い（表1）．この定義のポイントは次の4点である．第1は発達途上の脳が障害されることである．受胎から生後4週までで，脳の構造ができあ

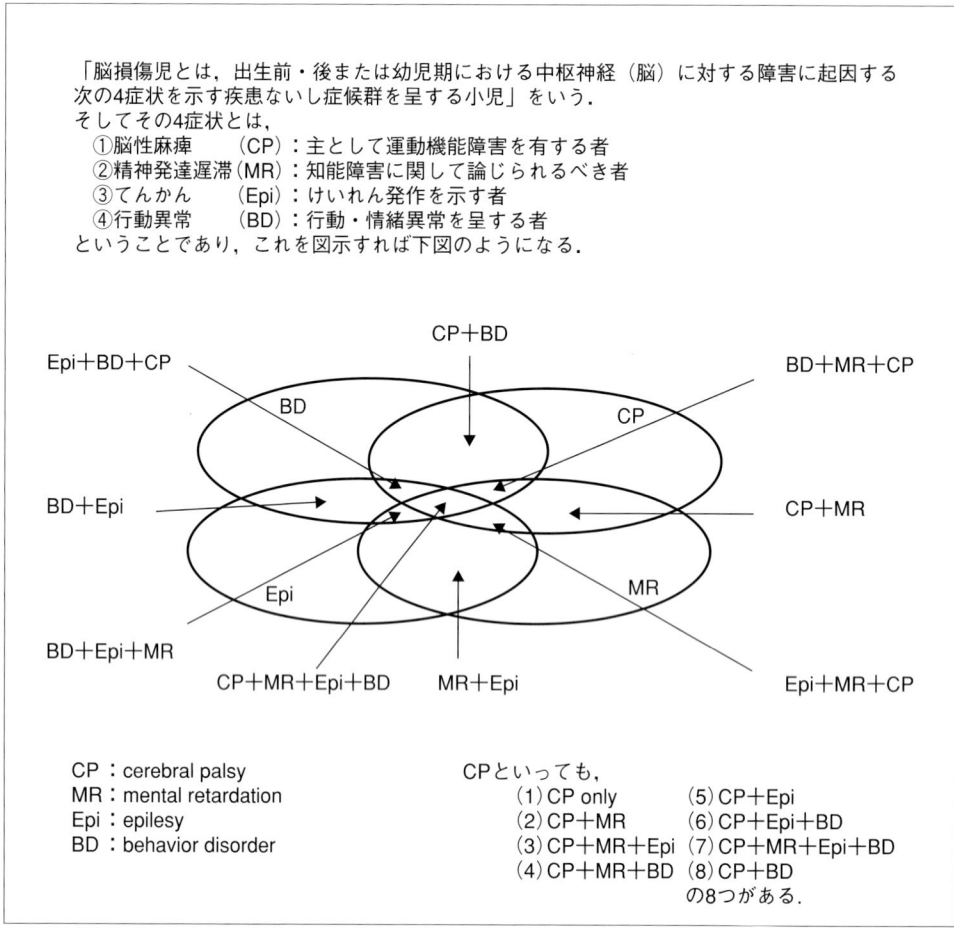

図1 脳損傷児の概念（楢林）（甘楽改変）
甘楽重信：脳性麻痺の小児科的治療．小児科MOOK No.7, p158, 1979.

表1 厚生省脳性麻痺研究班の定義（1968年）

> 受胎から新生児（生後4週以内）までの間に生じた，脳の非進行性病変に基づく，永続的な，しかし変化し得る運動および姿勢の異常である．その症状は満2歳までに発現する．進行性疾患や一過性運動障害，または将来正常化するであろうと思われる運動発達遅延は除外する．

がる途中で障害を受けることが，脳性麻痺の大きな特徴である．成人の脳血管障害（脳出血，脳梗塞など）時にも，脳性麻痺と同じように手足の麻痺症状を呈するが，この場合は，すでに完成している脳に起こった障害であるので，「脳性麻痺」とはいわない．あくまでも発達を示している小児の脳の障害ということである．また，生後4週までと制限しているのは，4週以後は，脳の損傷の原因が特定できる場合が多く，脳損傷の原因名をつけて"○○○による後遺症"（たとえば日本脳炎後遺症，頭部外傷後遺症）のような呼び方をし，脳性麻痺とはいわないのである．第2のポイントは，「運動および姿勢の異常」という定義である．あくまで身体的な機能の障害を指す概念である．知的な障害の有無については，定義には記されて

いない点に注意してほしい．第3点は，その症状が非進行性であることである．たとえば，脳腫瘍や代謝疾患などの場合でも，脳性麻痺と同じような症状を呈することがあるが，この場合は，症状が進行性である．すなわち，一度は歩けたのに，年ごとに歩行が不安定になり，ついに歩けなくなり，坐位もとりにくくなり，やがて寝たきりになった，というような経過をとる．このような場合は，脳性麻痺とはいわない．しかし，厚生省の定義に「永続的な，しかし変化しうる運動および姿勢の異常」とあるように，脳性麻痺では，本人の成長・発育や日常の習慣などに伴い，運動および姿勢が変化し，一見進行性に見えることがある．足のつっぱりが強まったり，側弯が増強したりするのは，これに当たる．根本的な脳の病変は変化していないので，病変の進行とはいわず，変化と表現しているのである．第4点として，脳性麻痺は除外診断であることが挙げられる．これこれの症状があるから脳性麻痺である，とか，これこれの検査所見があるから脳性麻痺であるとは診断できず，前述の脳腫瘍や代謝疾患など他の疾患が隠れていないかどうかを検索し，これらが否定できた時に，はじめて脳性麻痺と診断できるわけである．逆に，現時点では脳性麻痺と診断されていても，今後の医学の進歩により，新しい診断名がつく可能性があるということである．

2. 発生原因（表2）

前述のように脳性麻痺は「受胎から新生児（生後4週以内）まで」の原因に由来する．その脳障害の時期は，さらに細かくみると，胎生期（母親のお腹の中にいる時期），周産期（お産の前後の時期），出産後（生まれてから1ヵ月までの時期）の3つに分けられる．

表2 発症時期と原因

1. 出生前の障害：胎内感染，母体の栄養障害，放射線障害などによる脳髄の発達障害，脳奇形，神経細胞の遊走障害など．
2. 出生時の障害：仮死による無酸素性脳症，分娩時の脳出血や脳外傷など．
3. 出世後の障害：脳外傷，脳血栓，中枢神経感染症，重症黄疸による核黄疸など．

胎生期と周産期の原因として，妊娠中毒症に伴う高血圧，胎盤機能不全，母体感染症，37週未満の早期産児，とくに1,500g未満の極小未熟児，孔脳症など脳形成異常，分娩異常としての前置胎盤，遷延分娩，墜落分娩，臍帯てん絡など，胎児仮死，出生時仮死などがある．分娩後の原因として新生児けいれん，中枢神経系感染症，外科手術後の脳血管障害などがある．

新生児医療の進歩により，新生児の呼吸管理や，黄疸の治療，感染症の治療が進み，生まれてからの原因は減少してきている．しかし生まれる前の原因としての，染色体や遺伝子異常，先天奇形などは，変わらずに一定頻度でみられるため，現在の脳性麻痺の発生原因の内訳は，60～70%が周産期前と周産期に，10～15%は分娩後に原因があり，残りの20～30%は原因不明という状況である．

3. 発生頻度

脳性麻痺の発生率は1970年代の新生児医療の進歩により減少したが，最近の先進国では1,000の出生数に2と横這い状態である．

4. 分類

脳性麻痺は，その臨床症状からいくつかのタイ

プに分類される．大きく分けると，麻痺別と型別の2つの分類がある．

i ）麻痺別分類（図2）

麻痺が手足のどの部分にみられるかで，分ける分類である．

a）単麻痺（monoplegia）

四肢のうち一肢が罹患する場合で，脳性麻痺には少なく，CT・MRIなどの諸検査を行うと，原因が明らかになり，「○○による後遺症」という概念に入ることが多い．また上肢の単麻痺は，次に述べる片麻痺のうち下肢の麻痺が軽度で見逃されている場合がある．

b）片麻痺（hemiplegia）

体の片側が罹患する場合で，原則として上肢の障害が下肢の障害より強い場合をいう．

下肢の障害がごく軽い場合は，上肢の単麻痺とみなされることがある．

麻痺の側を頭につけて，右片麻痺または左片麻痺というように表現する．

c）対麻痺（paraplegia）

原則として，両下肢が対称性に同程度の障害で侵される場合をいう．上肢には麻痺はみられない．この型は脳性麻痺には少なく，下部の脊髄の障害（二分脊椎など）がある場合にみられやすい．膀胱直腸障害と伴いやすく，排尿や排便の障害を合併する．

d）両麻痺（diplegia）

原則として上肢および下肢が対称性に罹患する場合で，下記の四肢麻痺との違いは，下肢の方が上肢よりその障害程度が重いことである．上肢の障害が軽いと，対麻痺様にみえる場合があり，厳密な区別は難しい．

e）三肢麻痺（triplegia）

四肢のうち3つの肢が侵されることで，脳性麻痺では多くはなく，これも単麻痺同様，諸検査により，「○○による後遺症」と判明する場合が多い．

f）四肢麻痺（quadriplegia or tetraplegia）

四肢が同程度に対称性に障害される場合をいう．

g）重複片麻痺（double hemiplegia）

両麻痺は上肢より下肢の障害が強い場合を指すが，下肢より上肢の方が障害が強い症例に遭遇することがある．この場合，麻痺をよくみると対称性の麻痺は少なく，左右どちらかが，麻痺が強い場合が多い．それで，この状態は，片麻痺が左右両側にみられていると考え，片麻痺が重複しているという表現を用いている．

以上の部位別分類では，単麻痺→片麻痺→対麻痺→三肢麻痺→両麻痺→四肢麻痺の順に，その重症度は増すと考えてよい．

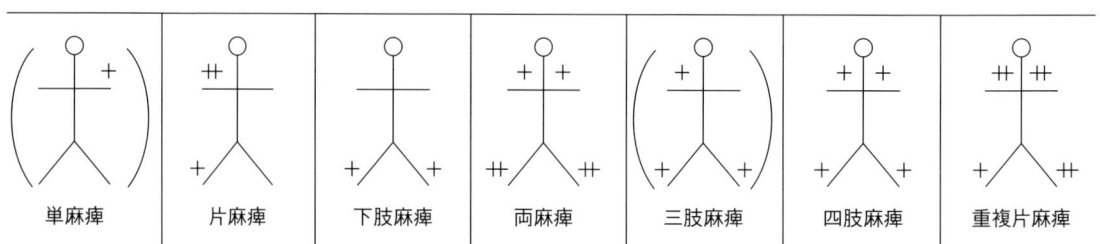

図2　麻痺別表示
前川喜平：臨床小児神経学．南山堂，1990．

表3 脳性麻痺の臨床的分類と頻度

臨床的型	頻度（%）
1) 痙直型	75〜85
a 片麻痺	10〜15
b 両麻痺	35〜40
c 四肢麻痺	25〜30
2) 不随意型	5〜10
3) その他の型	10〜15

ii) 型別分類

麻痺の性状によって行われる分類である．大きくは，痙直型と不随意型に分けられる．

他の人の手や足を持って，曲げ伸ばししてみると，正常人なら特に抵抗なくなめらかに屈伸が行われるのに対し，脳性麻痺の子では，曲げ伸ばしの始めの部分に少し力が必要で抵抗感があるが，ある程度動かすと不意に力が抜けて，スルッと抵抗が抜けるようになることがある．ちょうどジャックナイフを折り畳む時のような動きなので，ジャックナイフ様と表現される．あるいは最初から最後まで，ギリギリと硬い感じが続き，まるで鉛の管を折り曲げているように感じる抵抗感を認めることもある．これらのタイプを痙直型の脳性麻痺という．

一方，不随意型とは，手足が自分の思うように動かせない状態である．正常人なら，なにか物を取ろうとする場合，目的の物になめらかに手を伸ばして取ることができるが，不随意型では，物を取ろうとしても思いどおりにならず，手足が揺れ動いてしまい，なかなか目的の物を掴めない．取ろうとするものより先の方に手が行ってしまったり，逆に目的物の手前で掴もうとしてしまったりする．あるいは，前に手を出そうとすると，反対側の筋肉に力が入ってしまい，手が後ろ側に引っ張られてしまったりする．何かをやろうとすればするほど，思うように手足が動かせなくなるのが不随意型の特徴である．

痙直型は，大脳皮質あるいは錐体路系の障害であり，不随意型は脳実質とりわけ基底核あるいは錐体外路系の障害である．脳皮質の障害があると，知的な遅れや，脳皮質の異常放電に伴うてんかん発作などを合併しやすくなる．ゆえに痙直型には知的障害やてんかんの合併がみられやすい．一方，基底核の障害が主である不随意型の場合は，脳皮質の障害は軽いことが多く，知的障害は伴わないことが多い．そのため，不随意型では，一般正常人と同様の知能指数（IQ）を示す者が多い．外面上の動きの不自由さやしゃべり方のぎこちなさから，知的な能力も低いようにみられがちであるが，理解力はしっかりしているので，接する時の対応に注意が必要である．また不随意型は精神的に緊張が高まると，不随意運動も増悪しやすい傾向がある．環境の変化に弱く，全身状態が急変する場合（がちがちに緊張して力が緩まなくなる，高熱を出すなど）があるので，はじめての行事や，宿泊などの場合は，事前に体験を行って，馴らしておくことが望ましい．

iii) 麻痺の表現

型別と部位別の分類を組み合わせて，実際の状態を表現する．痙直型両麻痺とか痙直型四肢麻痺といった言い方をする．不随意型の場合は，部位を限定しにくいので，そのまま不随意型と呼ばれたり，不随意運動の種類によりアテトーゼ型と呼ばれることが多い．痙直型と不随意型は，まったく別のものというわけではなく，両者を伴う場合もあり，混合型と表現している．

iv) 麻痺の状態

脳性麻痺の麻痺は，前述のように痙性の麻痺を

きたしやすい．乳児期早期には，逆にぐんにゃりとして低緊張なこともあるが，経過をみる中で，硬さが目立ってくることが多い．両麻痺では，足が突っ張って，つま先立ちとなるが，歩行はできるようになる．その後の経過で，杖が必要になったり，補装具が必要になったりする場合がある．四肢麻痺では寝たきりの児が多いが，緊張を利用して，反り返って反動でごろんと寝返ったりできる児もいる．片麻痺の児は，麻痺側の足がつま先立ちになりやすいが，歩行は可能となり，その他日常的な動作は，だいたい自立する．両手を使わないと困難な動作には介助を要す．不随意型の場合，筋緊張が高まって，随意運動を障害するため，日常的な動作で，目的を遂げるのが不可能であったり，できても非常に時間がかかったりする．

5．臨床診断

脳性麻痺はその原因となる出来事は，生後4週までにおこっている訳であるが，脳性麻痺と診断をつけられるのは，もっと後になる．運動および姿勢の異常がはっきりするのは，ある程度発達が進んでからでないと難しいからである．6ヵ月未満での診断は不確実で，一般には0歳後半に脳性麻痺の疑いを持つ程度である．軽度の脳性麻痺では，立位や歩行が安定してくる2歳位まで異常に気づかれず，見逃されることもある．妊娠中や分娩時，新生児期に何か問題がなかったかどうかの問診，筋緊張，姿勢および原始反射の異常，運動発達の遅れ，不自然な運動行動などが脳性麻痺の疑いに結びつく．筋緊張の低下は痙性やアテトーゼの前段階の場合がある．筋緊張の低下が，長期に持続したり，生後6ヵ月位までに明らかな痙性があることは障害が重度であることを表している．

6．合併する障害（表4）

脳性麻痺には随伴症候として，知的障害（精神発達遅滞），てんかん，行動異常・情緒障害，中枢性の視聴覚障害，言語障害，眼の障害，歯の障害などがあることが知られている．

a）聴覚障害・言語障害

日常生活で，大きな音でないと反応しないとか，音楽を聴いたり，テレビを見たりする時に大音量にしたがる，正面からだと反応するが，左右片側から呼びかけると，どちらかで反応しにくい，などの症状がある時は，聴力障害を考える．逆に症状がない場合でも，軽度の聴力障害を合併している場合があるので，一度は耳鼻科での聴力検査を受けることが必要である．聴覚障害は言語を獲得する上でマイナスとなるため，脳性麻痺児にとって聴覚検査は不可欠である．言語障害はアテトーゼ型にみられるし，麻痺が発声や発音に関

表4 脳性麻痺に伴う障害

臨床的型	頻度（%）	多くみられる臨床型
構音障害	20～30	アテトーゼ 痙性四肢麻痺
視覚障害	60	痙性両麻痺
斜視		痙性四肢麻痺
半盲		痙性片麻痺
屈折異常盲	痙直型：不随意型＝2：1	
聴覚障害	25～30	アテトーゼ（核黄疸75%，その他25%）
知能障害	50	低緊張および剛直型 痙性四肢麻痺
認知機能不全 学習障害	40～50	

する筋肉に及ぶ（仮性球麻痺）と痙性四肢麻痺でもみられる．しゃべるための筋肉を思いどおりに動かせないための発音，構音の障害である．言語障害の程度は軽度の発声の不明瞭さから，言語によるコミュニケーションがまったくできない重度の構音障害まで範囲が広い．知的障害の有無・程度も言語能力に大きく関与してくる．言語障害が認められたら，あるいは疑われたら，言語聴覚士の評価・訓練へと繋げていくことが大切である．重度の言語障害の治療で重要なことは，非言語性のコミュニケーションを活用することである．もっとも簡単で初歩的な方法は，いくつかの簡単な絵を板に描いて，子どもにみつめさせたり，指差しをさせたり，その他のサインで選択させる方法である（ジェスチャー，サイン，絵カードやボードの利用）．教育や社会活動は，より複雑で多様性のあるコミュニケーション手段を要求するため，手動あるいは電気的にコントロールされた合成の声や印刷された象徴文字が種々に選択できる機器（パソコン，トーキングエイドなど）がコミュニケーション手段として利用される．子どもが言葉の遅れを持つが，十分な言語認知能力を持つ時には，非言語性コミュニケーションの能力を補助していく方法を検討することが必要である．

b）視覚障害

視力などの精査を行うが，見える・見えないの表現が困難な児では，正確な判断は難しい．障害者の検査の経験が豊富な眼科医での診察が望ましい．斜視は両麻痺や四肢麻痺によくみられ，難治性である．遠視もよくみられる症状である．未熟児網膜症は眼科的治療を必要とする．重い視覚障害や全盲は，最終的な身体機能の到達レベルを低くする．

c）歯

口腔のケアも大切である．経口摂取をしている子はもちろん，経管栄養の場合も，管が入っていることで，口腔内の細菌叢が乱されることがあり，う歯の合併頻度が高い．ふだんからブラッシングや口腔清拭など積極的に行うことが大切である．また，抗けいれん薬を服用していると，歯肉が肥厚してくることがあり，この場合もブラッシングが重要である．また歯列・不正咬合もみられやすい．口腔の衛生状態の悪化は，食思不振，栄養摂取不良につながり，全身状態の悪化を招くため，口腔ケアは，歯科的な問題だけでなく，全身的な問題としてとらえる必要がある．詳しくは，口腔内衛生の項に譲る．

d）摂食障害

食事摂取困難や流涎は仮性球麻痺に伴う症状である．専門的な食事介助や適切な食事形態を選択することにより，口腔運動機能を促通し改善する．一般的に，固形物より，水分の方が摂取が難しい．水分だと口腔内で塊を作ってから飲み込むことができないためである．ヨーグルトやプリンなどは，比較的摂取しやすい．水分にはトロミをつけると飲みやすくなる場合がある．重度な例では栄養摂取不良や反復する誤嚥のため，経管栄養や胃瘻が必要となる場合がある．

飲み込む機能が悪いと誤嚥をきたすことがある．これは本来食道を通って，胃に入るはずの食物が，気管の方に流れ込み，気管支，肺に入ってしまう状態である．誤嚥した場合に，反射が正常に働けば，激しく咳き込んで，気管内に流入した異物を除去しようとする反応がみられる．しかし，脳性麻痺児では，咳反射が低下している場合があり，誤嚥しても咳がおきず，そのまま肺内に残ってしまう．この異物が呼吸機能を妨げたり，ここに細菌が感染すると誤嚥性肺炎となったりする．食事時にむせやすい児では，つねに誤嚥の可能性を考慮する必要がある．一方，むせがない場

合でも，反射自体が弱いため，誤嚥していても咳反射がでない場合（silent aspiration 無症候性誤嚥）もあるので，食べているとゼコゼコしてくる，何口か食べると口を開けにくくなるなどは，注意すべき症状である．全身の状態，本人の機嫌や呼吸の状態などに留意する．よく熱を出す，ゼコゼコする，これまでに何度も肺炎で入院しているなどの既往がある場合は，とくに注意が必要となる．

また，食道裂孔ヘルニア（胃が横隔膜より上に持ち上がっている状態）や，噴門形成不全（胃の入り口を締めて胃液を逆流しにくくする筋肉が弱まっている状態）などのために，胃食道逆流症（胃液が食道に逆流する状態）を伴う場合は，早期に診断し，薬物療法，外科療法の適応を検討していく必要がある．胃液が逆流すると胃酸によって食道の下部の粘膜にびらん，潰瘍をつくる．また上方まで逆流すると嘔吐につながるし，口許まで込み上げた胃液や食物を再度飲み込む際に，気管の方に流れ込めば，誤嚥となる．嚥下障害が強いと，自分の唾液でも誤嚥をおこすことがある．ふだんからゼコゼコしている児では，逆流や誤嚥を考える．

日常の症状としては，嘔気・嘔吐がよくみられる，嘔吐物に黒っぽい出血塊が混入しやすい，しばしば高熱を出す，食べている途中から，または食べ終わってから，ゼコゼコが増悪する，緊張が非常に高まるなどに，注意が必要である．

上記のような症状に該当し，誤嚥，胃食道逆流症が疑われる場合には，嚥下造影，上部消化管造影などのX線検査や，食道内のPHモニタの検査などを行って，誤嚥・逆流の有無や程度を判定し，次の治療へと進めていく必要がある．

e）呼吸障害

脳性麻痺児，とくに重症心身障害児は，呼吸状態が不安定で，ゼコゼコしやすく，またしばしば気管支炎，肺炎などの呼吸器系の合併症を認めやすい．これは胸郭の発達が悪く，深呼吸が困難であることや，胸郭の変形により肺の隅々まで空気が入りにくいこと，喀痰の排出が困難であること，嚥下機能が不完全で，食物や唾液などの誤嚥をきたしやすいことなどに起因している．喉の辺り，または胸部で，始終ゼコゼコしている児では，日常生活において，以下のような注意が必要である．

緊張により，呼吸状態は悪化しやすいので，児がリラックスできる体勢をみつける．呼吸状態だけを考えれば，腹臥位（うつぶせ）がもっともよいが，顔が埋もれて窒息しないように配慮が必要で，そばでみていられない時には，腹臥位は避けた方がよい．溜まった痰を出させるのに，タッピングなど呼吸介助法を用いることがあるが，あまり強くやって痛がらせると，緊張が強まり逆効果となるので，加減が必要である．タッピングよりも，呼気介助法がよい．これは，児の胸郭に手をおいて，呼吸に合わせ，息を吐き出す時に，胸を押して，深い呼吸をさせるものである．また，一定時間ごとに体位交換を行って，さまざまな姿勢をとらせてあげることも有効である．重力により体の下側に痰が溜まりやすいので（坐位や立位では肺の下の方，側臥位では左右の下になった方），体位を変えることで，溜まった痰を動かし，口許に上げてくることができる．上がってきた痰は，そのままだと，また飲み込んでしまうので，歯ブラシや綿棒などで拭い取ってあげるとよい．吸引ができるなら吸引を行うと効率的であるが，手技の習熟が必要となる．

C 知能障害 (表6)

　知的障害の有無は，知能検査を行って判定する．低年齢や重度の障害だと，検査が困難であり，正確な評価は困難であるが，日常の活動の様子から，おおよその発達年齢を出すことはできる．遠城寺式は一枚の用紙で，だいたいの発達を握めるので便利であるが，質問項目が最近の子どもの生活に合わないものもあるので，注意が必要である．知能指数（IQ）または発達指数（DQ）の測定により，知能障害の程度を判定し，発達の経過観察における指標にすることと，下記のように，今後獲得できる能力の目安を得ることができる．ただし，これらはあくまで目安であり，知能検査だけで，児の能力を決めつけてしまってはいけない．日常生活での本人の様子を，しっかり観察することがなにより大切である．

　知能障害の頻度は，痙性四肢麻痺や剛直性（鉛の菅を折り曲げる感じの抵抗感）あるいは低緊張性のものに高い．軽度の認知障害は，頻度は低いが片麻痺や両麻痺でみられる．核黄疸によりおこってくるアテトーゼ型脳性麻痺は基底核の障害でおこり，大脳皮質が保たれていることが多いた

表5　大島分類（府中療育センター分類）

					知能(IQ)
21	22	23	24	25	境界
20	13	14	15	16	70 軽度
19	12	7	8	9	50 中度
18	11	6	3	4	35 重度
17	10	5	2	1	20 最重度
運動 自由に走る	一人で歩く	障害があるが歩ける	歩けない	一人で座れない	

重症心身障害は区分1，2，3，4とし，境界の5，6，7，8，9は他の合併障害を参考にして入所基準とした．
大島一良：重症心身障害の基本的問題．公衆衛生35：648-55，1971．

表6　IQと獲得能力の目安

程度	IQ	教育上の能力	日常生活上の能力
軽度	75～51	教育可能	基本的な日常的なことはできる／日常の会話はできる
中等度	50～36	訓練可能	指導者の元で簡単な仕事ができる 日常の簡単な会話はできる
重度	35～20	要保護	日常生活をするのに他人の助けが必要 言葉は出ないが単語が少し
最重度	20＞	生命維持	日常生活に必要なことはすべて介助が必要 2歳未満の知能

注）重症心身障害児（重心児）
　厳密な医学用語ではなく，行政用語である．すなわち，通所・入所の際に，どの施設を選ぶかの目安として使われた言葉である．重度の肢体不自由と重度の知的障害を併せ持つ児をいう．一般的には大島の分類により，区分1-4に属する者を指す（表5）．その中でも，口，鼻，気管内の吸引を頻回に要したり，気管切開，経管栄養，胃瘻造設，導尿などをしていて，医療的なケアの比重が特に高いものを超重心と呼んでいる．重心とは重い肢体不自由と知的障害を併せ持つという状態を指す言葉であるから，その原因にはさまざまなものがあり，均一ではない．脳性麻痺は重心の原因のひとつである．近年，肢体不自由だけがみられる純粋な脳性麻痺は減少しており，知的障害をも合併した重心児の比率が増えている．肢体不自由児の施設や学校でも，この傾向が如実に表れている．上記の呼吸障害，摂食障害は，重心児ではしばしば合併する問題点である．

め，知的障害は少ない．しかし，低酸素性脳症がアテトーゼの原因である場合では，脳皮質の障害を伴い，知能障害がみられることがある．中枢神経系の認知障害は，知的障害がなくとも，学習障害の原因となる．就学前には，症状としてとらえにくいが，その可能性を考慮し，就学前より，家族や教育関係者，そして療育チームの協力のもと，就学相談が行われる．心理学的評価は就学前に行われるべきである．上肢の不器用さや言語障害がある患児の知能は，知的な能力の低さのためではなく，身体能力の低さにより，低めに評価されやすいので，身体障害児に精通している心理判定者によりなされるべきである．それは，適切な就学指導は適切な知能の判定が不可欠であるからである．学校生活を送る上で，身体障害児のための必要な対策，たとえば車椅子用のスロープや障害児用トイレなどの設置が必要となる．教育は障害児にとって最優先されるべきことであり，将来，雇用の際に学歴が問われるかもしれない．

D てんかん

てんかんとは，脳の異常放電により，反復してみられる症候をいう．大きく全般性発作，部分性発作に分けられる．全般性発作とは，発作開始時に，大脳の両側に同時に発作の波がみられるもので，発作の型としては，硬くなる（強直発作），ガクンガクンとする（間代性発作），ピクッとする（ミオクロニー発作）などがある．また，手足の動きはないが，ボーッとするだけの発作（欠神発作）という型もある．この場合は，数秒動作が止まったり，呼びかけに反応しなかったり，箸や筆記具を落としたり，という症状なので，周囲の人が発作だとわからない場合がある．また，ふざけてやっているとみなされ，「まじめにやりなさい」などと叱責されたりすることがあり，注意が必要である．同様の症状が1日に何回も反復してみられるようであれば，一度専門医療機関に相談するとよい．

一方，部分発作とは，脳の一部から発作の波が出て，それに対応した身体症状をきたすものである．発作の型は，体の一部に現れるので，右手がピクピクする，とか左足が突っ張るなどの症状を示す．意識は保たれていて，自分で今発作であるとわかる場合と，意識低下して，呼びかけても反応できない場合がある．前者を単純部分発作，意識の低下を伴うものを複雑部分発作と呼ぶ．部分発作は，体の一部からはじまり，徐々に広がって，全身性の発作になることがあり，これを二次性全般発作という．口のぴくつきから始まり，手のぴくつき→足のぴくつきと進行して行くなどの経過をとる．

その他，発作の始まった年齢，発作の型，脳波検査の所見などから，さまざまな分類がなされるが，ここでは乳児期に特有のウエスト症候群についてだけ示しておく．

乳児期に物音にびっくりしたように両手を広げてから，屈曲する発作が，一度始まると何十回も反復するのが特徴である．坐位がとれる児だと，座っていて，居眠りをしている時のように，前に首がかくんと落ちるという症状で気づくこともある．これもまた，知識がないと，本人の「くせ」であると考えられて，医療機関への受診が遅れる場合がある．発作がはじまると，それまで順調に発達してきていても，以後発達が停滞するか，退行することが多いため，早目に診断し，治療を開始することが大切である．

てんかんの診断は，発作の詳細な問診と，脳波・CT・MRIなどの検査とを総合して行われる．発作を言葉で正しく伝えるのは，なかなか難

しいことなので，できたらビデオなどで記録し，録画を診察時に持参してもらうと，診断がスムースに進みやすい．

てんかんは，脳性麻痺に特有の疾患ではなく，脳性麻痺以外の人にも認めるが，脳性麻痺の人では合併する頻度が高い．どの型の脳性麻痺にもけいれん（てんかんの発作）はおこりうるが，痙性片麻痺や四肢麻痺に，もっとも頻度が高い．治療は，抗痙剤の内服が一般的であるが，どの薬剤を選択するかは，臨床発作型，行動や覚醒状態等の副作用を考慮してなされる．先のウエスト症候群では，副腎皮質刺激ホルモンの注射療法を行うことがある．また外科的に発作の原因となる脳の一部や，脳の神経線維の流れを遮断したりする方法をとることもあるが，すべてのてんかんで行えるわけではなく，適応となる症例を見極めて行われる．

E まとめ

脳性麻痺を中心に，肢体不自由児，重症心身障害児の臨床症状についてまとめた．近年，肢体不自由だけの脳性麻痺児は減少しており，さまざまな合併症を持った重症心身障害児が増えている．医療の場だけでなく，通園，通所施設や幼稚園，学校等でも，こういった児と接する機会は増えていくと思われる．障害について，正しい知識をもち，接していくことと，障害だけにとらわれず，児の持つ個性，能力に目を向けていくことが，大切であろう．

参考文献
1) 江草安彦，岡田喜篤，末光茂ほか：重症心身障害療育マニュアル第2版．医歯薬出版，東京，2005
2) 竹下研三：日本における脳性麻痺の発生―疫学的分析と今後の対策―．リハビリテーション研究 60：43-48，1989
3) 栗原まな：重症心身障害者における医学的合併症の年齢階層別分析．日本重症心身障害学会誌 23：35-40，1998
4) 清野昌一，八木和一：てんかんテキスト改訂第2版．南江堂，東京，2000

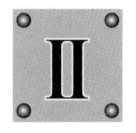

II 健康管理(予防注射を含む)

●●●●若杉　宏明：元東京都立北療育医療センター通園科医長

健康の定義としては，WHO(世界保健機関)の1946年の宣言が有名である．「健康とは，完全な身体的，精神的および社会的安寧の状態であり，単に疾病または病弱でないということではない」と．しかし障害者にはこのままでは当てはまらないとして高谷ら[1]は，「身体的に安楽で，精神的に安心で，社会的に安全な状態」とした．

ここで"精神的に安心の状態"の例として，母子の信頼関係を挙げているが，現実にはこれがなかなか難しい．とくに母親が障害を持った子どもを前にして，どうしていいのかわからないといった戸惑いの気持ちを抱くことはごく自然のことと考えられる．そして『子は親の鏡』といわれるように，子どもたちはそんな親の様子を敏感に感じ取る．障害児を自分の子どもとして受け入れて，ごく自然に向かい合うことができるようになるのにはそれなりの時間がかかるのが普通である．母子通園(あるいは父子通園)は，継続していくにはそれだけの努力を必要とするが，親子がともに成長していくために，外来ではできないサービスを提供できる場と筆者は考えている．最初は泣いていた子どもたちがいつの間にか生き生きとした表情を見せてくれたり，母親(あるいは父親)が子どもと一緒になって楽しんでいる姿を見ると，たいへんなことは多くてもやっていてよかったと思える瞬間である．しかしそのためには，注意すべきこと，守るべきことは数多くある．今回のマニュアルがそのために少しでもお役に立てば幸いである．

A 健康管理のチェック項目

1. 体格

身長・体重・胸囲・頭囲の計測は基本である．年齢，性別によりそれぞれの平均と標準偏差が統計で出されている．またその時点での評価だけではなく成長曲線(**図1a, b**)を参考にして，それまでの伸びをみることも大切である．身長と体重のバランスをみるのに，幼稚園・保育園年齢の子どもでは通常Kaup指数を用いる．

$$\text{Kaup 指数} = \frac{\text{体重 (g)} \times 10}{\text{身長 (cm)} \times \text{身長 (cm)}}$$

で求められ，15〜18が正常範囲とされている．それより数が大きければ「肥満」，小さければ「やせ」の傾向があると考える．障害児では低身長と低体重がよくみられるが，逆に肥満傾向となる児もみられることがある．食事摂取量(とくに間食について)や運動量について注意をし，場合によっては栄養科職員による指導を考える．

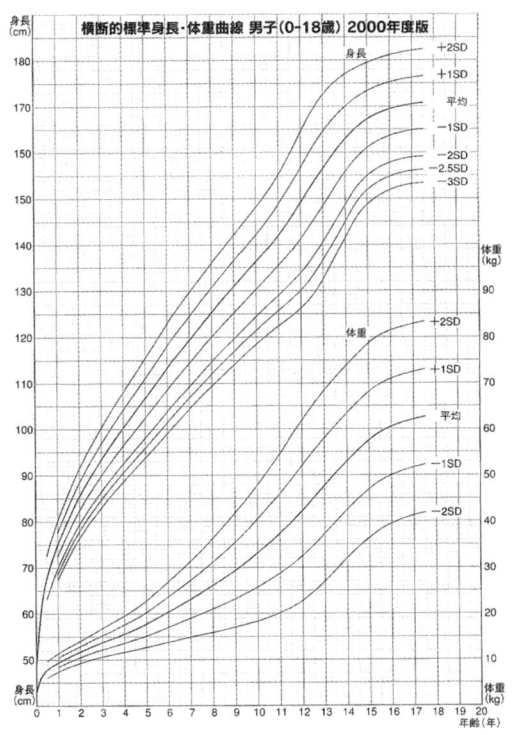

図1a 横断的標準身長・体重曲線 男子

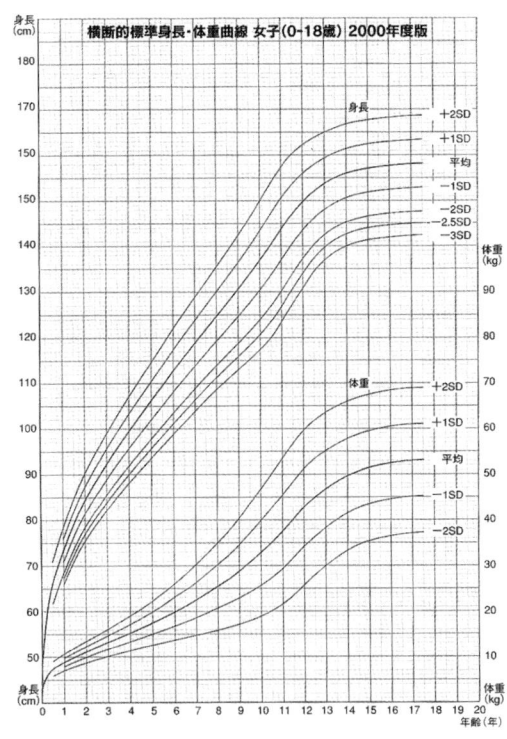

図1b 横断的標準身長・体重曲線 女子

（平成12年度厚生労働省乳幼児身体発育調査報告書および平成12年度文部科学省学校保健統計調査報告書のデータをもとに作図）
著　者　加藤則子，伊藤善也，立花克彦　発行日　2005年3月31日（禁無断転載，複製）
発行所　（株）ヴィリンク　東京都北区王子4-23-3

2．体温

通常37℃以上を発熱と考えるが，健康乳児でも37.5℃程度は平熱であり，それぞれにおいての平熱を知ることが大切である．38℃以上は一般に高熱とされるが，それが平熱である児もまれにみられる．体温調節の中枢は視床下部にあるといわれており，この働きいかんで体温は上下し得る．変動幅はさほど大きくはないが，外気温が高いことで体温が高めになることはよく経験するところである．

高体温をみた場合，まず疑うべきは感染症であり，その他過緊張，うつ熱や脱水も原因となり得る．逆に低体温の場合，いちじるしい脳低形成や低栄養が原因となり得るが，重症感染症など極端に状態が不良である可能性も考えなくてはならない．

3．呼吸

数や深さなど平常の状態を把握しておく必要がある．喘鳴や陥没呼吸，鼻翼呼吸の有無にも注意が必要で，ふだんからあるのか，あるとしてもふだんと比して程度はどうかが観察ポイントとなる．また児によっては無呼吸（数秒～十数秒息を止めている）がみられることがあり，これについても頻度や程度が通常と異なるかどうかが問題と

4. 睡 眠

　夜間睡眠がとれているかどうか，それによって昼間の活動性がどうかが問題となる．障害児では睡眠リズムの乱れがあり，種々の睡眠導入剤を必要としている場合がよくみられる．親の負担も大きく住宅事情によっては，そのために施設への短期入所を考えなくてはならないこともある．またけいれんのある児にとって，睡眠との関係は重要であり，起きぬけや寝入りばなに発作がみられる児もいる．さらに，今までは通常の睡眠リズムでいた児が急に寝ている時間が長くなったというような場合は，抗けいれん薬の副作用も考える必要がある．

5. 食事と嚥下

　一般に，食欲は健康状態のひとつの大切な指標となる．ただ食物は摂取できる量や形態が児によって大きく異なる．現在の指示食が何であるか確認することと，実際の食事場面の観察が重要であることは言うまでもない．水分は，とろみをつけるかどうかを確認する．また，経口摂取だけでは不十分あるいは不可能な児がいる．鼻孔より挿入したチューブが胃に固定されているもの，胃より先の十二指腸までいっているものがある．胃チューブの場合は保護者が指導を受けていれば，家庭や保育園などで抜けてしまっても再挿入はある程度可能であるが，十二指腸チューブの場合は不可能であり医療機関の受診が必要である．最近は胃瘻を造設している児も珍しくなくなった．保護者でも操作に慣れてくれば，むしろチューブより扱いやすいかもしれない．観察点は，液漏れがないか，局所の発赤やびらんがないかなどである．

6. 皮 膚

　まず観察すべきは発疹の有無である．感染性のものか，隔離の必要はないかは重要である．そうではなくても，全身あるいは局所の疾患の一症状であることもある．医療機関で診察を受けているか，診断は何といわれているか，経過をみていてよいのかを訊いておく．未受診ではっきりしない場合は，医療機関の受診を勧める．

　その他，色調，湿り気，張り具合などは観察項目としては大切で，平常の状態を知っておくことは有益である．

B よくみられる病態

　日常遭遇する可能性がある疾患は小児科に限らず多岐にわたる．ここにすべてを記載するのは不可能であり，代表的なものだけにとどめる．

1. 消化器

i）誤嚥と胃食道逆流

　摂食行動において，口から摂取した食物あるいは水分が食道ではなく気管に迷入する「誤嚥」と，一旦胃に入ったものが食道に逆流する「胃食道逆流」が大きな2つの問題である．

　「誤嚥」を繰り返すと肺炎の原因となり得る．評価方法としては，X線透視下で造影剤を混ぜた食物を摂取させてその様子を観察する「嚥下造影」が行われる．これにより，与えるべき食材の

固さ，1回量および総量，速さと体位などを検討する．その結果，固形物はある程度の固さがあれば経口摂取できても，水分は経管のみというケースもよくみられる．食べ方をみながら，1年後，2年後に再評価をすることもある．場合によっては経口摂取禁止の判断をすることもある．

「胃食道逆流」は，筋緊張の亢進や側弯がしばしば原因となる．症状としては，嘔吐や吐血の他，注入をしてもその後喘鳴が目立つという形で現れることがある．評価方法としては，内視鏡検査やX線造影検査，24時間食道内pH測定が行われる．体位変換や薬物治療で軽快する場合もあるが，「噴門形成術」といって，食道から胃に入る入口を狭める手術が必要になることも多い．

この2つは栄養および呼吸と密接な関係があり，日常の観察で不具合が発見されたら，早めに医療機関の受診を考える必要がある．

ii）便秘と下痢

障害児においては，しばしば便秘がみられる．原因としては，水分摂取がうまくいかない，排便時にうまく腹圧がかけられない，食事の繊維質が不足しているなどが考えられる．緩下剤や浣腸を使用している児は珍しくない．

逆に下痢を呈する場合，比較的早期に回復する急性のものと，長期にわたる難治性（慢性）のものがある．慢性の場合，原因不明のことがしばしばであり，整腸剤や種々の止痢剤を用いることが多い．ミルクや栄養剤のアレルギーを考える場合もある．栄養剤の変更や，より繊維質の多い製剤を考えることもある．それでも十分な効果がみられない場合は絶食・腸管安静とするが，持続点滴が必要になるため入院治療が絶対条件である．

2．呼吸器

i）肺炎・気管支炎

障害児，とくに重症心身障害児においては，過度の筋緊張や胸郭変形，十分な咳嗽反射がおこらないなどにより喀痰の排出が困難となって，こうした感染症に罹患しやすい．原因としては，ウイルス，細菌，マイコプラズマ，クラミジアなどがある．咳嗽・喘鳴（必ずしも伴わない場合がある），呼吸数，努力呼吸の有無，顔色・口唇色などが観察項目である．また脱水を伴っていることがしばしばであり，排尿の有無は必ず確認しておきたい．

ii）クループ症候群

喉頭の急性炎症により，咳嗽，呼吸困難をきたす．とくに，犬が吠えるような咳が急におこるのが特徴的である．原因は，かつてはジフテリア菌によるものであったが，三種混合ワクチン（百日咳・ジフテリア・破傷風）が普及している現在，ウイルスによるものがほとんどである．観察項目は肺炎・気管支炎と同じく，呼吸数，努力呼吸の有無，顔色・口唇色などである．

3．てんかん

障害児の多くがけいれんの既往があり，てんかんとして抗けいれん薬の内服を続けている児も多い．てんかんの原因はさまざまで，けいれんをおこしやすい脳の素質が主と考えられる特発性てんかんと，もともとある脳の障害の一部分症状と考えられる症候性てんかんがある．

てんかんを持つ児をみていくにあたって訊いておくべきことは，発作の型と持続時間，頻度，お

きやすい時間帯，誘発要因があればそれを，発作がみられていないのであれば最後におきた日時，万一発作が長引いたあるいは高頻度になったときの対処法，薬の種類と量，かかりつけの医療機関名である．また薬の種類や量が変更になったときは，その都度知らせてもらうことが必要である．脳波や頭部CTあるいはMRIの結果がわかれば，発作や治療法を理解する助けとなる．

発作が起きた時の一般的な対処法は，慌てずに衣服を緩め，ゆったりと呼吸できるような状態をつくり，静かに危険がない場所に寝かせる．吐いた物を誤嚥しないように顔は横向けにする．物をかませたり，割り箸などを入れるのは，嘔吐を誘発したり怪我のもととなり，かえって危険である．発作の持続時間や姿勢（全身性か部分的か，左右対称か非対称か），眼の状態，発作後の状況（発作後睡眠や麻痺の有無）などを観察して，後に主治医に報告する．長く感じられると思うが，通常は数分以内に消失する．

4．感染症

i）日常問題となることの多い疾患

a）麻疹，風疹，水痘，流行性耳下腺炎

①麻疹（はしか）：麻疹ウイルスの感染によっておこる急性熱性疾患で，発熱，発疹，咳嗽・鼻水，眼脂（目やに）などのカタル症状を主症状とする．10〜12日の潜伏期間を経て発症し，発熱3日目頃口腔内に出現するKoplik斑が確認されれば診断がつく．発疹は顔面から広がり全身に及び，約1週間で色素沈着を残して消退するのが一般的である．解熱後3日を過ぎるまでは集団参加は禁止である．ただ回復後もしばらくは免疫の弱い状態になるため，少なくとも1ヵ月は新たな感染症に注意する必要がある．

②風疹（三日ばしか）：風疹ウイルスによっておこる発疹性疾患である．潜伏期は16〜18日で，軽度の発熱と全身の淡い発赤疹，後頭部・頸部のリンパ節腫脹が主症状である．発疹出現後7日間は集団参加は禁止する．

③水痘（水ぼうそう）：水痘・帯状疱疹ウイルスの初感染によっておこる．潜伏期は14〜16日で，痒みを伴う紅色丘疹が出現し，2〜3日のうちに水疱，膿疱，痂皮の順に急速に進行する．発疹は体幹が主であるが，各段階の皮疹がみられることと，頭髪内にもみられることが特徴である．すべての発疹が痂皮化するまでは，集団参加は禁止する．

④流行性耳下腺炎（おたふくかぜ，ムンプス）：ムンプスウイルスの感染によっておこる．潜伏期は2〜3週間（平均約18日）で，発熱とともに片側あるいは両側の唾液腺（耳下腺，顎下腺，舌下腺）の有痛性腫脹を主症状とする．耳下腺腫脹後9日目までは集団参加は禁止する．

予防接種の普及により，以前に比して自然感染をみることは少なくなったが，それでも日常において遭遇する可能性は高く，とくに集団においてはこれらの既往歴（罹患歴）と予防接種歴は必ず聴取すべき項目である．実際の場面で経験するのは，前日には何ともなかったが夜になり様子が異なるため，当日近医を受診したところ診断を受けたという連絡が入った場合である．とくに麻疹と水痘は伝染力が強く，発疹出現の2〜3日前よりウイルスの排出があるといわれている．現在，麻疹と水痘については，接触して48〜72時間以内にワクチンを接種すれば発症を抑えることが期待できるとされている．このため感受性のある児は，かかりつけあるいは最寄りの医療機関に受診をしてもらうことになるが，この時に既往歴と予

防接種歴の聴取が欠かせないことになる．またこの時盲点になりやすいのが職員であり，成人でも意外に免疫がないこともある．余談になるが，筆者も医師として働き始めてから風疹に罹患したことがある．この時は全国的に風疹が流行した年で，年始より多くの患者さんを診ていたのだが，ある日突然発疹が出現した．恥ずかしいというかショックだったことを覚えている．ただ筆者はこの程度で済んだが，この年は何人もの妊婦が中絶を余儀なくされたと聞いている．感染症の多くは胎児への影響も無視できず，集団では母親または家族に妊婦がいないかどうかも把握しておく必要がある．水痘ではワクチン接種の時期を過ぎてしまったら，抗ウイルス薬であるアシクロビルの予防内服という方法もあり，よく医師と相談してもらうように話す必要がある．残念ながら，風疹と流行性耳下腺炎についてはこのような緊急措置はない．潜伏期から考えて発症がないかどうか注意を喚起するしかない．

b）インフルエンザ，RSV（Respiratory Syncytial virus）感染症

冬季の気道感染症の代表と言える．インフルエンザウイルスはA型，B型，C型が知られているが，このうちヒトに大きな流行をおこし臨床的に問題となるのは，A型とB型である．変異をおこし毎年のように流行がみられるが，数十年に一度程度，大変異がみられており大きな問題となっている．

症状は急激な発熱が多い．ぐったりして，水分摂取もままならないことはよくある．年少児では不機嫌，年長児あるいは学童では，頭痛や関節痛を訴えることもある．眼球結膜充血を伴うこともある．潜伏期は1～2日と非常に短いため，1人発症したら他にも発症者が出ることは考えておくべきである．集団では発症者が出たことを知らせて，注意を喚起した方がよい．全経過は5～7日で，丸2日発熱がないことを確認するまでは，集団参加は禁止である．

予防はワクチン接種である．一時効果がないとして集団接種が中止となったが，その後調査をしてみると死亡例や脳炎・脳症といった重症合併症例が増えていることから，現在は任意ではあるが積極的に接種をするように呼びかけがなされている．インフルエンザについても，麻疹などと同様ワクチン接種の有無は確認しておくべき項目である．

RSVは世界中に存在し，満2歳の誕生日までにほぼ100％の乳幼児が感染を受けるといわれる．中心的な病像は細気管支炎であるが，気管支喘息との区別あるいはそれへの移行なども問題とされている．冬季に多い．低出生体重児，呼吸器・循環器に基礎疾患がある患者などで重症化する傾向が知られている．こうした児に対して症状の軽症化を期待して，冬季のRSV流行期に抗RSVモノクローナル抗体の定期投与が行われるようになったが，いまだワクチンは開発されておらず，抗ウイルス剤も実用化されていない．対症療法が主である．

c）ロタウイルス，ノロウイルス感染症

冬季のウイルス性下痢症として重要である．好発時期はノロウイルスが12～2月，ロタウイルスが1～3月と若干のずれがみられる．両ウイルスともに集団感染症をおこすので注意が必要である．

ロタウイルス感染では白色～淡黄色の便が特徴的で，「白色便性下痢症」の別名がある．嘔吐や発熱を伴うことも多く，脱水をおこしやすくそのためにけいれんがみられることもある．下痢が治るまでは集団参加は禁止である．ロタウイルスは70％アルコールで不活化される．

ノロウイルス感染症は，平成18年冬の大流行で一躍その名が知られるようになったと考えられる．症状は，突然の嘔吐と下痢である．発熱を伴うことも多い．嘔吐物は強力な感染源となる．使い捨ての布やペーパータオルで静かに拭き取るが，やっかいなことに拭き取ったあとのものが今度は空気感染のもととなる．ノロウイルスはアルコールでは失活しないので，次亜塩素酸ナトリウム（商品名：ピューラックス，ミルトン）を用いる．下痢便などで汚染されたトイレは流水などで洗いこれで消毒する．汚染された床はこれで拭き，十分に換気する．下痢や嘔吐の対応をした時は，石鹸と流水で丁寧に手を洗い，ペーパータオルで水分を取り除いた後に擦式消毒アルコールで消毒する．ペーパータオルは個人用とし，共有しないこと．現状ではロタウイルスに比して病原診断が難しいが，疑われた場合には施設として上記の点には注意した方がよいと考える．

d）アデノウイルス，エンテロウイルス感染症

アデノウイルス感染症は，きわめて日常的な急性熱性感染症である．一般的な臨床像は夏季の上気道炎であり，その他咽頭結膜熱，流行性角結膜炎（眼科疾患で記述），胃腸炎など多彩な病像を示す．通常は予後良好であるが，7型による肺炎のように不良な場合もある．発症後14日間は感染力があると考えられる．

エンテロウイルスは，夏季に流行するウイルスのひとつである．ヘルパンギーナ，手足口病，無菌性（ウイルス性）髄膜炎などが知られている．原因ウイルスとして一般的なのは，ヘルパンギーナではコクサッキーA群（3, 4, 5, 6, 8, 10型），手足口病ではコクサッキーA群16, 10型とエンテロウイルス71型である．無菌性髄膜炎の中でもっとも多いのはムンプスウイルスであるが，それ以外ではエコーウイルス30型が有名である．

e）B型肝炎，C型肝炎

急性感染症として遭遇することはまずないが，持続的な感染がありながら無症状で経過する健康なキャリアと呼ばれる人が問題となる．取り扱いに注意が必要なのは，血液，血液で汚染された体液・分泌物・排泄物およびこれらの液で汚染された物品で，手袋装着がなされるべきである．とくに集団においては，全員について検査結果の確認が望ましい．

f）メチシリン耐性黄色ブドウ球菌（MRSA：Methicillin-resistant Staphylococcus aureus），多剤耐性緑膿菌

これらの菌は健康な状態の時には問題とならないが，気管切開や経管栄養，胃瘻，気管あるいは膀胱カテーテルなど深部に達する可能性がある場合，抗生物質が頻回に使用されている場合は，難治性感染症として問題になることがあり注意が必要である．

無症状でも鼻腔や口腔に保菌の状態でいる場合がある．0歳児で哺乳瓶乳首の共用は，感染の危険性がある．

g）腸管病原性大腸菌，腸炎ビブリオ，サルモネラ

給食が行われている施設では，細菌性食中毒にも気をつけなければいけない．原因菌として多いのは，ビブリオ属，サルモネラ属，腸管病原性大腸菌である．ビブリオ属の中にはコレラ菌が含まれるが，日常遭遇するのは魚介類を介した腸炎ビブリオである．サルモネラ属の代表は，チフス・パラチフスであるが，日常問題となるのは卵由来のSalmonella enteritidisとネズミチフス菌くらいであろう．腸管病原性大腸菌はO157による集団感染により，多くの幼児死亡例が出た事例でその名が知られている．この菌により産生されるべ

表1 重症心身障害児（者）に対する予防接種基準（2003）

> 重症心身障害児（者）は，発育障害，けいれんなどがあるために予防接種をうけていない例が多い．しかしデイケアや施設入所などの際に感染症に罹患する機会が多く，また感染症に罹患した際に重症化が予想されるため，予防接種を積極的に行うことが望ましい．
> 　予防接種を行うにあたり，主治医（接種医）は保護者に対し，個々の予防接種の必要性，副反応，有用性について十分な説明を行い，同意を得ることが必要である．さらに発熱，けいれん，状態の変化などが起きた場合の対応について，十分把握しておく．
> 　原則として主治医（接種医）が個別に接種する．
> 1. 発育障害が明らかであっても，全身状態がおちついていて，接種の有用性が大であれば，現行の予防接種は接種して差し支えない．
> 2. 接種対象年齢を過ぎていても，接種の有用性が大であれば，接種して差し支えない．
> 3. てんかん発作が認められても，その発作状況が安定しており，よく確認されていれば，主治医（接種医）の判断で接種して差し支えない．
> 4. 乳幼児期の障害児で，原疾患が確定されていない例では，接種後，けいれんの出現や症状の増悪を認めた場合，予防接種との因果関係をめぐって，混乱を生じる可能性があるので，事前に保護者への十分な説明と同意が特に必要である．

重症心身障害児（者）予防接種ガイドライン：厚生科学研究医薬安全総合研究事業
安全なワクチンとその接種方法に関する総合的研究（前川・栗屋班），2003

ロ毒素によってひき起こされる「溶血性尿毒症症候群」や脳症は，重篤で死に至ることもあり注意が必要である．

h）結核

　結核はけっして過去の病気ではない．当院でもリハビリに来院していた児の保護者が，咳が続くため内科の診察を受けたところ，喀痰塗抹で強陽性が判明し大騒ぎになったことがあった．当院では初診の問診の際，家族あるいは親戚で結核といわれた人はいないか必ず訊くことにしている．児については，BCGを受けたかどうかは重要である．

　前述したような，家族に感染者がいた場合の集団参加に際しては，まず児の胸部X線の結果とツベルクリン反応の結果を確認することが大切である．さらに，児の喀痰あるいは胃液培養の陰性が確認されれば望ましいが，実際の場面では担当する小児科医の判断を求めることになるだろう．

ii）予防接種について

　かつては重症心身障害児は，「予防接種不適当者」とされてきたが，平成6年に予防接種法が改正され，こうした児に対しても接種条件が緩和された．予防接種にも副反応が知られており，なかには重篤なものもあるが，接種をしなかったためにその感染症に罹患した場合，健常児に比してより症状が重く，また合併症をおこす率も高いといわれている．このため現在は主治医の判断で適当と判断される場合に，積極的に接種を行う方向になっている．とくに接種が必要な感染症について

注）法改正により，平成18年4月より麻疹風疹混合ワクチンの2回接種に変更になっている．

表2 心臓病管理指導表（3歳児以上用）

所見名（診断名）　　　　　　　　　　　　　氏名・幼稚園・保育園名（　歳　月）　組　　　　　　　　　医療機関　　　　　年　月　日
　　　医師　　　　　　　　　　㊞

医療面からの区分	幼稚園・保育園生活規制面からの区分		運動			その他の行事
			軽い運動	中等度の運動	強い運動	
1. 要医療内服および要予防	A	簡単な体操すべり台ジャングルジムシーソーなげっこボールひくり箱車わらべうた遊びリズム運動砂遊び	とびっこならびっこまる鬼、陣取り鬼ぶらんこうんてい登り棒ボール遊びたまあてマット遊び低鉄棒遊び	かけっこ追いかけ鬼なわとび	I. 運動会　Aは禁、B・C・Dは左記の強度区分を参考にし、種目により参加可、Eは見学。 II. 遠足、見学　Aは禁、B・C・Dは内容により条件つき可、Eは可。 III. 宿泊を伴う行事（おとまり会など）医師との協議が必要
2. 観察を要する	B		可または禁（どちらかに○を）	禁	禁	
3. 異常あり、年に1〜2回の観察を必要とする	C		可	禁	禁	
	D		可	可	禁	注1) この表の強度区分は、一つの基準を示すものであるが、同一の運動種目でも種類により強度区分は変わるものもある。また、ここにあげた種目以外についてもそれぞれの内容を考慮して強度を区分する。 注2) スポーツクラブ（スイミングクラブ、バレー教室、器械体操など）の参加に際しは医師との協議が必要。
	E		可	可	可	

管理区分決定のめやす	A	B	C	D	E
	在宅医療または入院の必要なもの	1. 心不全の既往あり、かつその危険のあるもの 2. 心不全で治療中のもの 3. チアノーゼが強く運動障害の強いもの	1. A・B以外の重症心疾患 2. 心筋疾患および心電図変化の著明な術後の心疾患、その他運動に際し、危険を伴う可能性のある疾患	中等度の心疾患	軽症先天性心疾患（ASD, VSD, PSなど） 2. 運動負荷で軽快する不整脈

小川俊一：心疾患を有する乳幼児の日常生活の管理と指導．今日の小児治療指針　第12版，p.328．医学書院，2000．

堀内[2]は，①麻疹※（感染率が高く重症化する），②百日咳，インフルエンザ（病型により重症化し，合併症が重度である），③水痘，流行性耳下腺炎，風疹※（Quality of Lifeをいちじるしく妨げる），④BCG，A型/B型肝炎（他者への感染が問題となる）を挙げている．最後に前川・栗屋班[3]による，重症心身障害児（者）に対する予防接種基準を参考として表1に挙げておく．

5. 循環器

a）心疾患を有する乳幼児の生活運動管理

心不全を伴う重症例では，水分および塩分の制限が必要になることがあるが，心不全をを伴わない中等度以下の乳幼児の食事は基本的に健常児と同じでよいとされる．

運動については，主治医からどこまで可能かの確認がとれると望ましい．具体的に決定するのが難しい場合は，心臓病管理指導表（3歳児以上用）（**表2**）も参考とされたい．

6. アレルギー性疾患

i）気管支喘息

気管支において，過度の収縮，粘膜浮腫・腫脹，粘液分泌亢進がおこることよって気道狭窄がおこり，呼気性呼吸困難をおこす疾病である．小児ではアレルギーがおもな原因となる．発作は，季節の変わり目や天候悪化の前にみられることが多い．観察項目は，呼吸困難，喘鳴，顔色，チアノーゼの有無などであり，まず静かな所できれいな空気を吸わせ，水分補充をすることを心がけ，その後吸入や内服薬といった治療を考える．発作の頻度や程度がどれぐらいか，内服薬の種類・量と吸入薬の種類，使い方などはあらかじめ訊いておく必要がある．

原因として多いのはハウスダストやダニといった吸入抗原であるが，まれに食物や動物が関与していることもあり，環境整備の上で注意が必要になる．

ii）アトピー性皮膚炎

発疹は乳児期には赤みが強く時に浸出液を伴うが，幼児期には全体に乾燥傾向をもつ．顔面・頸部や四肢間擦部に多く認められる．①アレルギーの原因となる物質の特定と除去，②スキンケア，③薬物療法（内服，外用）が治療の柱になる．小児科と皮膚科の境界疾患であり，そのためにとくに③の方法が大きく異なってくることもある．現場では皮膚の清潔に努めることと，受けている治療内容を確認してそれに従うことであろう．

iii）食物アレルギー

特定の食品を飲食することでアレルギー症状を呈する病態．原因としてよくみられるのは，卵，大豆，牛乳，ソバなどである．食物アレルギーは基本的には摂取を避けるしかない．しかし小児において完全に卵を除去すると食物の選択肢が非常に狭くなる．卵そのものは摂取を控えても，加工品は可能という場合もある．また大豆については，醤油や油にも制限が必要か，ということも聴取しておく必要がある．さらにソバアレルギーの人にうどんを代替で出そうとしたが，茹でるのに鍋が共通であるため，結局園では麺類禁止にせざるを得なかったこともある．

7. 外科疾患

i）熱傷

小児の熱傷の特徴として，①乳幼児の皮膚は脆弱で，熱傷深度が深くなりやすい，②乳児の細胞外液の割合が多く，血管の透過性亢進で脱水になりやすいことがある．

熱傷の重症度は，熱傷範囲と次にあげる深度との組み合わせで決定する．現場での対処法は，すぐ水道水で30分以上冷やすことで損傷の深達度が軽減し鎮痛効果が期待できる．ただし広範囲の

場合は低体温になるので,とくに重症心身障害児では注意する.その上で速やかに医療機関へ受診する.

熱傷深度は,表皮層の障害で,発赤,紅斑を示すⅠ度,水疱を形成するⅡ度,真皮全層が障害され血流障害を認めるⅢ度に分けられる.

ⅱ) 消化管異物

可能性の高いのは,硬貨と小型電池(ボタン電池など)で全体の$\frac{2}{3}$を占めるともいわれる.とくにボタン電池は胃の酸と反応することがある.飲んだことに気付かず,おむつ替えの際に墨を流したように真っ黒になっていたことから,びっくりして外来に受診したという例を経験している.

ⅲ) 肛門出血

原因の多くは裂肛,痔である.吉草酸ジフルコルトロン坐薬を対症療法で用いることもあるが,続く場合は外科に直腸内部の診察を依頼する.

8. 整形外科疾患

ⅰ) 骨折

健常児でも幼児では骨折の診断は難しいとされる.ちょっと転んだところ,泣くだけでどこが痛いのかわからず,困ったという場面が想定される.この時に観察すべきは,どこを打った可能性が高いか,動かさない部分はないか(泣いていても本当に痛い所は動かさない)である.また局所の腫脹が出現するのに1~2時間を要することもあるので,十分な時間観察を行い,必要なら整形外科医の診察を仰いだ方がよい.

重症心身障害児においては,関節拘縮や骨粗鬆症が原因で,通常では骨折しない程度の軽度の外力で骨折がみられることがある.日常の生活介護の場面では,そうした既往がなかったかどうかを聴取しておくことと,介護に際しての注意点を保護者と確認しておくことが大切である.

9. 皮膚科疾患

ⅰ) 伝染性軟属腫(水イボ)

伝染性軟属腫ウイルスの感染による.白色調の丘疹が軀幹に多発する.摂子で丘疹の頂点を摘み,白色の伝染性軟属腫小体を取り除く治療を行う.プールで移ることがあるため,未治療者はプールを禁止する.

ⅱ) 白癬

とくに足にみられるものが水虫として知られているが,頭部にもできることがある.治療は抗真菌剤の外用を1日2~3回,1ヵ月以上続けることが必要とされる.未治療では他児への感染の危険があり裸足は避ける.

ⅲ) 伝染性膿痂疹(とびひ)

多くは黄色ブドウ球菌による表皮性感染症で,夏季に好発する.治療は,抗生物質軟膏の外用に加えて全身の抗菌薬治療を行う.未治療者はプール禁止となる.

ⅳ) 疥癬

疥癬虫(ヒゼンダニ)が表皮内に寄生して生じる皮膚疾患で,家族内感染が多い.瘙痒感が強い.治療はおもにクロタミトン軟膏外用である.治療開始後4日目までの肌着および肌に直接着ていた服は,湯で洗浄し乾燥させる.集団参加は治療が完全に終了してから.

v）頭ジラミ

しらみの寄生による．現在はけっして珍しい疾患ではなく，時に集団発生がみられて問題となる．無症状のことが多く，頭髪に成虫あるいは卵が発見される．治療としては洗髪とスミスリンパウダー散布である．集団の場合，部屋への消毒薬の散布はかえって健常皮膚への刺激にもなるため，慎重に判断すべきである．

10. 耳鼻咽喉科疾患

i）中耳炎

代表的な疾患である．集団ではとくに夏季のプールの際に，支障がないかどうか確認する必要がある．

a）急性中耳炎

急性化膿性中耳炎ともいう．起炎菌は肺炎球菌，インフルエンザ菌が主体である．症状として典型的な場合には耳痛，耳漏，発熱，食欲低下などがみられるが，症状を訴えることのできない乳幼児では感冒に罹患しているもののうち，50～60％に急性中耳炎や滲出性中耳炎（後述）が存在するといわれており，障害児においては注意が必要である．

b）滲出性中耳炎

長期間中耳腔に貯留液が存在しているが，鼓膜穿孔もなく，発熱，激しい耳痛などの急性症状を欠き，ほとんど無症状に経過する中耳炎である．難聴の疑いから耳鼻科を受診し，診断がつくことが多いという．

ii）鼻出血

小児においては珍しくない．大部分は簡単に止血しうるもので，救急処置を要するような大事に至ることは少ない．しかし，基礎疾患に血小板が少ない，出血傾向がある，治療薬としてアスピリンを服用し続けているといった場合は，簡単には止血せず耳鼻科医による処置が必要になる．

iii）アレルギー性鼻炎

くしゃみ，水様性鼻漏，鼻閉が三主徴といわれる．小児では一般的に通年性が多いとされるが，近年のいわゆる花粉症の低年齢化による季節性を示す例も少なくないと考えられる．抗アレルギー薬の内服や点鼻薬が用いられる．

iv）気管・気管支異物

気道閉塞による窒息の危険性があるため，小児救急疾患のうちでも緊急度が高い疾患のひとつで，対応にも慎重さを要求される．原因としては，ピーナッツをはじめとする豆類がほとんどである．こうしたものを食べていなかったかどうかの問診と，むせや喘鳴の出現の有無の確認が必要である．一旦咳込みがおさまっても，その後に呼吸困難や感染をおこしてくる恐れがあるため，必ず医療機関を受診させる．

明らかな窒息がある場合は，救急車を要請し到着までの間に，背部叩打（前かがみまたは横向きにして背中を何度も強く叩く）を行う．ハイムリック法（後方から抱くようにして，両手をみぞおちの部分にあて強く上方に圧迫する）は，乳幼児では内臓を痛める危険性があり，あまり勧められない．

11. 眼科疾患

ⅰ）流行性結膜炎

咽頭結膜熱，流行性角結膜炎，急性出血性結膜炎がこれに含まれる．

咽頭結膜熱はおもにアデノウイルス3型の感染による．5〜6日の潜伏期を経て，急性結膜炎，咽頭炎と発熱がある．学童に学校・プール等で流行性に発症することから，プール熱とも呼ばれている．学校の登校基準では，主要症状が消退してから2日間の出席停止となっている．プールについては，便からのウイルス排出が続くために約1ヵ月は控えた方がよいともいわれる．

流行性角結膜炎はおもにアデノウイルス8型の感染による．いわゆる"はやり目"は本症のことだが，広義ではここに挙げた3疾患すべてを指すこともある．5〜12日の潜伏期を経て，粘稠な眼脂と流涙・羞明が強いのが特徴である．結膜炎は自然消退傾向があるが，2〜4週間はかかる．症状が軽くなっても感染力が残る場合があるので，集団参加の時期は医師の判断が求められる．

急性出血性結膜炎はおもにエンテロウイルス70型の感染による．成人に多く，小児には少ないといわれる．1969年にアフリカのガーナで大流行がみられたが，この直前アポロ11号による月への有人飛行があり，この病原体が月から地球に持ち込まれたとの俗説から，"アポロ熱"の別名がつけられた．集団参加の時期は，流行性角結膜炎の場合に準ずる．

ⅱ）アレルギー性結膜炎

スギ花粉，ダニなどが原因のアレルギー性疾患である．アレルギー性鼻炎を伴うことがしばしばある．主症状は目の痒み，流涙，結膜充血などで，治療には抗アレルギー薬やステロイドの点眼薬が用いられるが，なるべく擦らないよう，刺激を与えないよう助言する．

ⅲ）麦粒腫

眼瞼（まぶた）の急性化膿性炎症でいわゆる"ものもらい"である．治療は抗生物質の全身・局所投与がなされる．伝染性はないが，治癒するまでは安静が望ましい．

ⅳ）睫毛内反（さかさまつげ）

眼瞼の変形や眼輪筋の異常緊張により眼瞼縁が内方に向かい，睫毛が角膜に接触し刺激するものである．最終的には手術治療となる．

12. 精神医学的疾患

ⅰ）自閉症

「言葉の遅れ」が主訴でみつかることもある．相手の目を見ない，他の人とのかかわりを持ちたがらないといった「社会的な交流活動の質的障害」，話し言葉がない，身振りやしぐさがないといった「コミュニケーション行動の質的障害」，自分の興味にはまる，常に同じことにこだわるといった「限定された行動，関心，活動の常同的反復」の3つが主徴である．診断は小児精神科医に委ねられるが，心理療法士などとチームをつくっての対応が望ましい．

ⅱ）注意欠陥多動性障害（ADHD：attention deficit hyperactivity disorder）

受診のきっかけとなるのは，いちじるしく落ち着きがない，注意が散漫である，乱暴な行動が多

表3　DSM－Ⅳによる診断の手引き

A. (1) か (2) のどちらか
　(1) 以下の不注意の症状のうち6つ（またはそれ以上）が少なくとも6ヵ月間持続したことがあり，その程度は不適応的で，発達の水準に相応しないもの：
＜不注意＞
　(a)学業，仕事，またはその他の活動において，しばしば綿密に注意することができない，または不注意な過ちをおかす．
　(b)課題または遊びの活動で注意を持続する事がしばしば困難である．
　(c)直接しかけられたときにしばしば聞いていないように見える．
　(d)しばしば指示に従えず，学業，用事，または職場での業務をやり遂げることができない（反抗的な行動，または指示を理解できないためではなく）．
　(e)課題や活動を順序立てることがしばしば困難である．
　(f)(学業や宿題のような) 精神的努力の持続を要する課題に従事することをしばしば避ける，嫌う，またはいやいや行う．
　(g)課題や活動に必要なもの（例：おもちゃ，学校の宿題，鉛筆，本，または道具）をしばしばなくす．
　(h)しばしば外からの刺激によって容易に注意をそらされる．
　(i)しばしば毎日の活動を忘れてしまう．

　(2) 以下の多動性―衝動性の症状のうち6つ（またはそれ以上）が少なくとも6ヵ月間持続したことがあり，その程度は不適応的で，発達水準に達しない：
＜多動性＞
　(a)しばしば手足をそわそわと動かし，またはいすの上でもじもじする．
　(b)しばしば教室や，その他，座っていることを要求される状況で席を離れる．
　(c)しばしば，不適切な状況で，余計に走り回ったり高い所へ上ったりする（青年又または成人では落ち着かない感じの自覚のみに限られるかもしれない）．
　(d)しばしば静かに遊んだり余暇活動につくことができない．
　(e)しばしば"じっとしていない"，またはまるで"エンジンで動かされるように"行動する．
　(f)しばしばしゃべりすぎる．
＜衝動性＞
　(g)しばしば質問が終わる前に出し抜けに答え始めてしまう．
　(h)しばしば順番を待つことが困難である．
　(i)しばしば他人を妨害し，邪魔する（例：会話やゲームに干渉する）．

B. 多動性―衝動性または不注意の症状のいくつかが7歳以前に存在し，障害を引き起こしている．
C. これらの症状による障害が2つ以上の状況〔例：学校（または職場）と家庭〕において存在する．
D. 社会的，学業的，または職業的機能において，臨床的に著しい障害が存在するという明確な証拠が存在しなければならない．
E. その症状は広汎性発達障害，精神分裂病，または他の精神病性障害の経過中にのみ起こるものではなく，他の精神疾患（例：気分障害，不安障害，解離性障害，または人格障害）ではうまく説明されない．

American Psychatric Association：Diagnostic and statistical manual of mental disorders, fourth edition, text revision. APA, Washington DC, 2000. 高橋三郎，大野　裕，染矢俊幸，訳：DSM-Ⅳ-TR, 精神疾患の診断・統計マニュアル. 医学書院，東京，2002

いといったことである．診断にはアメリカ精神医学会の診断基準4版（DSM-IV）(**表3**)[4]を用いることが多い．自閉症と同様に，小児精神科だけでなく多職種の関与が大切である．

文献

1) 高谷　清，武内一，植田章 編：障害者の健康と医療保障．法律文化社，東京，1997
2) 堀内　清：重症心身障害児の予防接種．小児科診療 56：2193-2199，1993
3) 重症心身障害児（者）予防接種ガイドライン：厚生科学研究医薬安全総合研究事業　安全なワクチンとその接種方法に関する総合的研究（前川・栗屋班）．2003
4) American Psychatric Association：Diagnostic and statistical manual of mental disorders, fourth edition, text revision. APA, Washington DC, 2000．高橋三郎，大野　裕，染矢俊幸，訳：DSM-IV-TR，精神疾患の診断・統計マニュアル．医学書院，東京，2002
5) 江草安彦 監修：重症心身障害療育マニュアル第2版．医歯薬出版，東京，2005
6) 江草安彦 監修：重症心身障害通園マニュアル．医歯薬出版，東京，2000
7) 岡部信彦 監修：R-BOOK 2000―小児感染症の手引き―．日本小児医事出版社，東京，2002

III 運動発達の理解と促しかた

●●●●**中島雅之輔**：元東京都立北療育医療センター副院長

障害児の運動発達を促す場合，もっとも重要な点は，人の運動発達の順序がどのような因果関係で成り立っているかを理解することである．運動発達の達成時期を記憶することだけでは援助はうまくできない．時期が来ても期待した運動発達段階に到達しないと悩むだけである．

どうして，運動発達が滞り，進歩がみられないのかをよく観察し，その原因を運動発達の因果関係に立って分析し，その根本を理解することができれば，運動発達援助はたやすくなる．

この章では，まず運動発達を理解することに重点をおき解説する．続いてそれに基づいて，運動発達促進方法を述べる．最後に障害特有の問題点について述べる．専門的用語が多く出てくるが，最初に出た時に簡単に説明を加えてあるので，注意して読んで頂きたい．

A 運動発達の理解のために

独歩までの運動発達を以下のように3期に分けて考えると，理解しやすい．

①第1期：首すわりまで（健常児ではおよそ生後4ヵ月まで．以下健常児でのおよその達成月齢を示す）
②第2期：四つ這い移動まで（8ヵ月まで）
③第3期：独歩まで（12ヵ月まで）

以下，順を追って説明する．

1. 第1期：首すわりまで（4ヵ月まで）

i) 首すわりとは——首すわりの定義

生まれてから首がすわるまでに通常は3～4ヵ月間の長い期間を必要とする．首がすわるということは，生まれてきた時に持っていた原始的な反射・反応が消え去り，地球上の重力環境になじんできたことを示している．

しかし，この「首のすわり」は明確に定義されておらず，そのため首がすわっているかどうかの判断も人によって異なり，それに対する援助も方法も定まっていない．

首すわりの定義とは「児の胸郭をしっかり支え，児を前後左右に傾けた際，児が頭部を垂直に保ちうること」である．これが完成した時，首がすわったという（図1）．

その現象を詳しくみてみよう．たとえば児を前方に傾斜させた時を考える．首がすわってくると頭部が前方に傾いた際，内耳（迷路）に存在する耳石器官が頭部が傾斜したことを感じとり，それを中枢神経系（脳）に伝える．中枢神経系は神経回路を経由して首の筋肉群（とくに後頸部の筋群）に命令を伝え，頭部が前方に落下するのをおさえ，垂直位に保とうとするのである．これを迷路性立ち直り反応という（図2）．

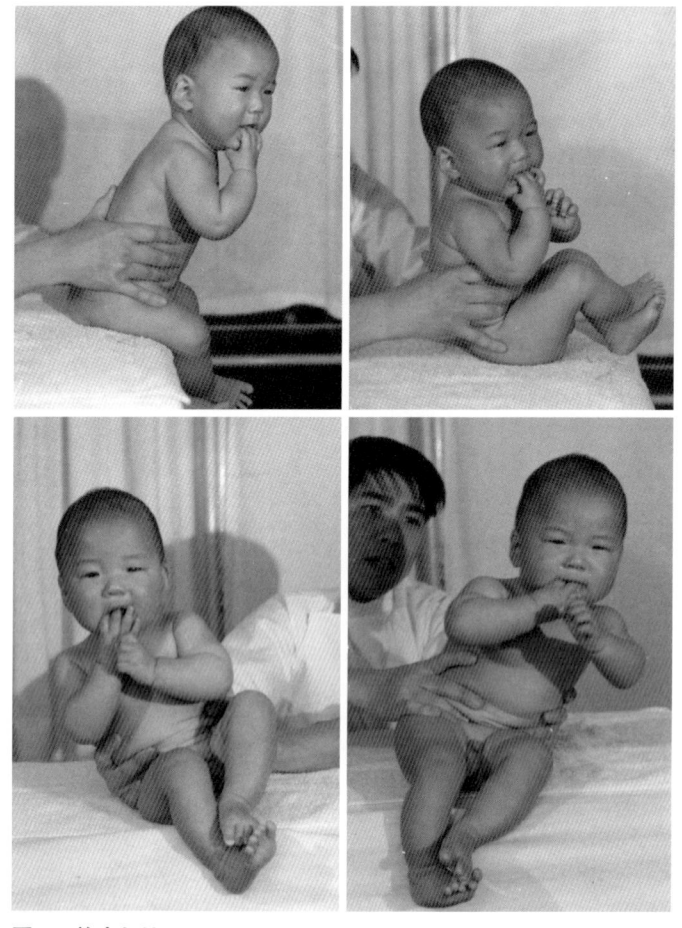

図1 首すわり
胸郭を支え前後左右に傾けた時の頭部の位置に注目して頂きたい。
常に垂直位を保っている。この時首がすわったという。

これが後方傾斜であれば頸部の前方の筋群が働き，右傾斜であれば左側の頸部筋群が働き，左傾斜では右頸部筋群が働き，頭部は垂直位を保つことになる。

しかし，ある日急に首がすわるわけではなく，順序を追って首はすわってくる。それにも法則があるので，それについて以下に説明する。

ⅱ）首すわりに関連する法則

a）頭尾律

動物の運動発達は頭部から尾部（人の場合は下肢）方向に進む。これを首すわりにあてはめると，まず首がすわり，次に座位が安定しそして独り立ちが安定するということになる。

首がすわるということは，頭部の傾斜を感じとり，頸部筋群を使い頭部を垂直に保つことであるが，次に頸部から軀幹の筋群（腹筋や背筋）まで

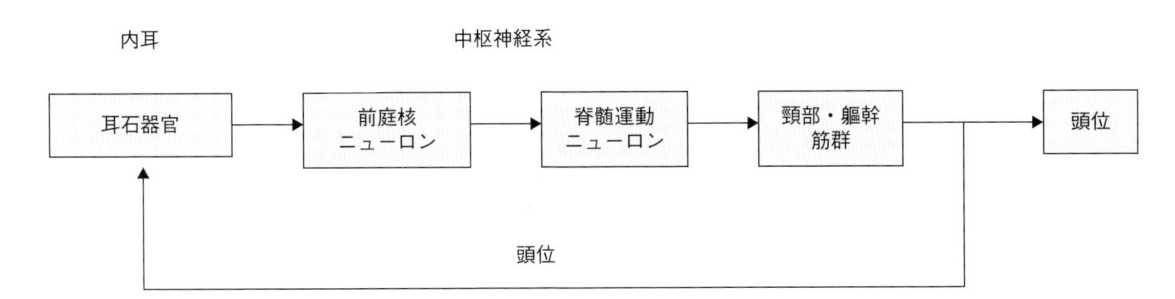

図2 迷路性立ち直り反応の神経回路図
頭位を耳石器官が感じとり，垂直位になるように頸部筋に命令を出す．その結果である頭部の位置を感じとる回路ができている．この回路が有効に働くようになれば，首はすわる．

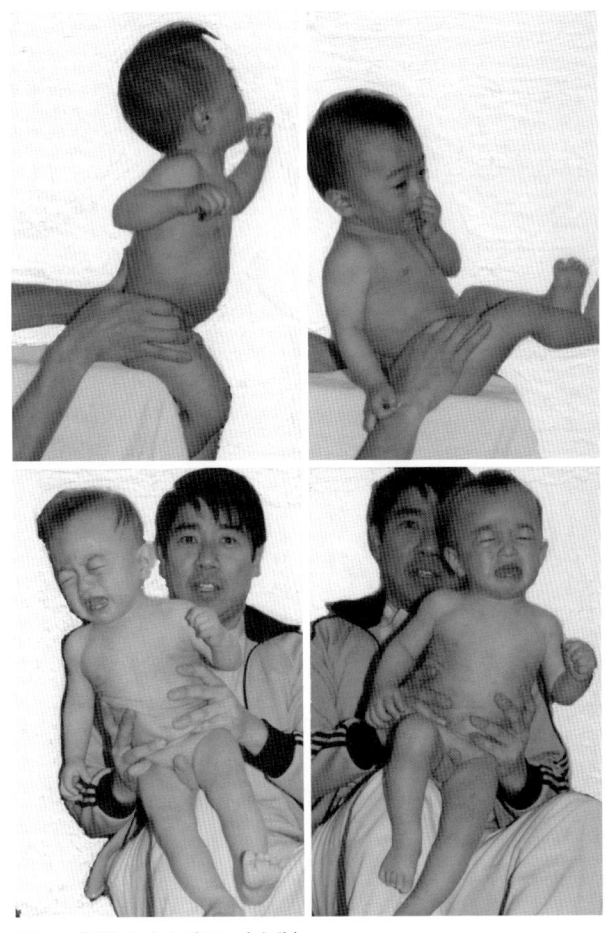

図3 軀幹の立ち直り（略称）
首すわりに発し，頭部を垂直位に保とうという連鎖反応が軀幹筋群にまで到達すると，軀幹の立ち直りが完成する．この状態では座位が安定する．

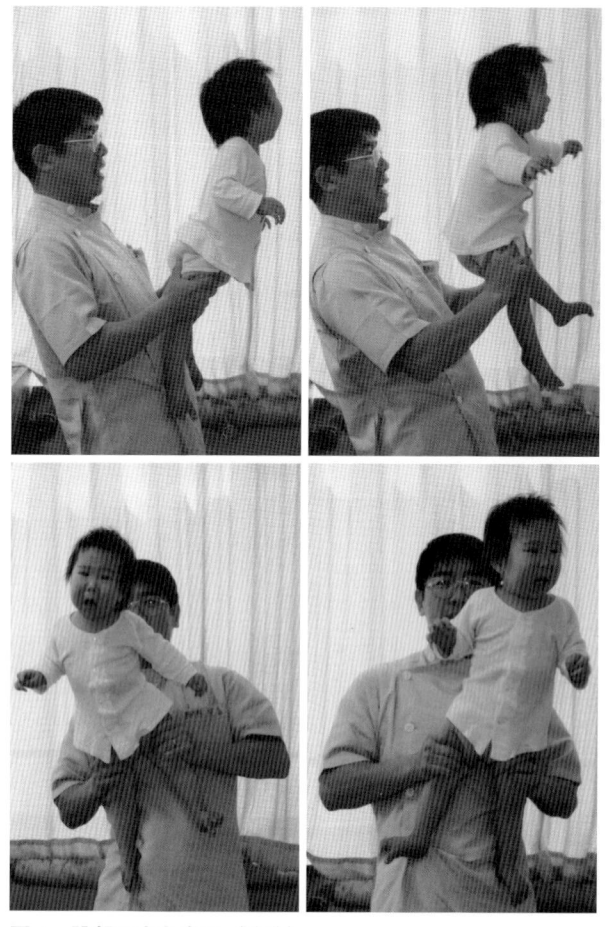

図4 股部の立ち直り（略称）
図3と同様，連鎖反応が股関節周囲筋群にまで到達すると，股部の立ち直りが完成する．この反応は立位が可能になるための基本的で重要な反応である．

働けば，座位が安定するのであり，足部を動かす筋群まで働けば独り立ちが可能となるのである（図3～5）．

これらの反応を迷路性立ち直り反応に発する連鎖反応という．これらの出現は連続していて，出発点の首すわりが完成していれば，途中でとぎれることなく，所要期間に長短の差はあれ，徐々に必ず進歩するものなのである．

出発点である首すわりが完成していないと将来のことは保障できないので，運動発達の中では首すわりが最重要と考えられる．

また，首がすわらないまま運動発達がそれなりに進歩することがあるが，けっして正常の運動パターンにはならない．

b）傾斜方向に関する法則

前方傾斜から頭部を垂直に保つことが可能となる．次が後方傾斜，最後が側方傾斜である．

前方傾斜時に頭部を垂直に保つことができるよ

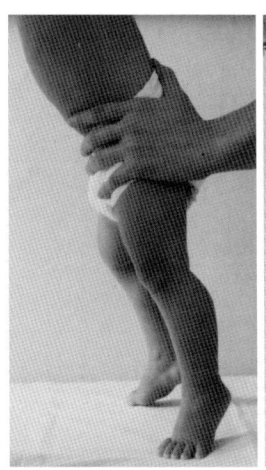

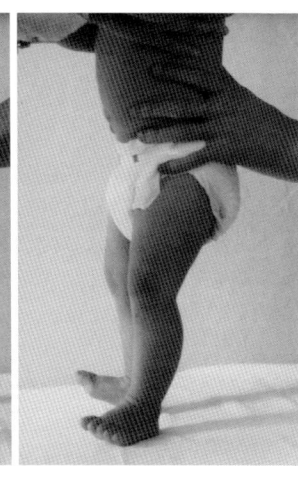

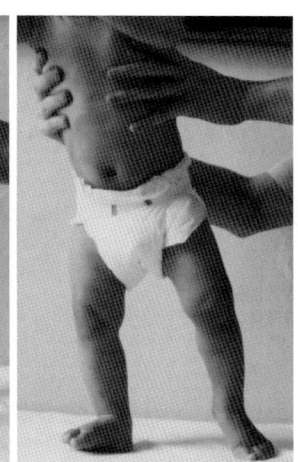

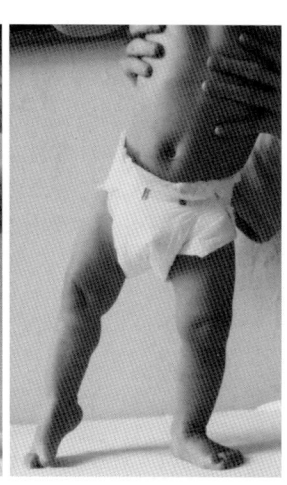

図5 立位の平衡反応
独り立ち（立位）が可能になるためには必須の反応である．前後の反応が重要である．前方に傾けば爪先立ちになり，後方に傾けば踵立ちになり，頭部の位置を垂直に保とうとする反応である．

うになると，児を腹臥位に寝かせれば，頭部を挙上することが可能となるのはよく理解できるところである．

後方傾斜時に顎を引き頭部を垂直に保つことができれば，児を仰臥位（仰向きで寝た姿勢）から引き起こすと，児は頭部を垂直位に保とうと持ち上げてくる．

通常はこの2種の見方だけで首がすわったと判断しがちであるが，側方傾斜時も検証する必要がある．これが完成しているかどうかは，寝返りができるかどうかに大いに関連するので重要である．後述する寝返りの項を読む際に注意して欲しい．

　c）傾斜角度に関する法則
垂直位からの傾斜角度が少ないところから，首はすわってくる．次第に大きく傾けても，頭部を垂直に保つことが可能になる．

　d）傾斜速度に関する法則
胸郭の傾斜は最初はゆっくりしたスピードに対応可能であるが，次第に早い速度にも対応可能となる．

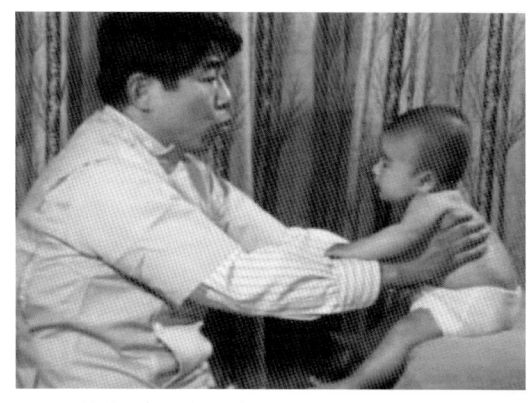

図6 首すわりの援助方法
首すわりは運動発達において非常に重要である．首すわりが遅れている場合は図のように促して頂きたい．前方のみを示す．前後左右については図15参照．

以上は当然のことで法則というほどのこともなく，やさしいことから難しいことへの順序を示したに過ぎない．しかし，このやさしいことから次第に難しいことへと課題を与えていくのが子どもを育てる正しいやり方であり，原則である．

乳児の運動発達を促す際この法則を利用していないことが多い．たとえば首がすわり始めた児に

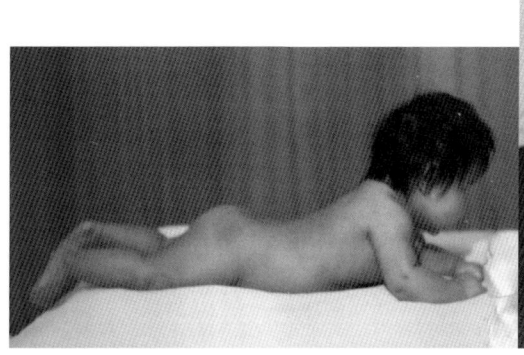

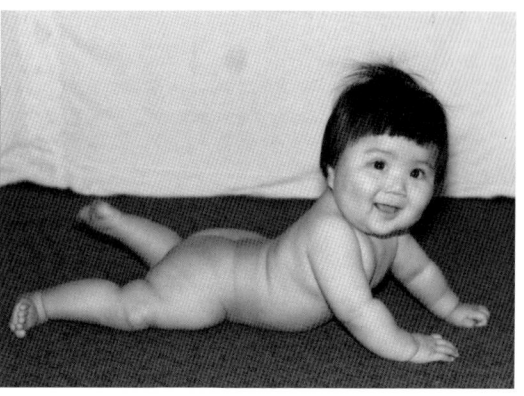

図7 腹臥位の姿勢の発達
左は生後4ヵ月児, 右は5ヵ月児. 下に凸の姿勢が月齢と共に増強されている.

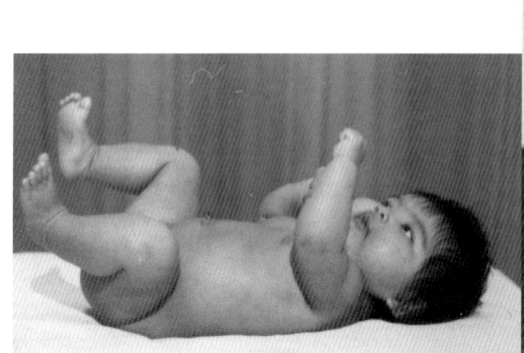

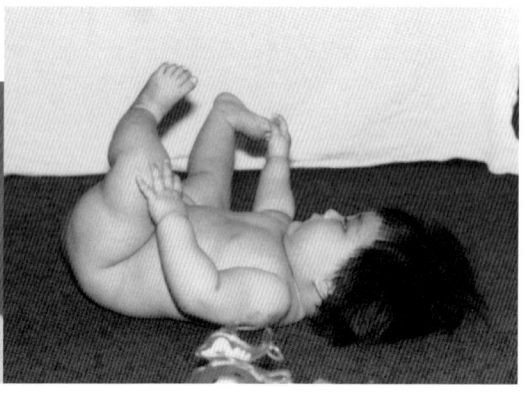

図8 仰臥位の姿勢の発達
月齢は図7と同様. やはり下に凸の姿勢の変化が見られる. 首すわりが完成するに連れてこの傾向が顕著となる.

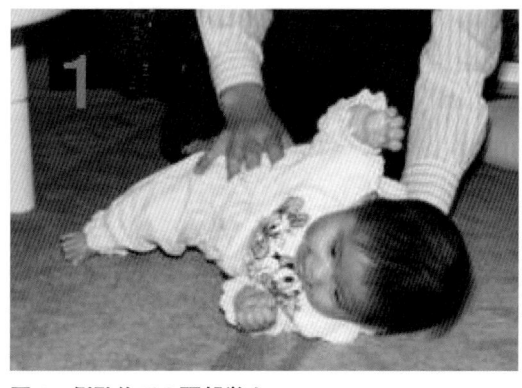

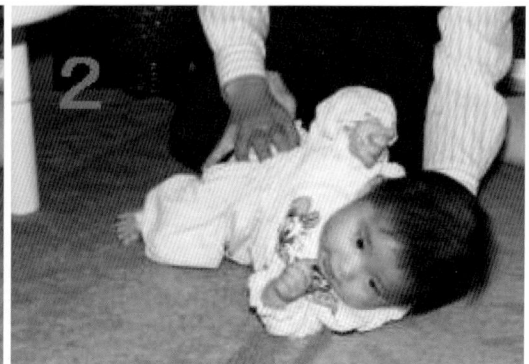

図9 側臥位での頭部挙上
側臥位姿勢に持ち込むと, 次第に頭部を挙上させてくる. これも側方傾斜時に頭部を垂直位に保てないと出現してこない.

対して仰臥位で寝ている所から，児の腕を持って引き起こし，顎を引かせようとすることなどである．ここまで述べてきたことを念頭におけば，最初は垂直位からゆっくり前方に傾け，頭部を垂直位に保たせるようにするべきである（**図6**）．

その他の詳細は運動発達の促し方の項で説明する．

iii）他の運動・姿勢との関連

首がすわってくると，日常の姿勢にもその影響が現れてくる．それゆえ，日常の姿勢を見れば，ある程度首がすわったかどうかの判断ができる．以下にその関連を述べる．

a）腹臥位

首がすわれば前方傾斜時に頭部を垂直位に保てるのであるから，腹臥位にすると頭部を挙上することができるはずである（**図7**）．

b）仰臥位

首がすわったら，後方傾斜の最終段階である仰臥位で，頭部を挙上し，垂直位に保てるはずとも考え得るのであるが，これは困難である．5〜6ヵ月になると挙上は可能となるが，日常の姿勢とはならない．しかしその代わりとは言えないが，不思議なことに両下肢を挙上してくる（**図8**）．

c）側臥位

側臥位でも同様のことがおこり，側臥位に寝かすと頭部を垂直位に持ち上げようと，床から挙上してくる．これは寝返りに非常に促進的に働く（**図9**）．

d）まとめ

図7から**図9**までを見比べてみると，共通の姿勢が浮かび上がってくる．下に凸の姿勢である．重力が上方から下方に働いている状況ではこれを受け入れ，対抗するかのようにこのような姿勢をとるのである．

我々が立位時に後ろから押された時を想像してもらいたい．反り返ってバランスを保とうとするはずである．この後ろからの力または重力（重力による加速度）方向が体の凸方向と一致するのである．重力に対抗できない首がすわる以前の各姿勢と比較して欲しい（**図10**）．

2. 第2期：四つ這い移動まで（8ヵ月まで）

首がすわったということは，まだまだ初歩ではあるが，重力場を理解し，対抗策を会得したことを意味している．その後，四つ這い移動完成に向かって種々の姿勢・運動が出現し，お互いに噛み合いつつ新しい姿勢・運動が出現してくるのである．この途中で進歩が停滞したり，正常から逸脱することが多いので，この間の運動発達を十分に理解してもらいたい．それにより対処法がわかってくる．

i）姿勢・運動を構成する3要素

この間の姿勢・運動を3要素に分けて考えると，理解しやすい．以下それらを説明する．

a）姿勢の調節能

バランスが崩れた時，それを元に戻したり，不可能な場合は手をついて転倒を防止しようとする運動能力．

姿勢の調節能はさらに次の2種に分けられる．

①静的反応：首がすわり，座位が安定し，最終的には立位が安定という順序で発達する安定位保持能力である（**図1，3，4参照**）．

②動的反応：転倒しそうになった際，手をついて顔面を強打するのを防御する能力である．これは保護伸展反応またはパラシュート（転倒防御）

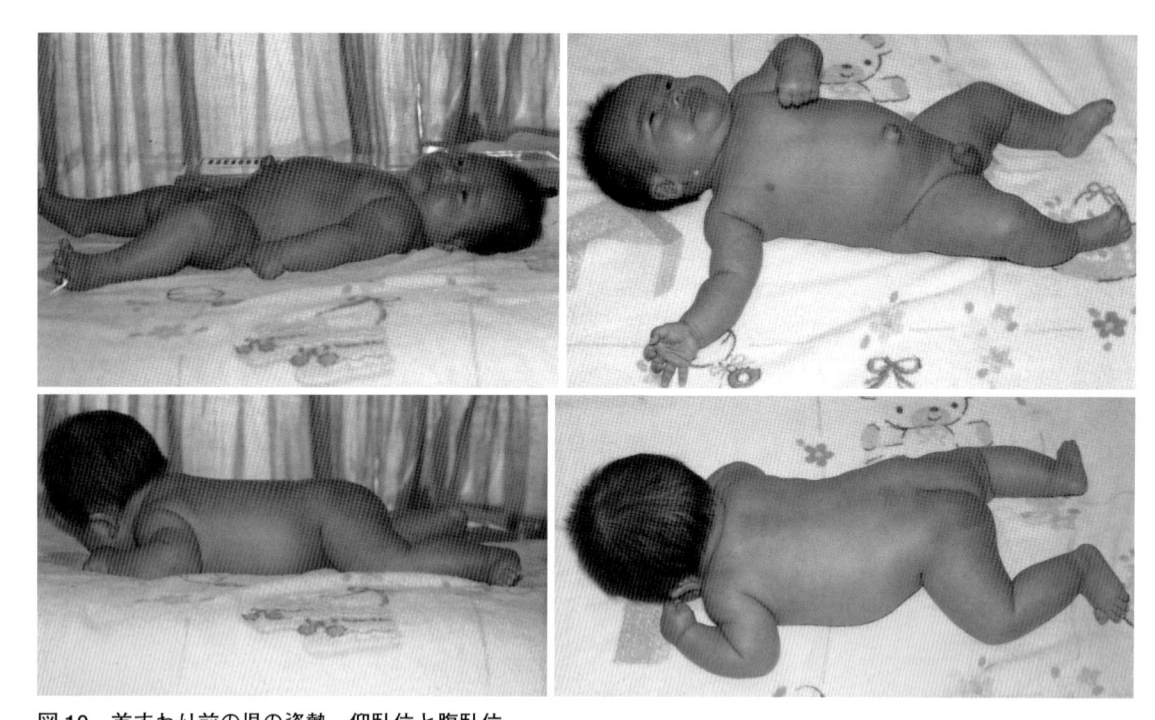

図10 首すわり前の児の姿勢，仰臥位と腹臥位
生後2ヵ月児の仰臥位と腹臥位の姿勢．重力に打ち勝つ反応が出現していない．これらの児でも視線を合せ，声かけをすると，頑張って頭部を垂直にしようとしてくる．

反応といわれる（**図11**）．
　b）持ち上げ機構
　重力に逆らって頭部が床についている位置から，これを立位の高さまで持ち上げていく能力を総称する．その発達は当初は腹臥位でやっと頭部を床から挙上できるだけであるが，次第に肘で上半身を支え（肘立て位），次には手掌部で支え（腕立て位），四つ這い位，立位へと進むのである（**図12**）．
　c）相動運動能
　目的物に向かって眼球を動かし追跡し，手を伸ばし掴み，這って目的物に到達し，最終的には独歩で目的物に達するといった順序で発達する運動能力を総称する．
　これらの用語は耳慣れないものかも知れないが，これらの要素は単独でみることもあるが，多くの場合は噛み合って日頃見慣れた姿勢・運動として出現する．

　ここでは読者の理解を助けるために，日常生活でみられる運動を例に挙げ，各要素に分析し，どのように噛み合って発達してくるのかを示したい．

図11 パラシュート反応
転倒しそうになった時，手をついて外傷防御の反応が出現している．前方の次に側方が出現する．ここまで出現すると，四つ這い移動の準備ができていると考えられる．

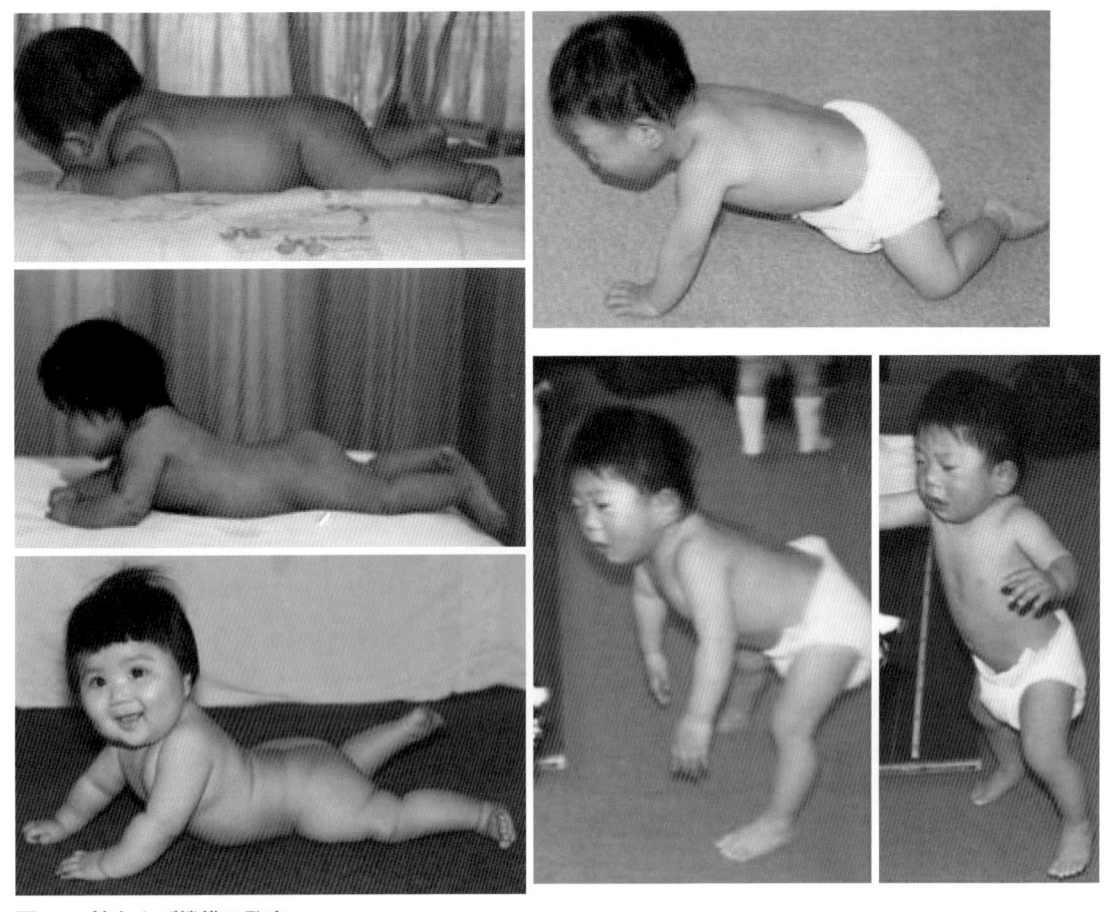

図12 持ち上げ機構の発達
腹臥位で肘立て位, 腕立て位, 四つ這い位と発達し, 立位になるまでの持ち上げ機構の発達を示した.

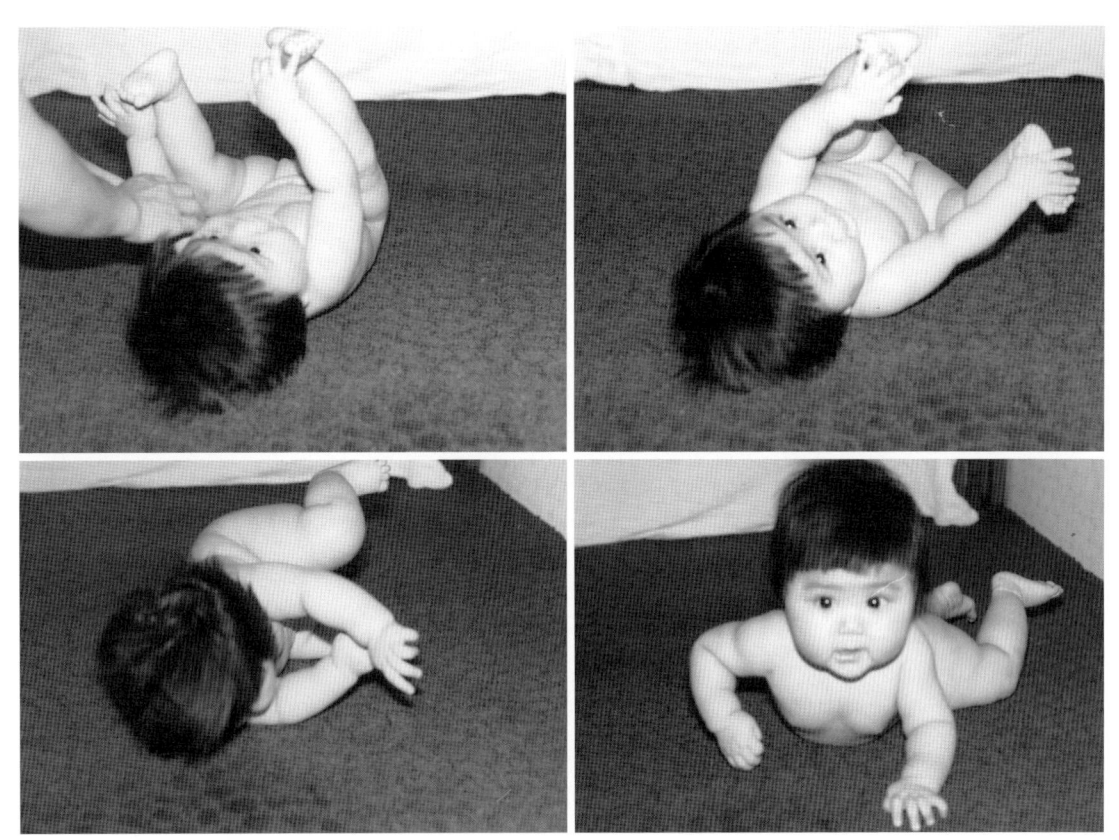

図13 寝返りのパターン
仰臥位から腹臥位への寝返りを示す．

ii）寝返り（図13）

ここでは寝返りとは仰臥位から腹臥位へのそれをいう．寝返り運動も3段階に分けて考えると理解しやすい．

a）第1段階

すでに首すわりの項で述べたとおり，仰臥位では5〜6ヵ月の運動発達水準に達した児は首すわりが完成し，下肢を挙上し，足を眺めたり，手で掴んで遊んだりする．

これが腹臥位への寝返りの出発点である．挙上した下肢を寝返り方向に倒すことにより寝返りが始まる．

b）第2段階

上半身は仰臥位，下半身は側臥位の姿勢となるため，この間には捻じれが出現する．この不自然な姿勢を正すために，上半身が下半身に追従し側臥位にまで達する．

c）第3段階

側臥位に達すると，頭部は垂直位になろうと，床から離れていく．この際首すわり（とくに側方）が完成していないと，頭部は挙上しない．反り返ったり，顔を床にこすり付け回旋しようとしたりする．これではスムーズで自然な寝返りにならない．

さらに体の下側になっている上肢，とくに肘で

上半身を持ち上げ，頭部をさらに持ち上げ腹臥位での肘立て位まで達するのである．ここで頭部が前方向へ回旋すると，それに伴い，体幹，下半身と連続して捻じれ，腹臥位にまで達する．

もちろんここまでの動作の中で児が一方向に寝返ろうという意志がなければならないのだが，立ち直り反応によって寝返りができてしまい，このできた寝返りを活用しているという印象がないでもない．

一連の寝返りで重要なのは側臥位での頭部挙上と，下側上肢での持ち上げ動作である．下側上肢は上半身を持ち上げるために働くのであって，体の下に入ってしまい，最後に引き抜くような邪魔ものであってはならない．これに対する具体的な援助方法については後述する．

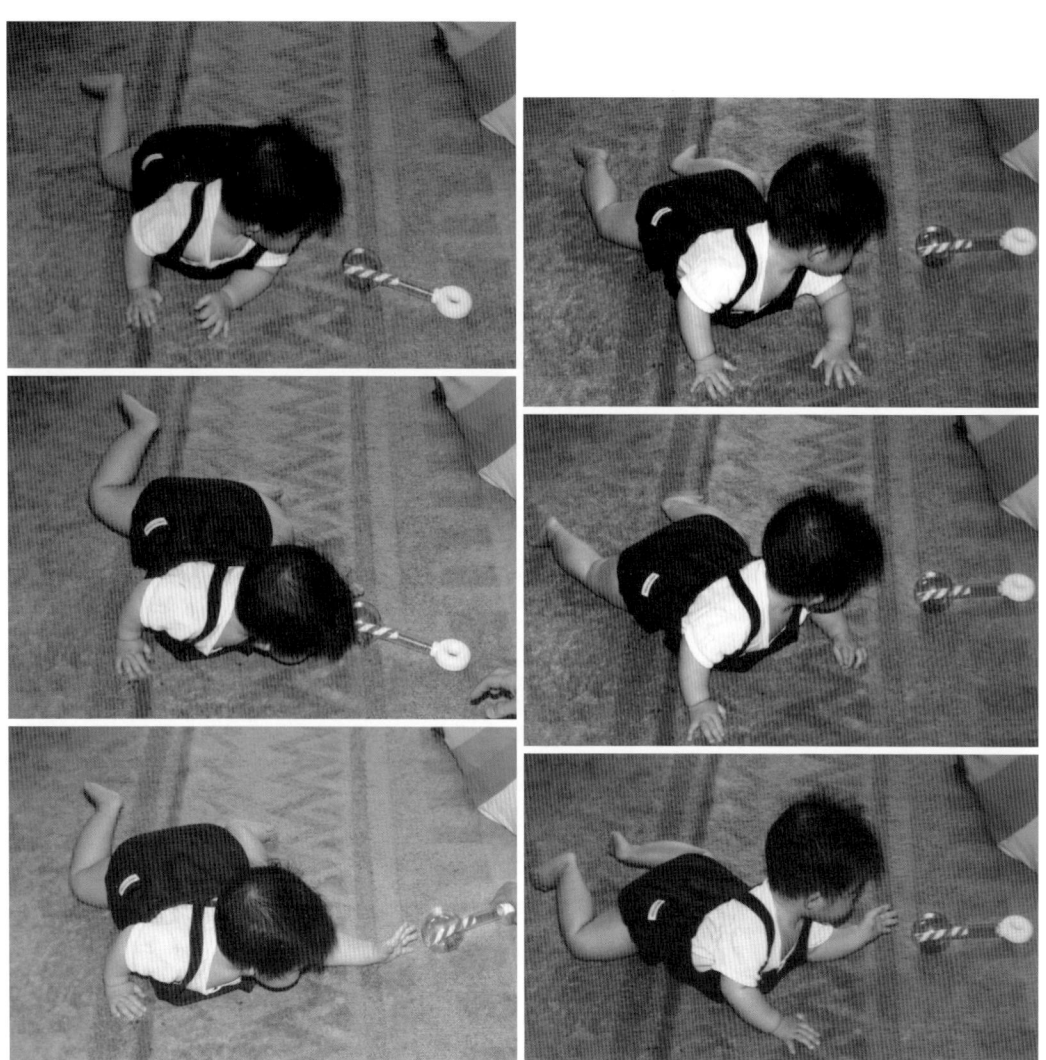

図14　腹臥位での方向転換
腹臥位での方向転換は，肘這いで前進する前の重要な目的を目指した運動である．これを十分にさせることで肘這い能力を引き出すことができる．回転方向の下肢の屈曲に注意．（左上→左下，右上→右下）

iii）四つ這い移動

四つ這い移動が可能になるためには，種々の要素が出現し，噛み合ってくる必要がある．その3要素について四つ這い移動に焦点をあてて見よう．

a）姿勢の調節能

①静的反応では頭部の位置が座位や四つ這い位の時の高さで安定していることが必要である．すなわち児の骨盤を支えて前後左右に傾斜させても，児は頭部を垂直位に保つことができなければならない．これは迷路性立ち直り反応に発する連鎖反応が躯幹筋群にまで到達しているということである（図3参照）．

さらに，四つ這い位で児の体を前後左右に揺すっても転倒しないでいられる必要がある．これが可能になると，左右の上下肢のいずれでも床から離して前方に送ることができるようになる．

②動的反応では座位の位置で，前方・側方への保護伸展反応が出現している必要がある（図11参照）．

b）持ち上げ機構

肘立て位，腕立て位からさらに手掌と膝で体を持ち上げ，四つ這い位にまでなれる必要がある．

c）相動運動能

腹臥位で目的をもって移動できる必要がある．これのもっとも初歩的な機能は，眼球を動かし目的物を追視することである．次は物に手を伸ばす機能である．

この意志が出ていない児は目的を持って移動することはない．しかし，運動機能がおかされていなければ，うまく援助すると歩行まで可能になることもあるが，目的のない移動では歩行が可能になっても非常に危険であり，知的側面の進歩が欠かせない．

物に手を伸ばし，掴もうとするようになると，次に出てほしい機能は腹臥位での方向転換である（図14）．これは腹臥位で肘を使って這って前進すること（肘這い）より早期に，またたやすく可能になる．

物に手を伸ばし，掴めるようになると，周囲の人は早く這って欲しく，前方から玩具などで誘うことが多い．しかし，このようにすると児は努力すればするほど，後ずさりしてしまい，最後には諦めてしまう．この努力は報われないので援助法としては最悪である．よりたやすい方向転換を促して，目的物をたやすく掴めるようにするのが良策である．

方向転換が可能になったら，肘這い移動を促す．ここまでの援助方法の詳細は次節，「運動発達の促し方――独歩まで」で述べる．

上記の基本要素が揃えば，四つ這い移動は可能になる．途中段階で停滞している場合，どの要素が欠落しているか明確にすることが必要であり，これができれば援助方法も明確となる．

d）まとめ

四つ這い移動が可能になるためには，①姿勢の調節能としては座位と四つ這い位が安定すること，上肢の保護伸展反応が前方と側方に出現すること，②持ち上げ機構としては四つ這い位を自力でとれること，③相動運動能としては肘這いで目的をもって移動できることが必要である．

3．第3期：独歩まで（12ヵ月まで）

i）持ち上げ機構

四つ這い移動が可能になり，下肢の持ち上げ機構（大腿四頭筋の筋力）が体を持ち上げるのに十

分であれば，つかまり立ちが可能となり，頭部を立位の高さまで持ち上げることができるようになる．

ⅱ）姿勢の調節能

　頭部を垂直位に保つ連鎖反応が下腿の筋群にまで到達していれば，独り立ちができる．実際には，つかまり立ちができる児を，両膝または下腿部を支え（もちろん上肢や体幹部は支えない），前後に重心移動させる．前方に傾けると爪先で踏ん張り，後方に傾けると踵で支えることが可能になっている必要がある．

　この気配が少しでもあれば，瞬間でも独り立ちが可能である．この反応が素早くできれば，安定して独り立ちができるはずである．この反応を立位の平衡反応という．左右方向の反応も必要であるが，前後の反応が出現していれば，多くの場合左右方向の反応は出現している．すなわち，重心が右に移れば右下肢荷重，左に移れば左下肢荷重が可能である．

　人の立位時の前後幅は左右に比較して狭く，バランスをとるのが難しく，左右方向は股を左右に開けばたやすくなる．

ⅲ）相動運動能

　これまでの移動が2次元に限られていたが，立位になるためには3次元に挑戦しようという気持ちが必要である．すなわち，テーブルなど家具の上にあるものに手を伸ばし，働きかけたいという意志がなければならない．しかし，まれに立つ意思のまったくない児も存在するが，これがないともちろん立位は無理である．

　独り立ちがおよそ30秒間可能になると独り歩き（独歩）が可能になる．独歩で重要なことは，両下肢を左右に拡げて立ち，一歩一歩バランスをとりながら，ゆっくり歩くことである．児を立たせておいて，前から声をかけ，飛び込むように歩かせてはならない．途中で立ち止まることができず，「止まる時は倒れる時」となり，屋外での歩行は大幅に遅れることになる．

B　運動発達の促しかた──独歩まで

　すでに前項で運動発達に関しては述べてあるので，その考え方を十分に理解して頂ければ，促し方はよりたやすく会得できることとなる．

　この項だけを読んで児の運動発達を促そうとするのは賢明でない．児の発達の全貌を把握し，運動発達の滞っている問題点を明確にし，その後この項に書かれている具体的な方法に当たって頂きたい．

　まず，この項全般を通じて念頭において頂きたい重要な原則を述べる．

　①発達の順序に沿った援助計画：発達順序に沿うということは，たやすいことから困難なことへと課題を与えることになるので理に叶っている（容易から困難への原則）．

　またすでに述べたとおり，発達は因果関係に沿って出現してくるのであるから，前段階の機能が出現してこないと，次の段階が出現してこないはずである．もし出現しても異常なパターンになる可能性が大である（因果関係の原則）．

　発達は中枢神経系の成熟とともに出現してくるのであるから，いかに機能の出現を期待しても，中枢神経系の成熟なくしては困難なのである（脳の成熟との関連の原則）．

　②困難な課題を2種以上同時に与えてはならない：自らの経験からは当然との印象を持っているにもかかわらず，乳幼児には難しい課題を2種以

上課してしまうことがあるが，これはいけない（困難な課題は1つの原則）．

③運動，感覚両側面に平行した援助計画をたてる：神経系は運動と感覚がほぼ半分づつを占めている．運動発達は感覚-運動の連関がうまく回転して，出現してくるのである（感覚運動連関の原則）．

以下，独歩までの期間を便宜的に3期に分けて具体的に説明する．

1. 第1期：首すわりまで（4ヵ月まで）

この月齢では運動や知恵の基礎になっている中枢神経系の機能が出現してくるので，非常に重要である．まず知恵の基礎となっている相動運動能から述べる．

ⅰ）相動運動能

a）眼球の追視運動

出生直後のショック状態が回復すると，左右方向の追視が可能となる．上下方向が可能になるには1〜2ヵ月を要する．追視がうまくいっていないと思った時は，左右方向の追視の練習を加味しながら，テストしてみる．

児を片腕に抱くか，仰臥位に寝かせ，赤色など原色の玩具（ガラガラ）を児から30 cmぐらいの距離で，左右にゆっくり，音を出しながら動かし追視を促す．玩具を近づけ過ぎてはならない．追視しているようであれば，音を出さないようにして，視覚のみで追視しているかどうか確かめる．

次第に目立たない色にして，左右の追視を練習させながら状態をみる．その後上下にも玩具を動かす．左右方向だけではたまたま追視しているよ

うにみえる時があるからである．上下方向に追視が可能であれば，視覚に重大な問題は存在しないと考えてよい．

ゆっくり動かしても追視しないようであれば，音だけを出して固視し続けるかどうかをみる．視覚に問題が存在するようであれば小児眼科医の診察を受けることが望ましい．

追視が可能となると，頭部の回旋や挙上を促す際にも，有力な手段が存在することになる．

b）遠近の識別

月齢によっては，左右上下に動く対象物を追視できるようになっていても，遠近の識別が可能になっていないことがある．これを見分けるには，眼前に急激に物が近づいた時，目を閉じるかどうかをみるのがよい．風を起こさないように手のひらなどを近づけてみる．視覚による瞬目反射が存在すれば，視覚はかなり進歩していることになる．追視よりこの瞬目反射の方が難しい課題である．

c）頭部の回旋運動

左右方向に追視が可能になると，次には頭部も回旋させて，対象物を追おうとする．一側の後頭部が扁平な場合は，仰臥位に寝かせてみていると，尖った後頭部を乗り越えて，反対側へ顔面を回旋させることが難しくなる．このような時は次に述べる腹臥位で頭部挙上の機能を出現させ，続いて頭部の回旋運動を促すのが良策である．

腹臥位で頭部回旋運動能力が高まると，今度は仰臥位でも回旋できるようになる．

ⅱ）持ち上げ機構

[肘立て位と頭部挙上]　元気のよい児では，新生児期から，腹臥位で頭部を瞬間的に挙上することができ，頭部の回旋も可能であるが，肘立て位をとることはできない．正常では生後2ヵ月に達すると肘立て位で45〜60度まで頭部挙上が可能

である．しかし，筋力低下や中枢神経系に障害が存在していると，時期がきても頭部挙上が自然には可能とならない．このような場合には以下に述べる肘立て位のとらせ方により促すべきである．

児を腹臥位とし，両側肩関節から上腕部を保持し，肘部で児の上半身を支えるようにする．これが肘立て位である．こうすると上肢の支持性は不十分だが，頭部挙上（迷路性立ち直り反応）が可能な児においては顔面を挙げてくる．この際追視が可能であれば玩具で前方から（30 cm離し）左右，その後上方へと追視するように誘う．これにより多くの児は，遊びながら腹臥位や頭部挙上に慣れてくる．

しかし，①腹臥位が嫌いであったり，重力に打ち勝つのに期間を要する児，②筋肉に先天性疾患が存在する児，③脳性麻痺のように中枢神経系の運動系に障害が存在する場合はよい結果は得られない．2〜3週間継続しても効果が上がらなけれ

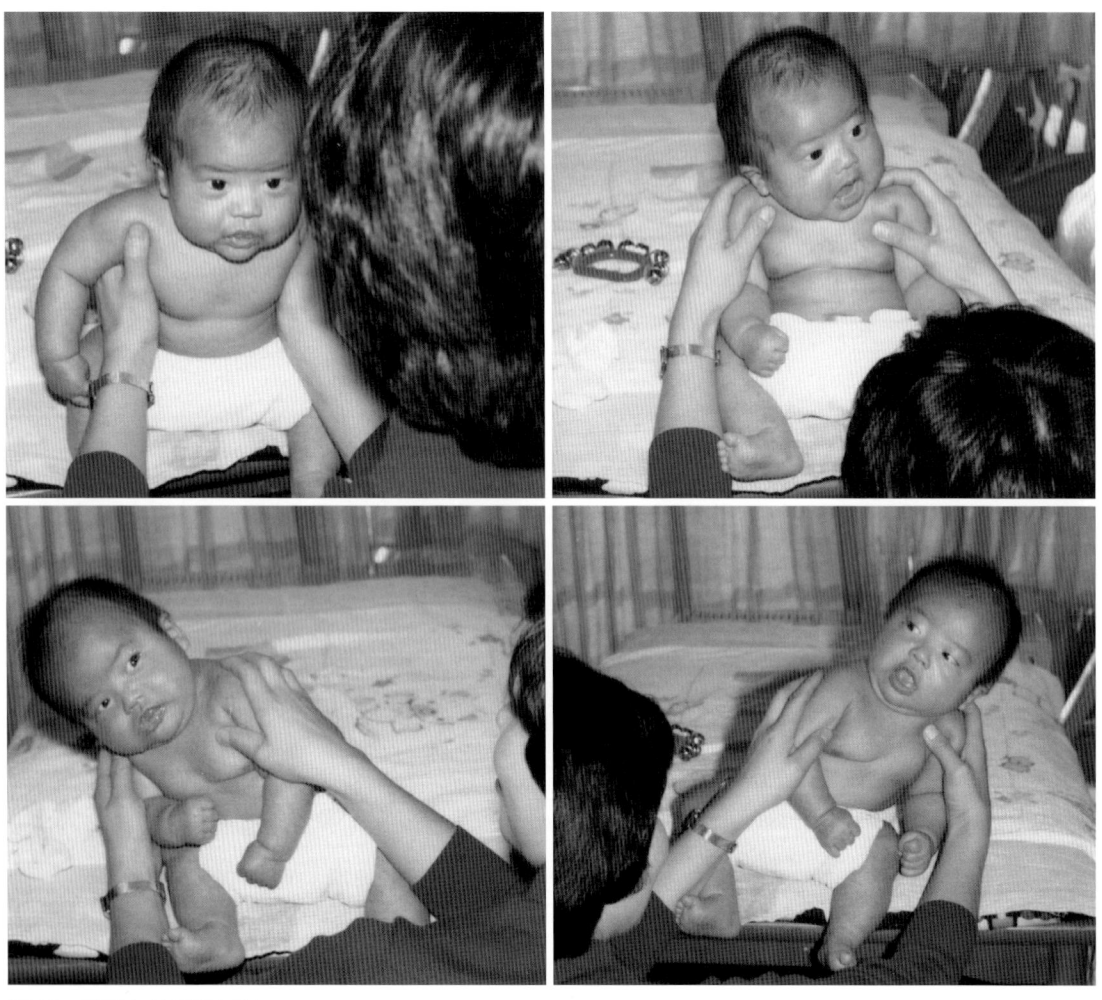

図15 首すわりの促し方
図10に示した児を同時期に，声かけをして頭部を垂直位に保たせようと促したところである．側方傾斜時は頭部を垂直位に保つことができていないが，眼球・頭部はしっかり回旋し声かけ方向を見ている．

ば，専門医・理学療法士の指導が必要である．

①の場合であれば，根気よく楽しませながら腹臥位に慣れさせる．たとえば仰臥位に寝た母親のおなかの上に，児を腹臥位で寝かせる，また声をかける方も一緒に腹臥位となり，兄弟も加えて本を読んだり，歌を歌ったりし，腹臥位になると遊んでもらえるという習慣づけをするとよい．2～3週間で慣れてくる．

②の場合は，筋力を使い，重力に逆らって頭部を挙上させるのは難しいので，腹臥位から頭部を挙上させる方法はとらない．児の外界に対する反応がよければ縦抱き，または座位に持ち込み，胸郭を支え頭部を垂直位に近い状態で保つようにしむける．つぎの姿勢の調節能，首のすわりの項で述べる方法をとるのがよい．

③の場合で，とくに重度の脳性麻痺の場合は，もっとも困難である．腹臥位にすると体全体を丸めてしまい，腹臥位で顔面と膝で体重を支える非常に不愉快な姿勢になる例では，頭部挙上どころではなくなる．この場合は，専門療育施設での全般にわたる療育計画をたてる必要があり，その児にみあった療育計画に協力する中で，担当の理学療法士から訓練内容・方法を教えてもらい，家庭療育を補助する方向で行うのがよい．

iii）姿勢の調節能

a）首すわり

首すわりとは「児の胸部を支え，前後左右に傾斜させた際，頭部を垂直に保持できること」とすでに定義してある．また，頭部は垂直位の周辺から垂直位を保とうとしてくることも述べた．すなわち，傾斜角度が少ない方がたやすく垂直位を保持できるのであるから，理論上前項で述べた腹臥位での頭部挙上より先に行ってもよいのがこの首すわりの練習方法である．児の興味が続かない

と，児は頭部を前方にがくっと落としてしまい，首にいたずらに負担を掛けるだけで効果が上がらないこともあり，肘立てと平行して訓練することが常である．

[首すわりの促し方]（図15）　介護者は児の胸郭を両手でしっかり支え，児を自分の膝の上またはテーブルの端に腰掛けさせる．児と目と目を合わせ，声かけをする．児がしっかり見ているようであれば，上方から声をかけるようにしながら，児をゆっくりと前方に傾ける．児が介護者を見続けているようであれば，上目遣いをしながら，頭部も上方へと挙上してくる．そして，頭部を垂直位に保てるようになる．

次には，介護者は下方から声かけながら，児を後方に傾ける．今度は児が顎を引き，後方に頭部が落ちないようにするのである．

傾斜角度が大きくなると困難な課題となるので，当初は垂直位からの傾斜角度は少なくし，次第に大とする．児を仰臥位に寝かせ，そこから引き起こすようにし，頭部がついてくるように促すのは，かなり高度のレベルとなるので，当初は避けるべきである．傾斜速度についても，当初はゆっくりとすべきである．

前後方向ができるようになったら，次は側方である．これも左から声かけながら右に傾け，右から声かけては左に傾けるようにする．すでに述べたとおり，側方傾斜の課題が難しいので，前後方向の後の課題とすべきである．各方向がそれぞれできるようになったら，前後，左右の切り替えの練習を行う．

この際重要なことは，介護者は訓練を意識してやっていることになるが，児の方は遊んでもらっているつもりにさせることである．

これらの練習は，視覚を利用しているので，内耳の耳石器官を感覚器官とする純粋の迷路性立ち

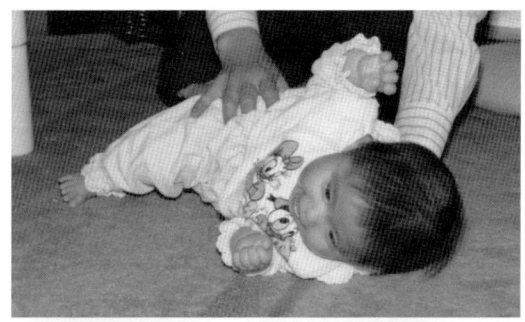

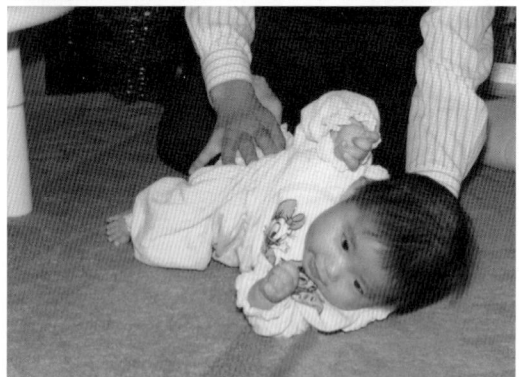

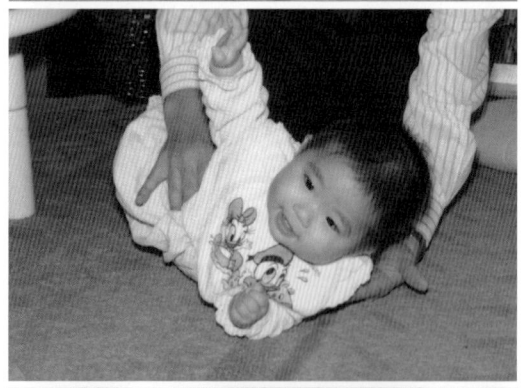

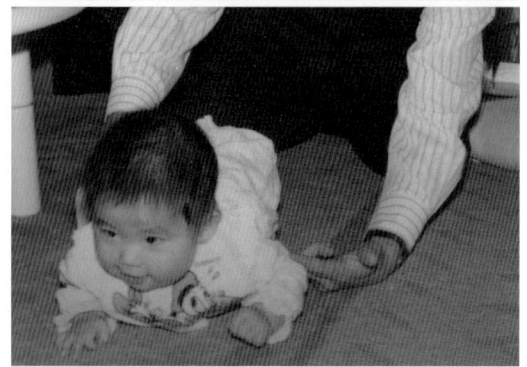

図16 下側上肢での持ち上げ（寝返り時）
下半身を介助して寝返りを促しているところであるが，側臥位で下側上肢で上半身を持ち上げさせていることに注意．

直り反応ではない．児の反応が素早くなってきたら，目と目を合わせずに同じ練習をするとよい．

さらに上手になってきたら，児の胸郭を保持していた手を下方に下げ，児の骨盤を保持してみるとよい．今度は腹筋，背筋まで活動してくることを期待するのである．このようにすると課題は徐々に難しくすることができる．

詳しくは後述するが，保持する箇所を次第に下方にし，それぞれの水準での反応が次々と出現すれば，最終的には独り立ちができるのである．一足跳びに独り立ちの練習をする必要はない．

b）首すわりと他の姿勢との関連

首がすわってくると，前述のとおり各臥位で下に凸の姿勢をとり，その凸の形は月齢と共に急峻なカーブを示してくる（**図7, 8**参照）．

腹臥位では肘立て位から腕立て位になり，仰臥位では手を眺めていた時期から，自分の足趾を掴んで遊ぶようになるのである．側臥位では頭部を挙上するばかりでなく，体の下側になっている上肢（とくに肘）で上半身を支え上げてくる（**図9**参照）．

ここで練習の課題になるのは，仰臥位で手で足趾を掴んで遊ばせることである．とくに下肢が固く，挙上しにくい場合には有効である．見たこともなく，触ったこともない下肢を使って将来歩かせようとするの無謀である．上肢でさえも手眺めの状態を数週間継続し，自分の手がどのようにしたら，どのように動くかを経験した後に，初めて物に手を出したり，掴んだりするのである．

［側臥位での頭部，上半身挙上］　次に課題となるのは側臥位での上半身の持ち上げ能力を引き出すことである．下側にある上肢は体の下敷きになって，寝返りの最終段階で引き抜くのであってはならない．この腕を使って上半身を持ち上げ，腹臥位まで寝返りした最終段階で，肘立て位に

なっていなければならない．上肢は寝返りをする際の強力な味方でなければならない．

児が側臥位の段階で，下側の肘はおおよそ耳介と肩の中間に位置するようにする．ここで下側の肘の方向へ肩を押しつけ，上体の体重を肘にかける．こうすると下側の肘は重荷を背負ったことになり，これを撥ねのけるように肘で上半身を支え上げてくる．一部を介助しているのだが，上半身を持ち上げようとするのは，あくまでも児の下側上肢である（図16）．

iv）感覚の受容

感覚の受容が十分でないと，その感覚に促された運動は出現してこない．最初に追視の練習方法を述べたところであるが，重度の児にとりもっとも受け入れやすい感覚について述べる．

[運動刺激と音刺激]　受け入れやすい感覚は心地よい運動刺激と音刺激である．視覚刺激の方が高級であるので，視覚刺激に応答がみられない児に対しては，揺り籠的な運動刺激とそれに伴った子守り歌的音刺激を与えるべきである．あまりゆっくりでは寝てしまうし，きつい刺激では驚愕反応が出現し，大泣きしてしまうので，加減は上手にする必要がある．にこにこ微笑み，耳を傾けているようであれば成功である．聴覚障害がある場合は運動刺激だけでも，児の脳は活性化するはずである．

[触覚刺激]　次の段階の感覚刺激として与えるべきものは，手への触覚刺激である．手のひら，それも手指の先端部分のふくらみの部分への刺激が有効である．この部分をこちらの手指でよく触ってやることが重要である．喜んで指を開き，握り返してくれば大成功である．十分に指を開いてくるようであれば，玩具を触らせたり，持たせるとよい．

よく見掛けることであるが，握っている手を無理に開かせ，玩具を握らせ，どのくらい長く持っているかをみていることは意味がない．赤ちゃんは生まれた時は握っているのであるから，まず自力で指を開くことを覚えるのが重要なのである．

しかし，もっとも困るのは上記の方法でいくら指先を触っても何の応答もみられない時である．刺激が脳に届いているかどうかわからないのである．脳に対して働きかけをしているのであるから，脳に触覚刺激が到達し，「握れ」と出ていた命令が変更され「開け」という命令にならなければ意味はない．

我々は感覚系以外に脳に働きかける方法を持たないのであるから，諦めずに感覚刺激を「馬鹿の一つ覚え」と思ってやるしかないのである．そして，まったく応答のない場合はまれである．

指をしっかり握って開きにくい場合の対処法を以下に述べる．3〜4ヵ月児で手をしっかり握っていたり，麻痺があり手を強く握りしめている場合は指先のふくらみに刺激を与えることができない．その場合は指の背側部分を反復刺激する．それにより指先の開いてくることが多い．

それでも効果がないようであれば，手首を手掌の方向へ屈曲する．そうすると指はその機構上しかたなく，本人の意志と関係なく開いてくる（これは誰でもそのようになるので自分自身で確かめてもらいたい）．その状態を逃さず指先に刺激を与える．この半開きの状態で指先に刺激を与えると効果が上がってくる．

触れられると嫌がり拒否するような態度を示すことがあるが，これは脳に到達している証拠であるので，よい徴候である．反復触覚刺激を繰り返していると，数週間後には次第に指も開くようになり，触れても嫌がらなくなる．触ると違和感があるような手は使って，遊ぶようになるはずがな

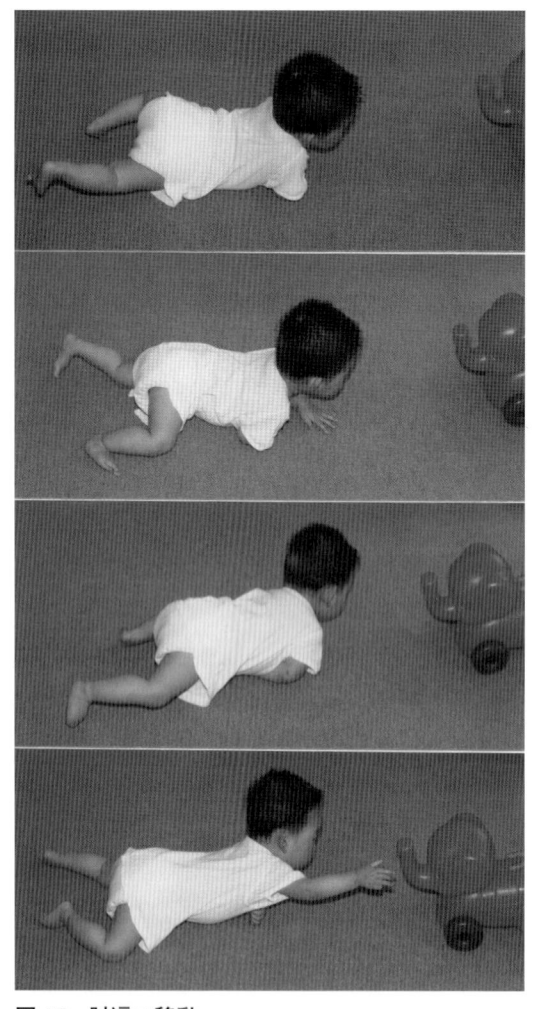

図17 肘這い移動
方向転換が両方向とも180度まで可能になると，2〜3週間で肘這いが可能になる．肘這いにも種々のパターンがあるので，両上下肢が交互に動かなくてもあまり心配しなくてよい．片麻痺の場合もあるが，その他の症状で鑑別が可能である．

いので，拒否的な態度をとる時はまず感覚系アプローチとるべきである．

しかし，もっとも困るのは，いくら刺激をしても，まったく応答がなく知らん顔をしている場合である．脳に到達しているかどうかわからない．到達していなければやる意味がなくなる．前記の方法で効果がみられなければ時期早尚と考え，より低水準の運動刺激，音刺激を十分に与え楽しませるべきである．

2. 第2期：四つ這い移動まで（8ヵ月まで）

i）相動運動能

この時期の相動運動能の発達は極めていちじるしい．4〜5ヵ月になると眼前の物に手を伸ばしとろうとする．最初は見えるものには何でも手を伸ばしてくるが，次第に欲しくないものを認知するようになり，一度手を出しかかるが，引っ込めることもできるようになる．

手の届く所の物に，素早く手を伸ばすようになると，次には手の届かない物も欲しくなる．腹臥位では這うことができないと，目的物を獲得することができない．この場合，多くの児は腹臥位で次項で述べる腕立て位をとっており，前方から玩具などで誘うと反復手を伸ばす．しかし，這って前進することができず，かえって後退してしまう．そして最後には諦めてしまうのである．

通常，早く這って欲しい一心で，上記のように誘う．しかし，この方法は教育上大変よろしくないことである．努力すればするほど目的から遠ざかり，なんら努力が報いられないからである．

このような場合，臍を中心に方向転換するように誘うのが，適切な方法である（**図14**参照）．こうすると，努力すると目的物が得られ，さらにやる気が出てくるのである．方向転換が両方向とも180度程度できるようになると，2〜3週間後には前進できるようになる．

さらに方向転換を誘うことでよい点は，回転方向の下肢が屈曲し，反対側は伸展してくる．将来

必要な下肢の交互運動の初期の動きが出現するのである．

方向転換ができると，肘這いでの移動が自然とできるようになるので，上記の方法以外特別なことは必要ない（**図17**）．

肘這いができるようになったら，次の目標は四つ這い移動である．遊びの中でも目標を四つ這い移動に定め，肘這い能力を向上させるには，段差の昇降を促すのがよい．最初は段差が座布団一枚程度から始め，次第に厚くし敷布団三つ折りぐらいまで挑戦させる．この間日常生活でも，父親がごろんと横になっていれば，その下肢やおなかの上を乗り越えさせたりする．這ってくる途中に足を出して乗り越えさせるのもよい．児は喜んでこれらの障害物を乗り越えようと挑戦してくる．

ii) 持ち上げ機構

肘這いが上手になっても，なかなか四つ這い移動ができないこともある．その場合は，以下に述べる持ち上げ機構が出現しているかどうか点検する必要がある．

まず肘立て位であるが，これは首すわり完成以前の能力であり，一側上肢の麻痺が存在しても可能となる．ここまで到達していなければ，前述の方法によって重点的に肘立て位を練習する必要がある．

持ち上げ機構が出現する際の第一難関は，腕立て位がとれるかどうかであるので，ここではまず腕立て位，続いて四つ這い位について練習方法を述べる．

a) 腕立て位

腕立て位をとれない状態を整理してみると大きく以下の3種に分けられる．①手掌部での体重負荷の感覚に耐えられない場合（圧力の受容困難）．②上肢の屈曲傾向が（とくに肘関節に）強く，重力に打ち勝つだけの伸展力が出てこない（屈筋群の過緊張）．③手掌で上半身を支え上げるだけの力がない場合（抗重力筋群の筋力低下）．

これらのことが単独または複合して存在しているので，それを解き明かし対処する必要があるが，それも含め順番に対処法を述べる．

①手掌での圧力受容困難：腕立て位を行う前に，手掌への触覚刺激，圧迫刺激を反復加え，その受容状態を調べる．これらのことは仰臥位でも座位でもよい．圧力を加えると押し返してくれば問題ないが，避けて逃げるようであれば，まず圧力刺激に慣れさせることが必要である．受容状況を調べながら，早速圧力刺激を加えるのがよい．当初は肘関節は90度程度屈曲位で刺激を加える．

その後，慣れるに従って次第に肘関節は180度（整形外科・リハビリテーション医学ではこれを基本肢位とし，0度と定義する）まで伸展し，ちょうど腕立て位に相当する肘の状態に持ち込み，介助者の手掌により児の手掌から肩方向に圧力を加える．左右交互にこれを行う．

この圧力に対しいつまでも拒否的反応を示すのが，上肢の屈筋群の過緊張の存在する場合である．屈筋群の筋緊張を落としながら，手掌への圧迫刺激を加える．屈筋群の緊張の落とし方は，少々こみいってくるので②の「屈筋群の過緊張」で説明する．

肘関節屈筋群の短縮がすでに存在する場合は，この方法によっても完全伸展位をもたらすことはできない．しかし，可及的最大限の伸展位を得ることができるようになったら，この状態で手掌へ圧力刺激を与える．まだ，外から人為的に手掌へ圧力刺激を加えるだけで，児を腕立て位に持ち込み，児の体重を手掌にかけるまでに至っていない．これを反復繰り返し，児の拒否反応がみられなくなったら，この段階で児を腕立て位に持ち込

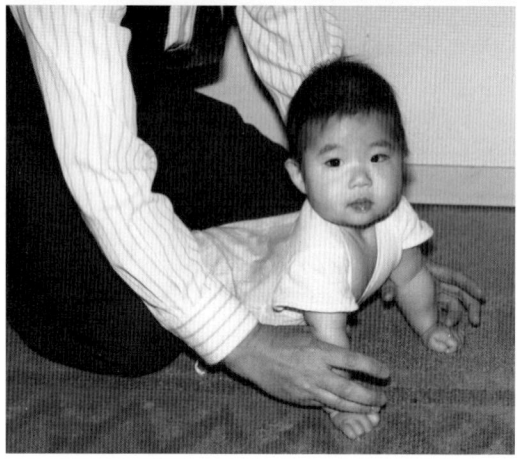

図18 腕立て位のとらせ方
手掌での圧力を受け入れられるようになれば，図のように持ち込んで，腕立て位をとらせる．これも手掌での体重負荷，腕立て位の感覚受け入れ練習と思って頂きたい．

み，手掌部に児の体重をかけさせる．この方法は図18に示すが少々高度となるので，経験ある理学療法士から直接教えてもらうのが賢明である．

そのまま左右に体重移動を行ったり，上下に児の体を動かし，手掌への圧力を衝撃的に加えることもする（図19）．

②屈筋群の過緊張：以下の方法を施行する場合，姿勢は仰臥位でも座位でもよい．

肘関節屈筋群の過緊張のある例では，通常肘関節は屈曲位となっているはずであるが，その状態でまず手関節（手首）を掌側に屈曲させる．それにより肘関節の屈筋群の過緊張はゆるんでしまい，肘関節を伸展位にまで伸ばすことができるようになる（図20）．

これは伸展緊張が高度の場合にも使用できる．伸筋・屈筋ともに筋緊張が低下する．

その後，ゆっくりと愛護的に肘関節を伸展させる．けっして早急に無理に完全伸展位に持ち込んではならない．痛みが発生するようであると，次回から肘関節付近を触れられるだけで，拒否反応が出現してしまうからである．

③抗重力筋群の筋力低下：まず我々が腹臥位で腕立て伏せをする場合を思い起こして頂きたい．持ち上げる以前の床に上半身が着いている状態の上肢の位置に，児の腕を持ち込む．肘は鋭角で，両手掌は耳介と肩の間で床に着いている．この手掌の位置は上半身を持ち上げるために力を入れるのに最適の位置である．この位置は人により少々異なるので自ら確かめて頂きたい．この状態から，児の眼前に興味のあるものを見せ，顔を上げるように促すと，児は上半身を持ち上げようとしてくる（図21）．

この時，胸を持ち上げるなどの少しの介助すると，筋力低下が軽度であれば，腕立て位まで持ち上げてくる．この一連の流れの中で重要な点は，児の手掌を床に押し付けるように圧力を加えることである．そして，手掌への圧迫による圧力刺激受容の訓練をここまでに十分に行ったかどうかが，この結果を左右する．

ここまで述べた腕立ての3要因は独立していないので，結局は濃淡はあるものの3種とも行った方がよい．

腕立て位が完成すると，児は腹臥位になると頻繁に特別な介入なく，腕立て位をとるようにな

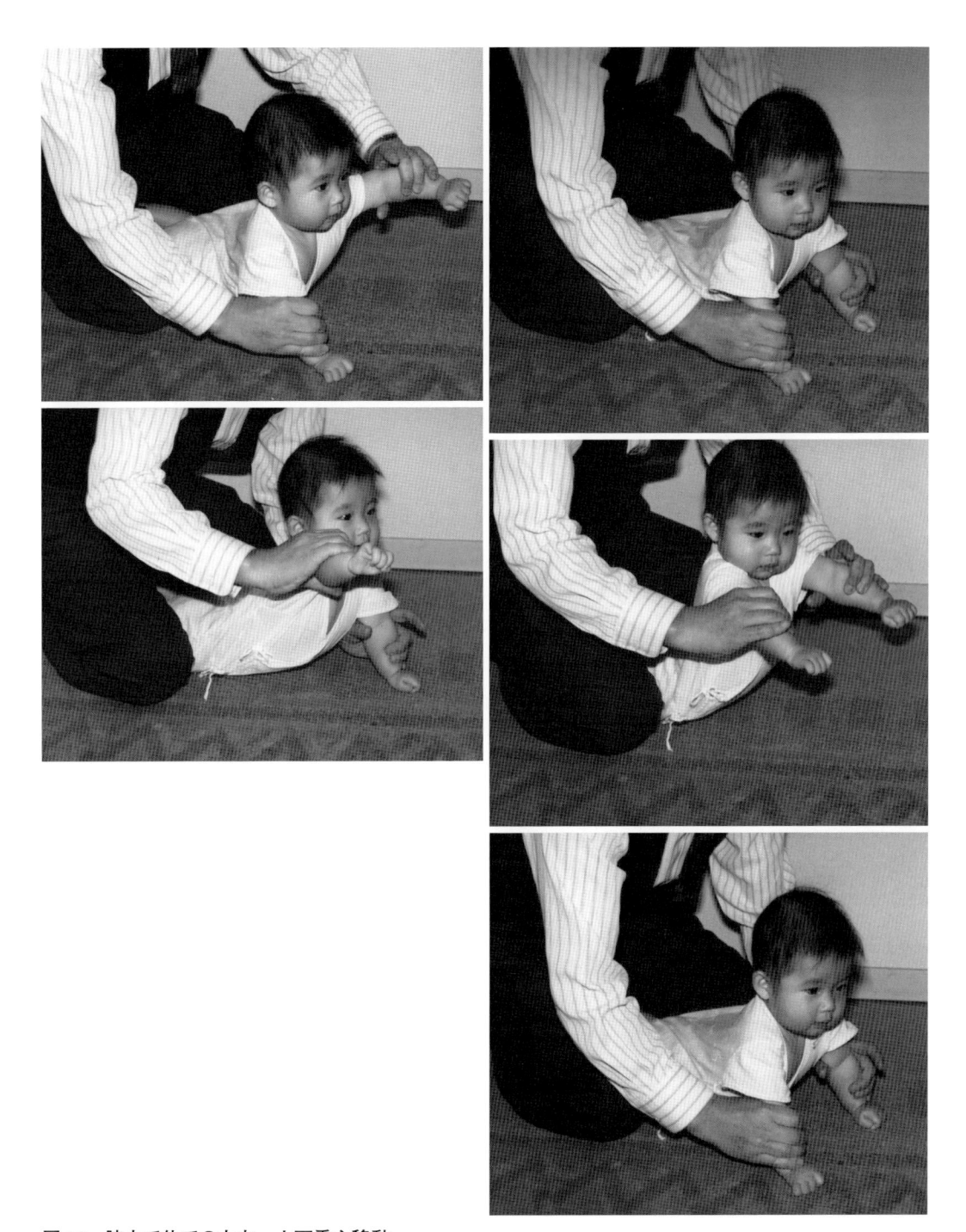

図 19　腕立て位での左右，上下重心移動
図18の方法で慣れてきたら，手掌にさらに体重負荷をさせたり，左右に重心移動をさせる．手掌への圧力の受け入れ練習にもなるし，圧力負荷が大きくなった時，反射的に支持しようと上肢に力を入れる練習をとなる．

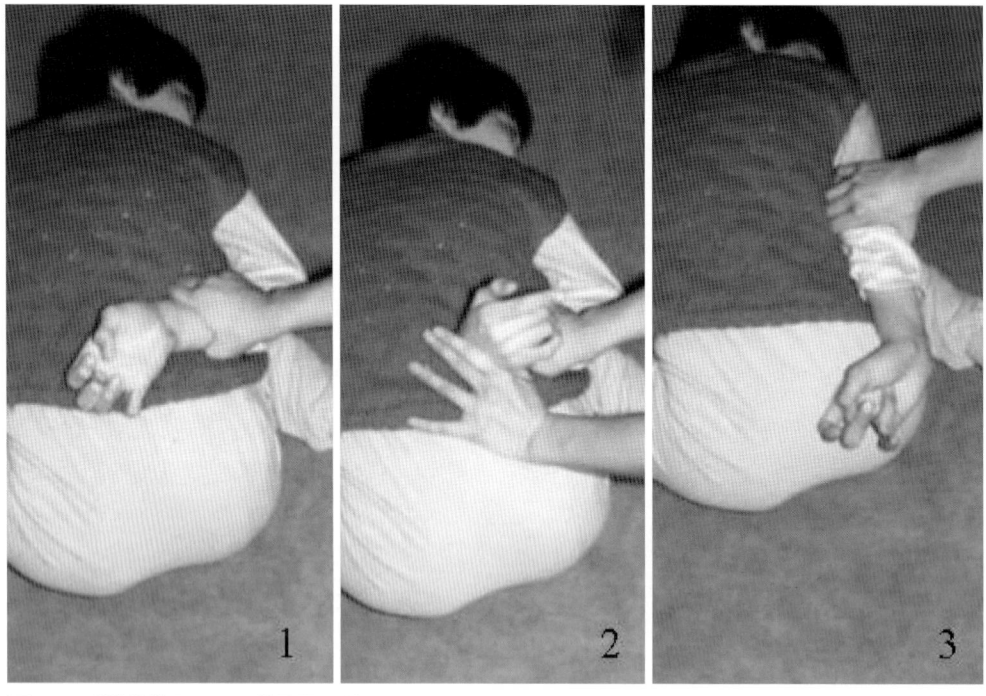

図20 手関節掌屈による筋緊張の低下
緊張の強い上肢を肘関節屈曲位で体の後方に持っていく．そこでこの図のように手関節を掌屈させる．肘関節，手関節とも異常緊張がとれる．

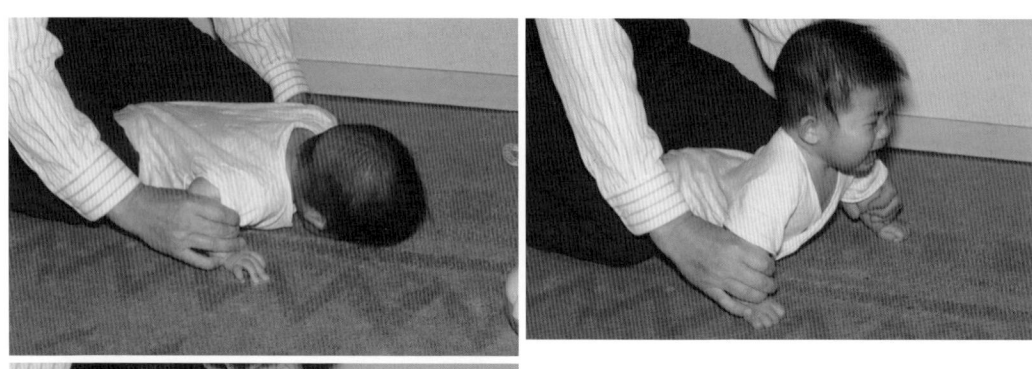

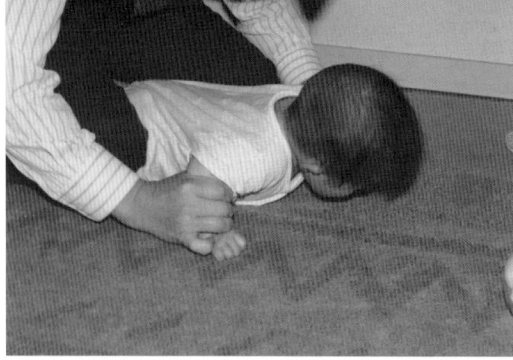

図21 腕立て位までの持ち上げ
自分で腕立て伏せをする時の位置に，児の手掌を持っていくのがコツである．筋力がつき，個々までの圧力受け入れ訓練が十分されていれば，自力で上半身を持ち上げてくる．何度か挑戦して無理であった場合は，時期早尚と考えるべきである．

る．腹臥位で飛行機のように腕を広げたかと思うと，また腕立て位になり疲れをしらない．これが続くと，腕で上半身を支えると顔面を打たないということを，経験から学ぶことになる．将来高い姿勢から転倒しても顔面・頭部を強打しなくなる．これについてはパラシュート（保護伸展）反応として項目を立てて説明する．

b）四つ這い位

腕立て位において，左右のバランス，前後のバランスを練習する．前後の重心移動が上手になり，上肢に多くの体重を掛けることができるようになると，股・膝関節を屈曲させ，四つ這い位を人為的にとらせることができるようになる．

この姿勢でさらに骨盤を保持して前後に揺するとよい．前に重心を掛けると腕立て位に近ずくし，後方に重心移動すると正座に近い姿勢になる．この時期の児は，気分が高まってくると，四つ這い姿勢で前後に体を揺すって楽しんでいることが多く，目撃している人も多いと思う．這って前方に移動するためには前方重心移動が不可欠である．

iii）姿勢の調節能

この時期の姿勢の調節能で重要なものは，座位の安定である．頭を座位姿勢の高さに保って安定していることが重要である．というのはこの高さで頭部の位置が安定しなければ，当然より難しい立位で安定しないからである．

また，この時期の後半につかまり立ちが可能になるわけであるが，その際当初は必ず転倒する．臥位まで転倒せず，安定している座位で止まることができれば，外傷は激減する．

a）座位の安定化

首すわりにおいては，頭部が傾くとそれを元の位置に戻すために働く筋群は，頸筋群であった．座位が安定化するためには，同様の条件下で軀幹の筋群が働くことが必要になる．すなわち迷路性立ち直り反応に続く連鎖反応が軀幹筋にまで到達すれば，座位は安定化するのである．

座位の安定化を促す方法は，首のすわりを促す方法の延長上にあり，考え方は同じである．骨盤を保持し，児を前後左右にゆっくり傾斜させ，頭部を垂直に保つよう促すのである．上方から声かけながら前方に傾け，下方から呼びかけながら後方に傾け，それぞれ頭部を垂直に保つように促す．

左右方向も同じであり，右から声をかけながら左に傾け，頭部を右方向に回旋させながら，かつ頭部を垂直に保たせるのである．回旋運動が入る所が少々異なる．左方向も同様である．飛躍と感じられるかもしれないが，この回旋運動が将来の四つ這い時，歩行時の上下肢の交互運動につながるのである．

首のすわりから座位の安定化までの経過は連続的であり，児を保持する体の場所を少しずつ下方に下げることにより，少しづつ難しくなるのである．

b）四つ這い位の安定化（バランス）

持ち上げ機構の項で少し述べたところであるが，四つ這い位まで持ち上げが可能になれば，その安定化のためのバランス練習はたやすい．四つ這い位になった児の両肩を，続いて骨盤を保持して前後に揺する．リズムをつけて前後に揺すると，保持していた手を離しても，少しの間児はひとりで前後に動かしているほどである．

次第に児は自分で前後に揺すりながら，前後バランスの練習を始めてくる．もちろん練習の意識はなく体の動きを楽しんでいるようである．

これが日常によくみられるようになったら，次は必要な練習は左右バランスである．児の肩を保

持し左右にゆっくり揺すり，左右に上半身の重心移動をさせる．その後，さらに骨盤を保持し同様に下半身の左右重心移動を促す．前後の重心移動は健常児でも発達過程でよく目にするところであるが，左右は働きかけないと，自主的に練習することはまれである．

左右の重心移動時，最終的段階としては右に重心移動をした際，左上肢が床から離れるまでに上手になる必要がある．反対側の上肢また下肢も同様であり，これが完成すると四肢の内一肢が自由になるので，それを前方に送り前方移動が可能になるのである．

四つ這い位がとれ，さらに四つ這い位バランスが可能になって初めて四つ這い移動が可能になる．

c）パラシュート反応（保護伸展反応）

パラシュートというのは落下傘の意味ではない．パラは防御を意味し（パラソルなどとして使用されている），シュートは転倒を意味しているので，パラシュート反応はその字句どおり，転倒防御反応である．

外力が弱い間は元の位置に戻ろうとする立ち直り反応が出現する．しかし外力が過大であると元の位置に戻ることができず，新しいそれも慣れ親しんだ肢位または姿勢を積極的に，または止むを得ずとろうとする．この反応をパラシュート反応という．

一例を挙げると，立位で後方から突き飛ばされれば，前方に転倒するものの，誰でも手をついて，顔面を強打するのを防御する．これがその反応である．

この段階では座位におけるパラシュート反応が必要とされる．前方に手をつく前方パラシュート反応，側方に手をつく側方パラシュート反応，この両者が四つ這い移動には必要である．後方に手をつく反応は出現していなくてもよい．前方，側方への重心移動が強大であった時のみ，この反応が出現すればよい（図12参照）．

iv）各要素の複合機能

相動運動，持ち上げ機構，姿勢の調節能の各要素がそれぞれ発達し，互いに噛み合って初めて，四つ這い移動が可能になるのである．

相動運動能では肘這いで段差の昇降が可能になること，持ち上げ機構では四つ這い位をとれること，姿勢の調節能では座位そして四つ這い位でのバランスがとれること，そして前方・側方パラシュート反応が出現することが必要である．

それぞれの要素をよく観察し，到達していなければ，それぞれの要素に関する現在の到達段階から一歩一歩向上させるべきである．

一足跳びに高望み（独歩させようなど）をしてはいけない．欠落している要素を発見することができればそれを補う方針はたやすく立てることができる．

その実際の方法はここに示すが，不十分な部分は専門理学療法士の助言を仰ぐのが間違いがない．しかし重要な点はその欠落している要素を発見することである．

3．第3期：独歩まで（12ヵ月まで）

正しい四つ這い移動が完成すれば，運動発達に関しての援助計画はほぼ終わりであるが，この時期の各要素の援助法を以下に述べる．

i）相動運動能

ここまでは平面上での移動の時期であったが，立位になるためには3次元空間への働きかけが多

くならなければならない．認識レベルも一段の飛躍が必要になる．3次元空間での活動意欲が立位への気持ちを促すのである．これにより失敗をしても，何度も立位へ挑戦を繰り返すのである．この気持ちは中から湧き上がってくるものであって，外から植え付けたり，訓練で無理にやらせたりして，出現してくるものではない．

立ちたいという気持ちは人特有のものであって，DNAに刻み付けられているものであるので，精神面でも大変遅れている児であっても，いつかは出現してくるものと期待してよい．しかし年齢的には限度があるようで，小学校高学年頃から立つ気がでてきた場合，経験上立位，独歩が実用になった例はない．

物が目の前に出されると，追視をすることから始まった相動運動能は，目の前のものに手を出すこと，這って遠く離れたものに到達することなど，重要なポイントを通過して最終的に高い所にあるものにも到達しようとする段階まで達する．基本となる能力の出現なしに，立位・独歩に到達することはない．

ii ）持ち上げ機構

大腿四頭筋，大殿筋が十分に働かない限り，自分の体を立位まで持ち上げることはできない（**図22**）．通常，児はひとりで大腿四頭筋の筋力アップに努めている．すなわちつかまり立ちとしゃがみ込みを反復している．

また階段があれば，四つ這いででも昇ったり降りたりを繰り返している．理由は定かではないが児は階段昇降が大変好きである．実はこれらが一番効果的な筋力アップの方法である．

筋力が十分でない場合は，つかまり立ちをしても，ゆっくりしゃがむことができなくて，泣いて親を呼んだり，転倒したりしている．

これは床から立ったり，ゆっくりしゃがんだりするだけの筋力がないことを意味している．この場合は，児の膝の高さ程度の腰掛けから立ち上がったり，ゆっくりしゃがんだりさせるとよい．次第に椅子の高さを低くすればよい．筋力が次第についてくることになり，最後には床から立ちあがったり，しゃがんだりすることができるようになる．

iii ）姿勢の調節能

a ）立位の前段階の練習

四つ這い移動の段階で軀幹筋にまで到達していた連鎖反応がさらに股関節周囲筋群にまで到達すると，空中で大腿部を保持して，上半身を前後左右に傾けても，頭部を垂直位に保つことができる．この能力を出現させるには，かなりの難関を通らなければならない．

大腿部を支持して前方に傾けても，立ち直れなくて，すぐに前方に倒れこんでしまうことがまれではない．この際は，一段やさしい段階に戻り，骨盤を支えた時，頭部が安定しているかどうか調べながら，この連鎖反応を活性化する必要がある．

座位が安定していれば，骨盤保持により前後左右に傾けても，頭部は垂直位を保てるはずである．これをとくに苦手の方向に練習させる．その後，大腿部を支えて前後左右に傾ける．反射神経が活性化されているので，頑張って頭部を垂直位を保とうとする（**図4**）．

しかし，昨日できるようになっていても，今日はだめという時もある．反復の練習で次第に素早く応答するようになる．これが学習効果である．

股関節まで連鎖反応が到達すると，児は膝立位が可能となる．また仰臥位で膝を立てて，骨盤を挙上することができる（**図23**）．逆に仰臥位で

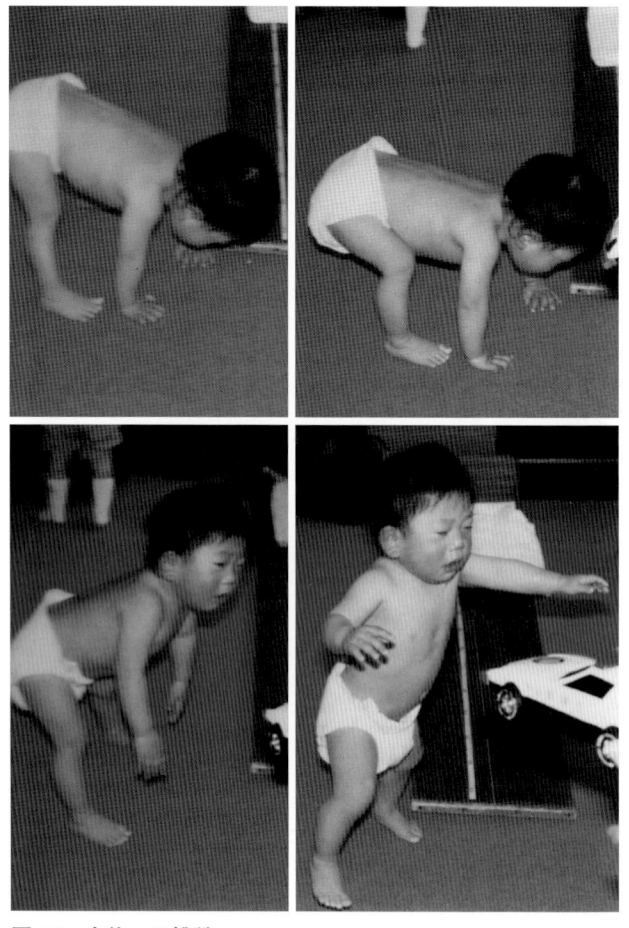

図22 立位への挑戦
独り立ちができるまでには，反復しゃがみ立ちをして，重力に抗する筋力がつくこと．さらに立位バランス（立位の平衡反応）が出現していることが必要である．

　この骨盤を挙上の練習をすると，股関節の伸展筋（大殿筋）が活性化されてくる．この意味は筋力がつくばかりでなく，どのようにしたら股関節を伸展できるかを児自身がわかってくるということである．
　ここまで述べた要領で練習すると，股関節の伸展筋が連鎖反応に参加して頭部を垂直に保つために活躍するようになる．これで一応独り立ちの練習のための基礎が完成したといえる．

　独り立ちは足関節をコントロールする足関節周囲筋群（この筋群は下腿部分にある．図24）が正しく活躍すると可能になる．
　股関節周囲筋群から膝関節を無視して，一足跳びに足関節周囲筋群にまで活躍を期待することになるので，段階を追っていないと感じる読者もいると思う．しかし膝関節は立位時は常に伸展位を保っており，屈伸してバランスをとることはないので，つかまり立ちまでの筋力が存在すれば十分

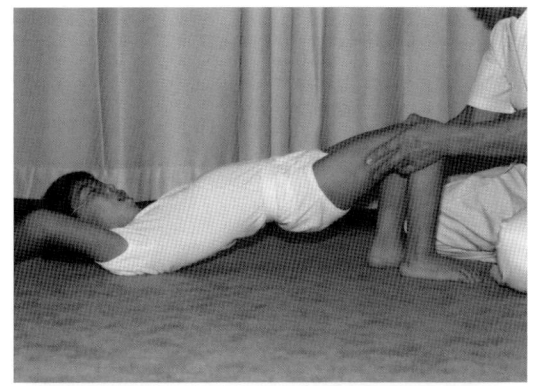

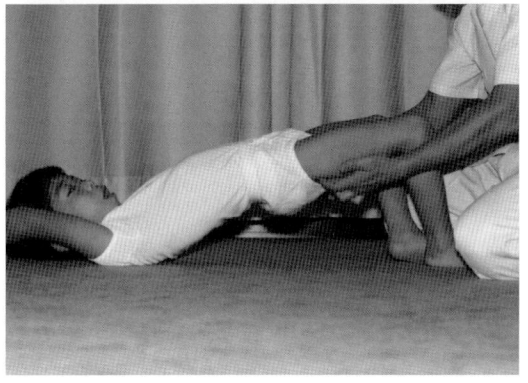

図23 仰臥位での骨盤挙上
頭部を垂直に保つ連鎖反応が股関節周囲筋にまで到達していても，股関節伸展筋の筋力が不十分であると，前方傾斜時にすぐ前方に倒れこんでしまう．その時はこの図に示す方法で，仰臥位で膝を立てて骨盤を挙上するよう補助訓練をするとよい．

なのである．

b）独り立ちのための練習

頭部を垂直に保つための命令が足関節周囲筋群にまで到達すると独り立ちが可能となる．これが最終段階である．

膝付近を支えて，前方に重心を移動させると爪先立ちで踏ん張り，後方に移動させると踵で立ってバランスを保とうとする（**図5**参照）．側方向も同様である．右移動は右下肢，左移動は左下肢で体重を支えることになる．この反応が出現していればひとりで，つかまらずに立位バランスを保つことができるのである．これを立位の平衡反応という．

この反応を引き出すための一般的注意点をまず述べる．バランスをとるために活動する筋群はこの時期では主として下肢の筋群であるので，上肢に支持を与えて立たせてはいけない．上肢を頼ってしまうからである．当初は骨盤，続いて大腿部，膝関節部，最後は下腿を保持して練習する．

次に大事なことはバランスをとるのは本人自身であるということである．介助者はバランスを乱す人，児はバランスをとる人という役割を忘れてはならない．能力以上の機能を期待して無理矢理に立たせて，崩れそうになるのを介助して立たせないよう注意が必要である．

①前方重心移動：練習方法は，最初は児の大腿部を後方から支え，前方に少々持ち上げながら前方に重心を移動させる．前段階の練習が功を奏していれば股関節伸筋が十分に活躍しているはずであるから，股関節屈曲せずに上半身が反り返りながら，頭部を垂直位に保てるはずである．

この際少々持ち上げるために，床から足趾が離れそうになるのを爪先立ちになり，踏ん張ろうとする．これは下半身の筋力が良好な児にとってはたやすいことであるが，筋力低下のために運動発達の遅れのある児にとっては難関である．もっとも必要なものは下腿三頭筋の筋力である．

下肢，とくに下腿三頭筋に痙性が存在する場合は，そのために爪先立ち傾向があるので，この練習の必要はない．

筋力低下のある児であっても，つかまり立ち，伝い歩きが可能になっていれば，この立位バランスをとらせる方法は効果がある．それ以前の段階に留まっていれば独り立ちの練習は時期早尚である．

②後方重心移動：つかまり立ち，伝い歩きまで

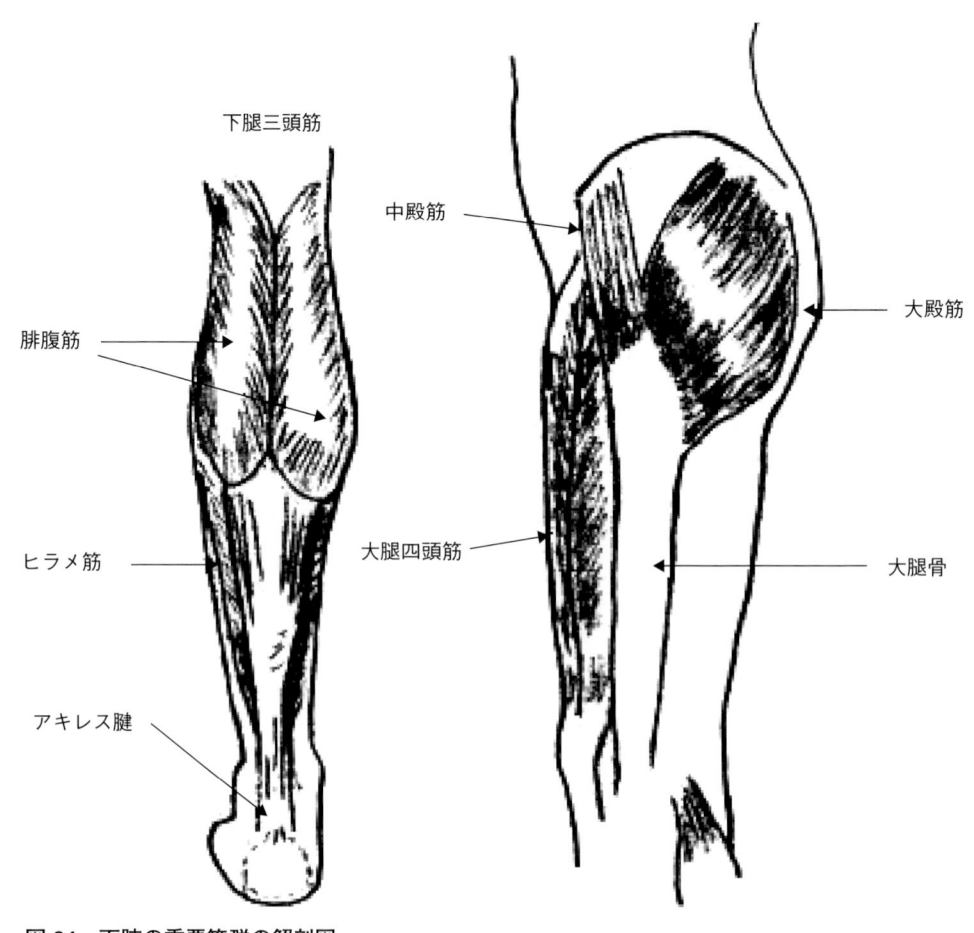

図24 下肢の重要筋群の解剖図
運動発達を援助するためには，最低ここに示す筋肉のある場所を知って頂きたい．下腿三頭筋は足関節の底屈（爪先立ち）の際に作用する．大殿筋は股関節伸展時に，大腿四頭筋は膝関節伸展時に作用する．下腿三頭筋は腓腹筋とヒラメ筋より成り立っている．

できるようになったが，独り立ちができない場合，その主たる理由はこの応答が出現しないことである．前方重心移動の際と同様に児を大腿部，慣れてくれば膝関節部を後方から保持する．児の重心を後方へ移動させる．立位の平衡反応が出現していれば，児は爪先をあげ，踵立ちをし立位を保とうとする．

しかし，この応答運動が出現しない場合は，介助者にもたれたままで，立位保持ができない．この際児の爪先を介助者が少し持ち上げてやると，それに合わせて踵で立位保持をしてくる時がある．これを反復援助していると，児が自発的に立位バランスをとるようになる．

このような状態，すなわち「できそうだができない．少々援助するとできる」という状態が訓練効果のもっとも上がる時期なので，児をほめ，激励し，継続して練習して欲しい．

この際注意すべきことは，後ろから保持している人を頼らせないようにすることである．自分の体は自分で支えるように仕向けなければならな

い．前から誰かが支えてはならない．元気づけたり，おもちゃを持たせたりし，注意をそらすのもよい．反復練習してもこの応答運動が出現しそうにない時は，諦めてよりやさしい段階の練習に戻すべきである．

すなわち児の大腿部を保持し，空中に持ち上げ前後左右方向の連鎖反応の練習をさせるべきである．とくに後方傾斜刺激を与えた時，頭部を垂直に保つために，股関節まで屈曲してくる．その際，足関節の状態をよく観察する．足関節が背屈し立位の平衡反応が出現しそうであれば，再度立位で後方重心移動の練習するのもよい．しかし，反復練習していると，児は飽きてしまい，逃げ出そうとするので，その意志を尊重せざるを得なくなる．

③側方重心移動：側方重心移動は，どのような児でもたやすく，応答することができる．右に行けば右下肢で支えればよいのであるから，比較的簡単である．反対側も同様である．片麻痺が存在しても，麻痺肢の支持性が存在すれば問題はない．

前後のバランスをとるには，爪先から踵までの狭い範囲の中で重心移動をしなければならないので，難しい課題である．左右の場合は両下肢を肩幅以上に開けば，重心移動は左右の広い範囲内で行われることになり，当然安定するのである．

ⅳ）独歩

独り立ちが30秒程度可能になると，多くの場合独歩が可能となる．独り立ちができるといっても，立たせると立っているというのではなく，床からつかまらずに独りで立てなばならない．独歩の練習の前にこの練習が必要である．独りで床から立てないと，独歩ができても，転んだら（最初は誰でも頻繁に転ぶものである）二度と立てな

くなるのである．

床から独りで立つには，まずつかまり立ちを反復練習する．大腿四頭筋，大殿筋の筋力を十分につける必要がある．その後，つかまるべき物の高さを次第に低くする．最終的には床の高さにすればよい．

床から独り立ちができれば，どんな子供でも非常に得意な顔をし，ほめると何度でもやってみせるのである．これが大事なところである．独り立ちが非常に遅れ，親としては不満足であったとしても，本人としては新記録であるので大いにほめ，一緒に喜んでやらなければならない．

独り立ちができたら，独歩ができるように期待するのが普通である．立たせておいて，少し離れたところから「おいで，おいで」することが多いが，これはやめてもらいたい．すでに述べたところであるが，一歩一歩バランスをとりながら，歩くように促して欲しい．

そのためには，下肢を左右に拡げて立位バランスをとらせるだけでなく，これが上手になったら，下肢を前後にも開いて，前後バランスを練習させる．右前，左前と両方練習する．片脚が床から浮く程度までに，前後に重心移動をさせる．これができれば自然に独歩開始する．

独り立ちが可能になったが，なかなか独歩しないことは非常にまれである．ほとんどがとくに練習しなくても独歩が可能になる．

例外は失調型の脳性麻痺である．独り立ちができても独歩までに何年もかかることがある．その間歩行経験をすることができないと，下肢の筋力もつかず，社会経験も少なくなるので，杖（松葉杖またはロフストランド杖など）を使用して歩行練習をすることを勧める．失調型であっても小学校高学年になると杖は不用となり，独歩は安定する．

C 運動発達と整形外科的問題に対する Q and A ——独歩以降

　独歩ができるようになっても，皆ができることができない，ふらふらしてよく転倒する，歩容がおかしいなど，疑問点（Q）があり相談を持ち掛けられることがまれではない．ここでは独歩以降の運動能力に関しての疑問点についてまず総論として回答（A）し，その後はさらに細かく独歩以降の運動発達とその援助方法を述べる．

Q1. 皆ができることがまだできない．

　A1．独歩を開始しても，運動発達には順序があり一足跳びに高度のことができるようになるのではない．また，独歩開始が遅れた児についてはそれなりの原因が——医学的に明確にわからないにしても——存在するはずであるので，その原因がその後の運動発達にも影響を及ぼし，全般に運動発達が遅れてしまうのである．これらを考慮して，ゆっくり発達を見守りつつ，発達の順序を追って援助するべきである．
　簡単に独歩以降の運動発達と促し方を述べる．
　　a）ジャンプ
　元気のいい子では独歩開始してから半年から1年でその場跳びのジャンプが可能になる．しかし，独歩開始が2歳近くになっていると，当然ジャンプが可能になるのも遅れ，独歩から1～2年を要することもまれではない．
　他児と比較してはいけないが，漫然と待っていないで，以下に述べる遊びの中での援助をするのがよい．まず，両手を持って膝の屈伸運動を反復させる．テレビの小児の体操に合せてやるのもよい．膝をしっかり曲げた所から膝関節の伸展を繰り返すと大腿四頭筋の筋力が増し，ジャンプができるようになる．一度できるようになると，児はうれしくて，うるさいぐらい頻繁にやるようになる．
　次に，段差ある所で手をつないで一緒に跳び降りる練習をする．最初は歩道の縁石ぐらいの高さからがちょうどよい．続いて階段の最後の段を跳ばせる．次第に段数を多くするのだが，3～4段が跳べれば十分である．
　　b）片足立ち，階段昇降
　ジャンプの後は片足立ち（片脚立ち）を練習する．これが両側とも介助なく5～6秒間可能になると，階段を手すりを持たずに交互に（一段一足で）昇降（とくに下り）することができる．5秒間持続を目標とするとよい．とくに下りは難しいし，危険であるので監視が必要である．基礎として片脚立ちの練習を十分に行ってから挑戦するとよい．
　［片脚立ちの効果的な練習方法］　介助者は児と向き合い，その左手で児の右手を，右手で児の左膝下をしっかり持ち，前後左右にゆっくり揺らす．倒れそうになったら，児の手をしっかり持って安心させる．児が頼ってもたれてくるようであれば，児の右手と左足をもって揺すり，頼れないようにする．次に保持する上下肢の右左を入れ替え，左右下肢とも片脚立ちを十分に練習する．
　その後，ひとりで片脚立ちに挑戦させる．介助者の上肢に頼って片脚立ちをしてもなかなか効果は上がらない．自分の体は自分で支えるという観念をしっかり植え付ける必要がある．上記の練習の際，片足を持った時点で崩れ落ちるようであれば，大腿四頭筋の筋力不足で，時期早尚であると考えるべきである．日常生活の中で階段昇降，段

差昇降，山坂昇降の機会を多く与え，筋力アップをはかるべきである．この時は手すり使用，手つなぎでもよい．

片脚立ちが5秒間近くできるようになったら，階段は下の2～3段で階段昇降練習をする．子どもは階段昇降がなぜか大好きで，何回でも登ったり降りたりする．上りは大腿四頭筋の筋力向上にも非常に効果があり，降りはバランス練習に効果がある．

　c）片脚跳び（けんけん）

片脚立ちが5秒以上できるようになったら，階段昇降と同時に片脚跳び（けんけん）をしようと誘うとよい．マネをさせると1～2回はできることが多い．左右差があることもまれではない．機能の低い方をたくさん練習させたいところであるが，よい方がうまくできないのに，悪い方ができるはずがないので，差が開くようで気が引けるが，よい方から練習する．明確な一側の麻痺（片麻痺）が存在しても，中学生になる頃には，患側でも片脚跳びが可能になることを経験しているので，参考にして元気づけてやって欲しい．

　d）スキップ

片脚跳びが可能になると，スキップの練習をするとよい．健常児でも小学校入学時にスキップができないこともある．ゆっくり時間を掛けて，楽しみながら上手になるように導くべきである．片脚跳びを，2回づつ左右交互に繰り返せば，スキップになる．両側とも片脚跳びが可能になった児は，練習後間もなくスキップも可能となる．

　e）縄跳び

縄跳びは少々難しい．上肢の動きと下肢の動きが，きちんと揃わないとできないからである．最初は上肢と下肢を別々に練習するとよい．縄は片手に持って回す．だんだんそのリズムに合わせて，その場跳びをする．縄は跳ばないのがコツである．

縄の回し方と，ジャンプのリズムが合ってきたら，縄を両手に持って，正式の縄跳びに挑戦させる．

ジャンプが高く跳べないようなら，再度ジャンプの練習をし，高く跳べるようにするとよい．しかし，縄跳びが上手になると高く跳ぶ必要がないのがわかるが，この際下肢の筋力向上の目的でジャンプ練習するのもよい．

全般に屋外でよく遊ぶことが重要で，そうすることによりいつの間にか下肢の筋力は向上し，大腿四頭筋，下腿三頭筋などが，固く締まってくる．

ここにはそれぞれの問題点を挙げて，解決策を提示したが，子どもの場合は屋外でまんべんなく，各種の遊びをするように誘うのがもっとも大切である．体全体の活力を増すなかで，下半身の筋力も増大させるよう計画を立てて頂きたい．

　f）自転車

健常児では，ほぼ5歳頃に自転車に補助輪なしで乗れるようになる．乗れない場合は，①平衡機能（バランス）が不十分なため自転車上でバランスをとることができない，②脚力不足で一定以上の速度を出すことができない，③下半身に軽度だが痙性麻痺が存在し，ペダルを回転してこぐことができない（とくに逆回転が可能な装置が存在している場合問題となる）場合などがある．それぞれに問題解決の方法がある．

［バランスをとることができない場合］　片脚立ちを5秒以上とることができない場合は，元に戻って，片脚立ち，片脚跳びなどの基礎練習をするべきである．

基礎能力ができており，自転車に挑戦する場合は，軽度の下り坂で転倒しても大怪我をしない草原などで，こぐことなく進める状況のもと，バラ

ンスをとって連続走行をすることだけを練習するのがよい．バランスをとることが可能になってから，こぎながら前進する方向で練習するとよい．

　［脚力不足］　大腿四頭筋の筋力向上が第一に必要である．ペダルを回転して連続してこぐことが可能であれば，エアロバイクのような器具を使用して筋力向上を計るのもよい．しかし，多くの場合は，ペダルを回転してこぐことができないというのが実情である．それに関する解決法は次項に述べる．

　［ペダルを回転してこぐことができない］　この問題の原点は，ほとんどの自転車が前進力は後輪に伝えることができるが，後進力はギアが空回りして後輪に伝わらないようになっているからである．これを止める方法もあるが，複雑でありここでは述べきれない．

　そこでペダルの回転だけを，室内でエアロバイクのようなもので重点的に前進方向への回転のみ練習するのがよい．しっかりペダルに足を固定して回転させると効果的である．

Q2. ふらふらしてよく転倒する

　A2. 大きく4つの問題点を含んでいるので，以下に述べる項目に沿って点検し，その状態に応じて専門医受診を勧める．①下肢全般の筋力不足のためバランスを崩した時，踏ん張ることができず，転倒する場合．②歩きはじめてまだ不安定であるにもかかわらず，能力以上のことをしようと，段差，凹凸のある床面を無視して突進する場合．冒険心の強い児にもみられるし，知的発達が運動能力に追いついていない場合にも出現する．運動と精神発達の差が激しいためである．③中枢神経系の平衡機能に障害が存在し，運動失調のために転倒しやすい場合．次第に病気が進行する場合と年齢と共に障害が外見上みられなくなる場合が存在するので専門医受診を勧める．④下肢の肢位に問題があり転倒しやすい場合．足部の内反，外反，尖足が著明な場合（図25）．いちじるしいO脚，X脚でも転倒しやすいことがある．これ

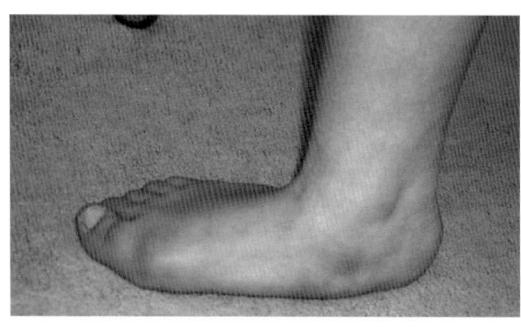

図25　足部の変形各種
左は外反足，右は内反足を示す．いずれも典型例である．これに尖足が加わると外反尖足，内反尖足となる．

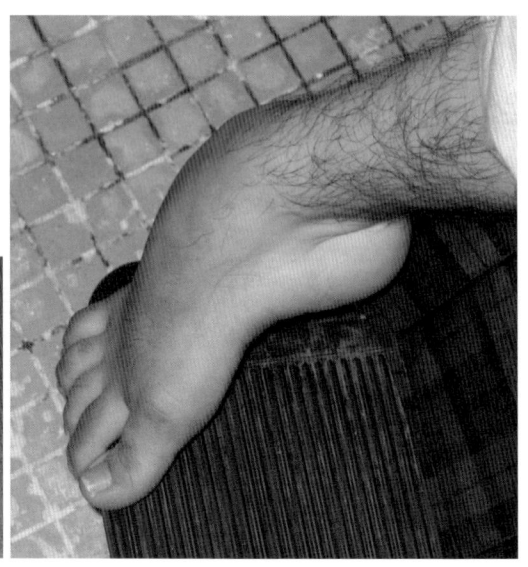

らの肢位が出現するについては，骨・関節または中枢神経系に問題がある場合もあるので，専門医受診を勧める．

［援助する場合のポイント］　④を除いては，運動能力が向上するにつれて転倒回数は減少するはずである．そこで運動能力向上のために日常援助すべきことを述べる．

平地での独歩が可能になったら，下肢の筋力不足を補うため，階段，坂道昇降を，片手を引いたり，手すりを使ったりしてもよいので，反復練習する．上りは重力に逆らうので下肢，とくに大腿四頭筋の筋力は向上する．下りはバランス能力を必要とするので，バランスが悪く転倒しやすい児にとっては格好の練習場所である．

また反復昇降することにより，段差がどのようになっているかを身をもって体験するので，言葉で「危ないから注意しなさい」というより効果がある．しかし階段から落ち，大怪我がないよう監視が必要である．一段ぐらい落ちても大怪我でなければ，児を慎重にさせるのでよい経験となる．

中枢神経系に問題があり，運動失調のために転倒しやすい場合も，下肢の筋力向上は効果がある．しかし，病気が進行性の場合はこの対象ではない．

運動失調のためのバランス不良をバランス練習により克服しようとすることは理論的には正しいが，なかなか効果が上がらない．バランスを崩した時，踏ん張れる力をつけさせた方が即効性がある．

筋力低下がいちじるしい場合は，特訓をしてはならない．疲れ過ぎると，階段を上るのを拒否するようになり，次回から促すのに苦労することになる．過度の疲労にならないように少しずつ，休みを入れながら，反復練習する．すでに筋疾患との診断がついている場合でも，この方針であれば訓練計画を立ててもよい．

診断がついていなくても，筋肉の病気か否かは，筋力を必要とする上りは嫌がるが，下りは比較的喜んでするので区別がつく．筋ジストロフィー症の初期はその典型である．

Q3. 歩容がおかしい

A3.　前項とも重なるところがあるが，各種の整形外科，中枢神経系疾患の可能性があるので，専門医受診を勧める．

乳児に特有の病気はすでに発見され，それぞれの疾患に見合ったアドバイスを受けているはずであるが，軽症の場合や次第に病気が出現してくる場合は，初期には発見できないことがある．定期的な専門医による経過観察が必要となる．

考えられることを分類してみると，①全般的な筋力低下，②筋疾患，③中枢神経系疾患，④骨・関節疾患などである．それぞれについて若干説明を加える．

a）全般的な筋力低下

もっとも多くみられる場合である．染色体異常などに伴う筋力低下もこの範疇に含まれる．典型的な場合を例にとると，膝関節はX脚，足部は外反扁平足（土踏まずがない，図25参照）を呈し，爪先は外側方を向いていることが多い．

通常は歩いたり走ったりする場合，足底が床につき，最後に爪先で床を蹴って推進力を得る．

外反扁平足が存在する場合，爪先での蹴り出しができないため，ペタペタと床の上に足底をおくだけになってしまう．このため走るスピードはいつまでたっても上がらないし，ヨチヨチした歩き方になってしまう．

これに対してはA1に述べた順序で下肢全体の

筋力を向上させるなかで，足部の周辺の筋力も高める方向で援助するのがよい．外反足歩行については中枢神経系疾患による異常の場合もありうる．それについては後の項，c）中枢神経系疾患でも述べる．

b）筋疾患

一口に筋疾患といっても，種々の病気が含まれており，現在の医学でも診断のつかないものも多い．すでに診断がついていても，進行性の疾患で次第に増悪するものと，次第に能力が向上するものが存在する．前者の場合でも乳幼児期には成長と発達につれて一時的に能力が向上することもあるので，専門医から病気の経過につき情報を得た後，援助計画を立てるべきである．

専門医でも一部の筋疾患では，前項に述べた全般的な筋力低下と区別がつかないことがあるので，すでに述べたとおり筋力低下に際しては過度の訓練を避け，短時間の訓練を反復するのが原則である．

中枢神経系が侵されていなければ，筋疾患ではバランスをとることができるはずであるので，その方面の能力を伸ばすように心掛けるのがよい．筋力を使う動作は本人の疲労状況とやる気を慎重に見極め，最終的には本人の意欲にまかせるべきである．

c）中枢神経系疾患

中枢神経系疾患により運動パターンが侵されると，2種類の問題が出現する．①出るべき運動命令が中枢神経系から出ない，または出ても不十分である場合と，②出てはいけない運動命令が出てしまう場合がある．

①はよく下肢が動かない，手が動かないという麻痺という言葉がふさわしい状態である．②では出るべき命令とは違った，おかしな命令が出ることになる．

[尖足歩行] 足関節について典型例を一例挙げ，その対処法についても述べる．歩行時に踵から接床したいところだが，上記①のために足関節の背屈命令がこない，また②のために下腿三頭筋（図24参照）に異常な命令がきて，筋収縮が起こってしまう，この両者のため爪先立ちになってしまう，これが尖足歩行の児にみられる現象である．こうして立位または歩行時に尖足（爪先立ち）歩行となるのである．

この2種類の現象に対してはそれぞれに応じた対応策をとらねばならない．まず足関節背屈命令を出すように促す．当然であるがこの命令がまったく出現していなければ，どうしようもない．将来命令が必ずくるという保障もない．しかし，一度命令がきはじめれば，どんどん動きが滑らかになるはずである．

さらに，立位時を考えれば膝関節完全伸展位で足関節が背屈できることが必要である．中枢神経系に障害があると，命令がまったくこないというよりも，股関節，膝関節，足関節全体の屈曲または伸展運動はできるが，膝関節は伸展，足関節は背屈という細かな命令が出にくいという現象がある．このような全体的な動きを専門的には共同運動という．そのため立位のように膝関節伸展位となると足関節も伸展，すなわち尖足となるのである．股関節，膝関節，足関節の屈伸運動が分離して可能となれば，歩容もよくなるはずである．

この分離運動の練習が重要であるが，乳幼児においては，意識的に訓練を行うのは難しい．仰臥位または長座位で膝関節伸展位で足底に刺激を加えたり，足趾の背側をこすったりし，反射的に背屈させ成功時にはほめたり，反復背屈運動をさせたりすることにより，動きを引き出す．その他に特別な方法はない．

下腿三頭筋の異常筋収縮も大いに悪影響を及ぼ

している．5〜6歳ぐらいになると，通常我々が運動前に行うアキレス腱のストレッチ体操を教えるとよい．本人が主体的に行うのを周囲のものが手伝う感じで行うのがよい．

より年少の場合は介護者が理学療法士から徒手による下腿三頭筋のストレッチの方法を習い，家庭で行うことになる．

この方法の基本は，まず児の膝関節を90度屈曲位に保ち，踵のアキレス腱付着部の骨（踵骨という）を下方に引き下ろすように牽引をかけ，下腿三頭筋（アキレス腱のついている筋肉）をストレッチする．足関節が90度（専門的にはこれが基本肢位であり0度とする）に背屈した時点で，ゆっくり膝関節を伸展し完全伸展位にまで持ってくる．これにより立位の踵をついた姿勢になる（図26）．

この際無理にストレッチをすると児はその力に対して爪先で押して抵抗しようとする．この力比べを行っていると，児は爪先立ちになる力が増強してしまう．すなわち下腿三頭筋の筋力が増強してしまうのである．爪先立ちが激しくなることになり，目的と異なる結果になる．

重要なことは力比べをせず，児に力を抜くことを覚えさせることである．これがストレッチの目標である．うまく力が抜けたらほめるようにする．抵抗してきたら，無理をしないで負けるようにする．その後，児が力を抜いてきたら再度背屈をするようにする．

痛みを与えると，足に触れただけで逃げようと

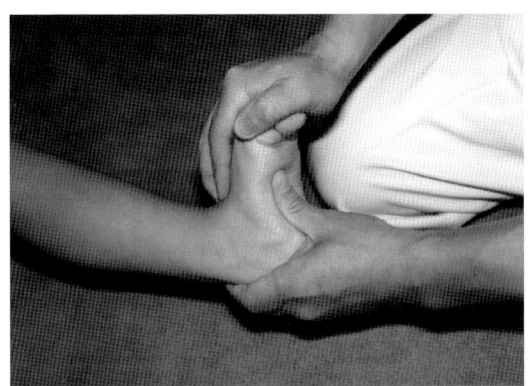

図26 下腿三頭筋（アキレス腱）徒手ストレッチの方法

下腿三頭筋の緊張度が高い場合はアキレス腱ストレッチはなかなか難しい．無理に行うと児は痛がり拒否する．また外反背屈方向に力が入ると，足底の土踏まずが壊れてしまう．ベテランの理学療法士でも児の反抗に負けてしまうことがしばしばある．アキレス腱の付着している踵の骨（踵骨）を引き下ろすことが重要である．図で足趾を屈曲させているのは，下肢の伸展パターンを弱めるためのものである．

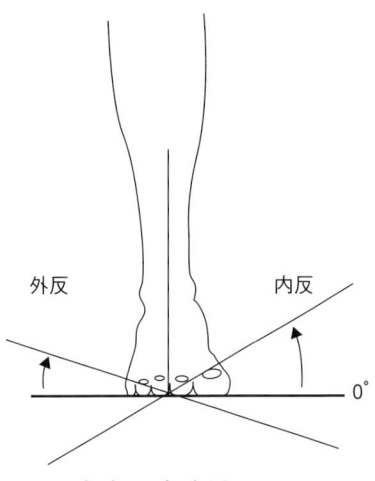

図27 内外反の概念図
足部の内外反の動きを確認して欲しい

するので，その後の訓練が非常にやり難くなる．誰かひとりでもこのようなことをすると後が大変面倒になるので注意が必要である．

［外反足歩行］　もっとも多いのは外反尖足または外反扁平足歩行であるので少し長くなるが細かく述べる．これには①下腿三頭筋の痙性（異常緊張）が強く，さらに足関節の背屈時に内反方向へ命令が出にくく，外反運動が起こりやすい場合と，②筋力低下により土踏まずを高く支えることができない場合がある．これらを外反足または外反扁平足という．

ここで専門用語であるが，内反は母趾方向への運動，外反は小趾方向への運動をいう（図27）．

①緊張が強く外反位となっている場合：外見上は筋力低下による外反扁平足と同じであるが，外反筋緊張が高く本人の意志以上に外反してしまう場合や外反筋に痙性が存在する場合は対処法は難しい．

この際，外反運動は頑張れば頑張るほど増強するので，やっと独り立ちが可能になった児に，立位のままで直そうとしても難しい．余裕をもって独り立ちができるようになってからでも遅くない．骨・関節の変形が固定することはないが，油断をすると神経系の命令が固定化する可能性は十

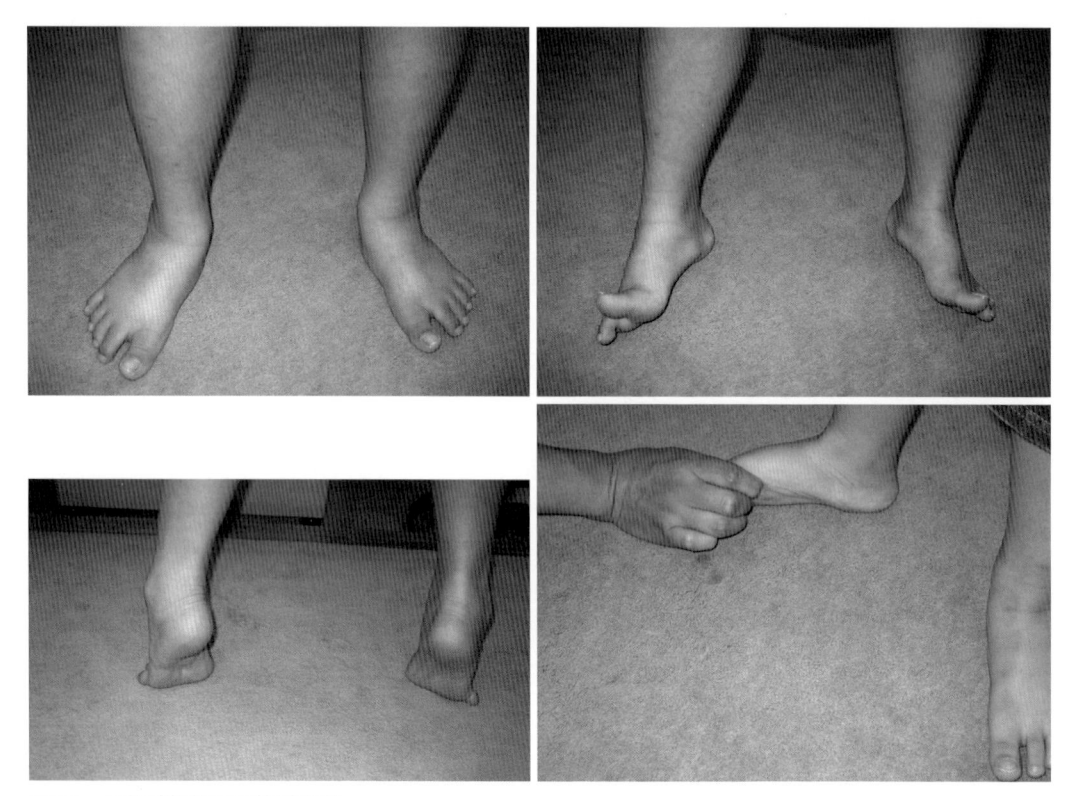

図28　足部外側縁での体重負荷
外反足が著明な場合は，直ちに踏まず支えのついた中敷を靴に入れないで，右図のように足底外側縁での立位を練習して欲しい．爪先立ちをしても足部のアーチは形成されるので，下腿三頭筋に痙性のない場合は効果がある．このように，まず自力で足部の形を治す方向で考えたい．自力で外側縁での立位ができない場合は，介助者が児の前足部を持って内反・背屈させると外側縁での体重負荷ができる．土踏まず部分を押し上げようとしても困難なことが多い．

分にあるので，以下に述べる方法をとって頂きたい．

少し専門的になるが，焦って介入をしようとする傾向もあるので，ここに述べる．

介助せずに立位が可能なのであるから，独り立ちをさせる．独り立ちができない場合はどんなに外反足がひどくても直す時期ではない．とにかく独り立ちができることが先決である．人間は，足部の形が悪くてもバランスさえよければ立てるものである．外反足については，格好が悪くても立ててからよい形を追求する．立てなければ元も子もない．

独り立ちができたら，外反足を直す準備に入る．痙性の外反足の場合は足底の土踏まず部分で接地し，そこで体重を支持するため外見上扁平足となる．この土踏まず部分での体重負荷時の圧力は非常に高く，立位時に介助者がここを持ち上げ，土踏まずをつくろうとしてもとてもできるものではない．強い力で土踏まずを床に押し付けている．

土踏まずの高くなっている（「踏まず支えまたはアーチ・サポートのついた」などという）中敷（専門的には足底板という）を靴底にいれ，矯正しようとすると，土踏まずを床に押し付けようとする児の力と土踏まずを押し上げようとする中敷との間で闘いがおこり，児の皮膚は負けて水疱や痛みを伴う発赤が出現する．この靴は履くことができなくなる．

これでは外反足を直すことはできないので，このような中敷を利用する前に是非とも次に述べる準備をして頂きたい．

児はテーブルなどにつかまり立ちをさせ，扁平足でよいから足底全体を床につけさせる．上肢はテーブル上の玩具で遊ばせてよい．介助者は児の後方から，児の一側の足部の土踏まずより前方母趾の付け根付近を保持し，内反背屈するように持ち上げる．このようにすると，児はあまり抵抗せず足底の外側縁で体重負荷するようになる．一側ができたら，そちら側は解除し反対側も同様に内反背側するように介助し，足底外側縁で体重負荷させる（図28）．

直接的に児の土踏まず部分を保持し，背屈させようと持ち上げようと考えるのが一般的だが，児は立位では土踏まず部分に全体重をかけてきており，とても土踏まずのアーチをつくることはできない．実行不可能である．

また，先に述べた方法により外側縁で体重を負荷したかのようにみえても，膝折れし立位を保つことができないこともある．外反位でないと下肢全体の伸展位を保てないからである．このような場合はよい形で立位をとらせるのは時期早尚であると考える．立位に慣れ下肢全体を突っ張らなくても立てるだけの余裕ができてから，再度挑戦するとよい．繰り返すが時期が遅れたために外反変形が固定化するということはない．

このように順序を追って，両側とも足底外側縁で体重負荷できるようなったら，前に述べた方法を両側同時に行い，両側とも外側縁で体重負荷させる．

ここまで達したら，靴の中敷を工夫し，土踏まずが高くなっているものを使用してもよい．土踏まず部分が当初は当たって痛いかもしれないが，痛ければ逃げること，すなわち足底外側縁で体重負荷することができるようになっているので，皮膚がむける所までひどくならずに済むのである．

しかし，新しい中敷を使用した場合は，こまめに児の足底皮膚を点検し，ひどい発赤が発生していないか，また皮膚がむけていないかをみる必要がある．一度皮膚がむけてしまうと，児は同じ靴をはこうとしなくなる．

外反傾向が強い場合は，中敷の踏まず支えを高くするだけでは，とても対応できないので，足底内側全体を楔状に高くして，外側縁で体重をかけるのと同様の肢位にすることも必要であるが，これらの選択は経験豊かな小児整形外科医の指示に従った方がよい．

児には個々に特徴があるので，いろいろな方法をとるがうまくいかず，試行錯誤の状態となることもある．時間がかかっても最良のものをはかせたいので，諦めずに状態を細かく報告し，医師に相談にのってもらうべきである．

②筋力低下のために外反足になっている場合：この場合，ほとんどが足部周辺の筋力低下ばかりではなく，下肢またはからだ全体の筋力低下が存在している．そこで，足部周辺の筋力アップを図るだけでなく，からだ全体，とくに下肢全体の筋力向上を図る中で足部周辺の筋力向上も獲得し，歩容が改善されることを目標にして欲しい．全般的な筋力向上の方法はすでに述べたので，それを参考にして頂きたい．

足部周辺の筋力アップ重点的にしたい場合は，①爪先立ちをすること，②足底外側縁で自力で立つこと，をさせるのがよい．

精一杯爪先立ちをさせると，その時土踏まずができていることが確認できるはずである．

d）骨・関節疾患

専門的問題については，小児整形外科医に相談するのが間違いのないところであるが，軽度のものであると忙しい外来では細かな相談にのってくれないこともあるので，参考となるよう一般的なことを述べる．

O脚，X脚が著明で，よく転びやすいという訴えは多い．原則としては5歳までの幼児の下肢の変形は刻々変化しており，自然修復力が強いので通常は特別な治療せず，経過観察をする．

3歳まではO脚は修復されるように，それ以降はX脚が修復されるように成長する．また，X脚は膝関節の靭帯が緩く反張（反り返り）を示す場合に，誇張してみられることがある．上記のような下肢の変形が著明な場合は，特殊な病気も存在するので，小児整形外科専門医の受診を勧める．

幼児の骨は非常に柔軟性に富んでおり，特殊な病気でなければ3～6ヵ月でO脚もX脚も矯正することが可能である．夜間矯正するように装具を装用するよう勧める医師もいる．しかし，現在は自然治癒を期待し，経過観察する医師が多い．

X脚が著明で，正座時に両下肢を外側にはみ出して座るような場合，長座位で足部を外旋させて座らせるか，あぐら座りをさせるとよい．

膝関節靭帯が緩い場合は，他の関節にもその緩さが現れることも多く，股関節，足関節等の可動域がいちじるしく大であることもある．この中には全身の結合組織の病気や染色体異常のこともあるのでいちじるしい場合は一度専門医の診察を受ける必要がある．

そこで問題がなければ，これは病気というよりは個性であり，それだけでは問題はない．筋力低下を伴うと，ふらふらする，転びやすいなどの症状が出現することがあるので問題となる．その際は日常生活で筋力向上の工夫をする必要がある．詳細については，すでに述べたところであるので参考にして頂きたい．

関節が柔らかであると，骨折しにくい，脱臼・捻挫しにくいなどの利点がある．これらには，正常な筋力が必要であることはいうまでもない．体操の選手，相撲取り，空手，合気道の選手などがよい例である．

先天性股関節脱臼，内反足などは乳児期から専門医による治療を受けていることが最近は常であ

る．専門医の指示をきちんと守ることが必要である．

D 障害特有の援助方法，注意点

1．各種染色体異常

それぞれの染色体異常には特有の症状がある．診断が確定したら，担当医に将来の展望を含めて，日常の注意点をよく聞いてくる必要がある．染色体異常は直すことはできない．しかし，診断が確定するということはその自然経過や合併症がわかり，それらへの対処法を準備できるという大きな利点がある．

代表例はダウン症候群（21番目の染色体が3本ある，21トリソミー）である．この症候群に焦点をあてて述べる．ダウン症候群で重要な合併症は①先天性心疾患，②頸椎1～2番（環軸椎）の脱臼とそれに伴う四肢麻痺，③精神運動発達遅滞，④血液疾患である．①については最近は新生児期から発見され，専門医による手術を含んだ適切な管理がなされていることが多い．

④については小児科的問題であるので本項で述べない．整形外科，運動発達に関する項目である②についておもに述べる．③についてはすでに述べたところであるので繰り返さない．

[頸椎1～2番（環軸椎）の脱臼] これに関しては知識を持った医師や啓発書も多くなったので，両親も予備知識持っていることが多い．しかし，適切な管理方法が行き渡っていないので，一部に混乱がみられる．

環軸椎の特殊な解剖学的構造が関節靱帯の緩い児には脱臼という大きな病態をもたらしてしまう．他の関節にも同じような緩さが存在する．たとえば股関節が緩く，開排（股開き）が完全に可能になってしまうこと，膝関節が反り返るなどの現象が出現することがまれではない．

これらは生命には大きな影響を与えないのであるが，環軸椎の脱臼は脊椎内を走る脊髄を圧迫し，呼吸麻痺，四肢麻痺をきたし，重篤な場合は呼吸停止，軽症でも四肢麻痺をきたす可能性がある．

X線検査により脱臼しやすいかどうか，幼児期に検査しておくべきである．**図29**に示すとおり，頸椎の前屈により脱臼しやすくなるので，側方から後屈位，中間位，前屈位での撮影（機能撮影という）と正面から開口位でのX線撮影が必要である．顎，歯が重なり，みにくいため開口位とする．

前後屈の側方像からは，環軸椎のずれ具合をチェックすることができる．大きなずれは前屈により発生する（**図30**）．これがX線検査で明確になる場合は，前屈を強制する運動は禁止しなければならない．この運動の代表例は「でんぐり返し」であり，この管理は整形外科医の指示によらねばならない．

乳児期にX線撮影を行っても，環軸椎の骨部分の形成が十分でないので，判断は難しい．筆者は経験から，最初の検査は3歳頃が適切であると考える．骨の発育とX線像という観点からみても，幼稚園，保育園等集団に入る前の検査という点からみても，時期的に最適と思われる．その後は異状がなければ小学校，中学校入学時を含め3年ごとに定期検査をするとよい．頭部，頸部外傷時には急いで検査をすることを勧める．麻痺が存在する場合は緊急を要する．

その他筋力低下を伴う運動発達遅滞に対する対応は，どの染色体異常でも同一であり，すでに述べたところである．

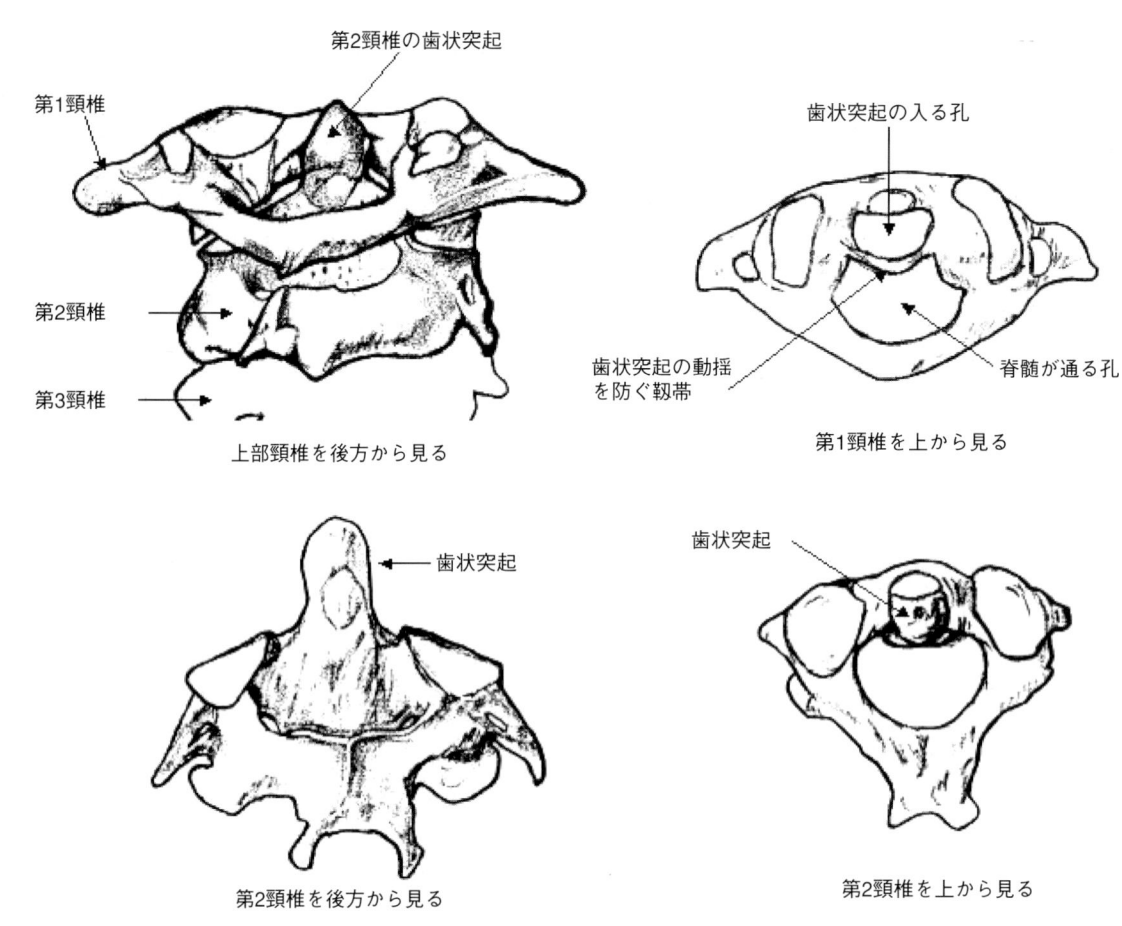

図29 環軸椎（頸椎1, 2番）の解剖図と脱臼のメカニズム
頸椎1, 2番を示した．第2頸椎の歯状突起と第1頸椎の動揺を抑える靱帯を確認して欲しい．この靱帯が伸びてしまうと，第1，第2頸椎がぐらぐらし，頭部が前傾するとそれを支えている第1頸椎も一緒に前方に走っていってしまう．

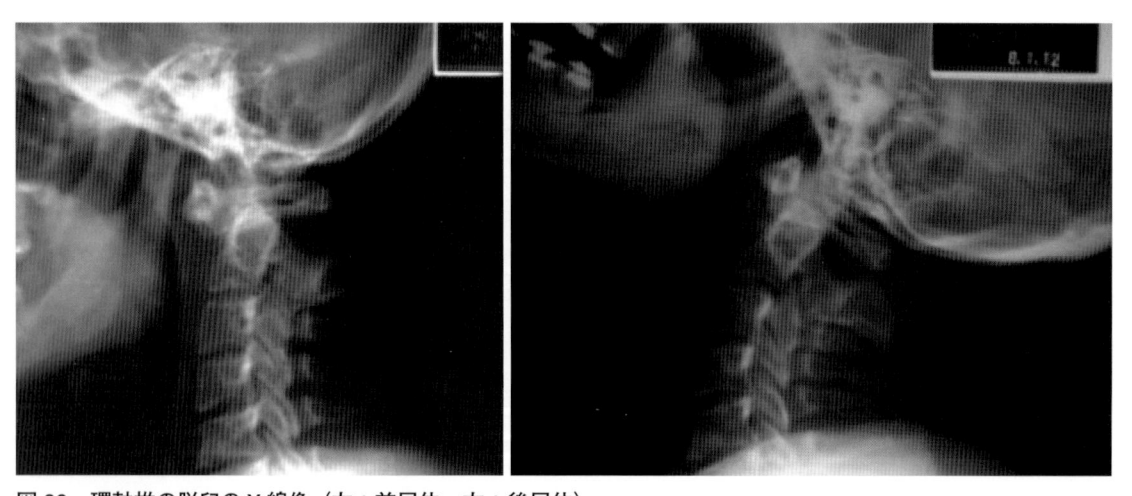

図30 環軸椎の脱臼のX線像（左：前屈位，右：後屈位）
ダウン症候群患者にみられる環軸椎の脱臼．前屈時に脱臼がみられるのでこの運動は非常に危険である．

2. 二分脊椎

　病態は単純ではなく，二分脊椎が発生するレベルにより麻痺の重症度は異なる．幸いにも日本では上部脊椎での発生は少なく，腰椎部に発生することが多く，下肢の部分麻痺となることが多い．脊髄やそこから末梢に向かって出てくる各種神経が損傷し，下肢の運動，感覚，排泄に関する括約筋の麻痺が出現する．実際に問題となるのは次の3点，①運動麻痺，②膀胱直腸（排泄）障害，③褥瘡である．順番に説明する．

　また水頭症を伴うことも多いが，多くは新生児期に脳神経外科でシャントなどの手術を受けていることが多い．この場合は脳神経外科医の指示に従い，定期フォローアップを欠かすことがないようにすべきである．また頭蓋内圧亢進の症状（嘔吐，頭痛，意識障害）には注意を払うべきである

ｉ）運動麻痺

　運動麻痺は，理学療法，装具療法などにより麻痺レベルに応じた機能を出現させることができるばかりでなく，乳児期には微弱であった筋力も6歳頃までは増強してくるので，期待以上の能力が出現することがある．

　しかし，期待していない筋力も出現する可能性もあり，そのため筋力のバランスが崩れ変形が著明となることもまれではない．内反足，内反尖足，踵足などがおもな変形である．これらの変形がひどくならないように理学療法を行うのであるが，年齢と共に増悪することも多く，補装具（補装靴も含める）使用，ギプス矯正が必要になったり，最終的には手術をせざるを得なくなることもある．

　とくに内反足，内反尖足は，変形が増悪し，手術になることが多い．手術後には，補装具の装用が必須となる．補装具の作製，装用については一定の知識と技術が必要となるので専門医師をかかりつけとする必要がある．

　養育者はこれらの内容を医師から聞いて，熟知しているのであるから，共有することができるはずである．

　松葉杖などの使用も含め，立位がとれ，歩行が可能となるためには，大腿四頭筋の筋力が体重を支え上げるのに十分な力が必要である．

　この力が不十分であれば，立位を保つためには足部から大腿部までの長さで膝関節をコントロールする機能のある装具（長下肢装具）が必要となる．次への発展のために一時的にこの装具を使用することはよくあるが，日常生活では実用性がない．小学校に入ってからも使用する例は皆無といってよい．膝下までで足関節をコントロールするための装具（短下肢装具）は，日常生活でも常時使用することができる．

　この他，股関節脱臼や足部の厳しい変形を伴うこともあり，専門医でも苦労することがまれではない．この際は股関節脱臼の治療を根気よく続けその後，立位を目指して末梢の変形に対する治療と訓練を行うことになる．

　すでに述べたとおり，歩行に結び付くためには大腿四頭筋の筋力により，体を重力に逆らって持ち上げることができることが必要である．

　これが不可能であることが，年長になるにつれて明確になってくる．この際は早めに目標を切り替え，泌尿器科的治療，褥瘡発生予防を念頭におき，車椅子での生活設計を立てるべきである．

ⅱ）膀胱直腸障害

　運動機能については，小学校入学頃にはゴールが明確になっている．一生この問題について悩むことは少ない．しかし，排尿の問題は一生付き合

わねばならない深刻な問題である．乳幼児期は健常児と同様におむつを使用している．

おむつをしていても膀胱機能については，次の3種が存在する．①正常で括約筋の機能が侵されていない場合，②括約筋が緩んでしまっており，いつも尿が漏れてしまっている場合（膀胱内は空っぽである），③括約筋の緊張が高く，膀胱内に一杯尿がたまり，圧力が異常に高まり，括約筋の緊張に打ち勝って尿が漏れ出てくる場合（膀胱内は満タンである），である．

①②の場合はおむつをし続けていても健康に関しては大きな問題は発生しない．

③の場合は，膀胱壁の筋肉は肥厚し，内圧は異常に高く，その圧力が尿路の上流である尿管，腎にまでおよび，尿管，腎盂まで尿で一杯になり，膨れあがった状態になる．これを水尿管症，水腎症という．これを放置していると腎機能は次第に荒廃し，腎不全になってしまう．

さらに膀胱内にいつも尿がたまっているため，細菌が増殖しやすく，尿路感染を起こしやすい．これが腎にまで到達すると膀胱炎から腎盂腎炎となり，高熱を発するようになり，これも最終的には腎不全にまで至る．

以上の理由から，二分脊椎児は乳幼児期からかかりつけの泌尿器科医を持たねばならない．このような泌尿器系の病態を神経因性膀胱といい，この病態に詳しい専門医（このような医師は非常に少ないのであるが）をかかりつけ医とするのが最善である．

神経因性膀胱の場合，必要な処置の基本は，①膀胱内圧が高くならないように，②細菌感染を起こさぬよう，膀胱内に細菌を押し込まぬように，定期的にカテーテル（細いゴムまたはシリコンの管）を用い，導尿することである．これがきちんと実行できれば泌尿器科の問題は，専門家の処置を除いてはほぼ完了である．

細菌を膀胱内に押し込まないように（無菌的という）導尿することができるようになるためには，専門的指導が必要である．

当面は，泌尿器科医師または看護師から指導を受けた母親をはじめとする介護人がこれにあたる．その後，児が知的にしっかりする時期，小学校高学年になると，最初は監視下に，続いて本人がひとりでできるよう指導する．

この導尿は規則正しく，3～4時間ごとに長時間放置することなく，集団の中であっても，行わなければならない．

これでコントロールできる場合は，成人になるまでこの状態が継続する．感染が頻発しないようであれば，持続導尿とし，いつも出てくる尿をためるパックを体の一部につけて持ち歩くことになる．この際でも一番の問題は尿路感染である．

大便のコントロールも多くの場合困難であるが，適切に対処すれば健康には大きな影響はない．

ⅲ）褥瘡

二分脊椎に伴う脊髄の形成不全，神経根の癒着などのために，会陰部への感覚神経が麻痺し，そのため臀部，肛門周囲の感覚が消失していることがまれではない．そのため長時間同部への圧迫があっても痛みを感ずることがなく，皮膚が傷つき，それに本人も気付かず，次第に深い創となり，潰瘍にまでなってしまうことがある．

これが感覚障害による褥瘡である．こうなると細菌感染は必発であり，非常に治りにくい褥瘡となる．筋肉・骨にまで到達すれば完治するのに6ヵ月を要することがまれではない．

これに対しては予防が第一である．毎日臀部を清潔にし，年少児の場合は母親などが，年長にな

れば自分自身で鏡で傷がないかどうか点検しなければならない．発赤程度であれば長時間圧迫を避ければ元に戻る．皮膚欠損が存在すれば，医師による治療と指導が必要となる．とにかく毎日の点検が必須である．

iv）肥満

二分脊椎では肥満になることが多い．早い場合は小学生時代から，遅くとも高校生の年代には出現してくる．歩行が可能な場合でもそのために車椅子になってしまうことがある．車椅子になると運動量が減少し，さらに体重増加がもたらされる．そのため最低10 kgは増加してしまう．

3．脳性麻痺

i）脳性麻痺の定義と分類

脳性麻痺の定義〔旧厚生省脳性麻痺研究班，1968〕は「受胎から新生児期（生後4週以内）までの間に生じた，脳の非進行性病変にも基づく，永続的なしかし変化しうる運動および姿勢（posture）の異常である．その症状は満2歳までに発現する．進行性疾患や一過性運動障害，または将来正常化するであろうと思われる運動発達遅延は除外する」である．

脳性麻痺は筋緊張の状態に応じて痙直型，アテトーゼ（不随意運動）型，失調型に分類される．また麻痺領域に応じて四肢麻痺，両麻痺，対麻痺，片麻痺と分類されている．両者の分類を合せ

図31 脳性麻痺の典型的立位姿勢
痙直型ではこのような姿勢をとる．股関節屈曲，内転，内旋，膝関節屈曲，足関節尖足が典型である．成長と共にこの姿勢は増悪する．筋緊張が高いばかりでなく，骨の成長に緊張の高い筋肉の成長が追いつかないことが大きな要因となっている．

て，痙直型両麻痺，アテトーゼ型四肢麻痺などと称し，その病態を表現する．

若干の説明を追加する．両麻痺は四肢麻痺の一部ではあるが，下肢より上肢の麻痺が軽度である場合に使用される．このタイプは出現頻度が高く，訓練効果も上がり杖歩行にまで達する児も多い．脳性麻痺の典型ともいえる．

四肢麻痺では痙直型，アテトーゼ型とも重度の麻痺であることが多く，訓練効果がない訳ではないが，歩行に結び付くことは少なく，知的障害が重度であると重症心身障害という範疇に入ることになる．

これらの児は障害が重度であっても最近は，保育園，幼稚園のみの通園，または療育施設との併行通園をしている児もかなりみられる．しかし運動発達は遅く，0歳レベルであり，独歩までの運動発達の促し方を参考にして頂きたい．

アテトーゼ型は四肢麻痺であることが多いが，すべて重度ということではない．日常生活動作（Activities of Daily Livings；ADL とよく省略される）も自立している場合もみられる．

この項では，独歩が不安定，パターンが悪い，長距離歩行が困難などの，日常よくみられる場合を想定してその対応策を述べるなかで，脳性麻痺の運動障害に関する基本についても言及する．

いつも股関節屈曲，内転，膝関節屈曲，尖足で不安定なパターンで歩いているが，このような異常なパターンで歩いていて，将来問題にならないのか，という疑問がよく提出される（**図 31**）．

根本に戻ってみると，脳性麻痺の訓練は，次の2点が重要である．①耐久力をつけ，健常児と一緒に行動できること，②良好なパターン，健常児と同じ歩容に近づけること，である．前者の観点からすれば歩容が悪くても次第に長距離歩けるようにしなければならない．ある程度歩けなければ，一緒に遠足にも行けず，歩容の良否は問題にもならない．

しかし，上記の疑問点に挙げた悪い歩容であれ

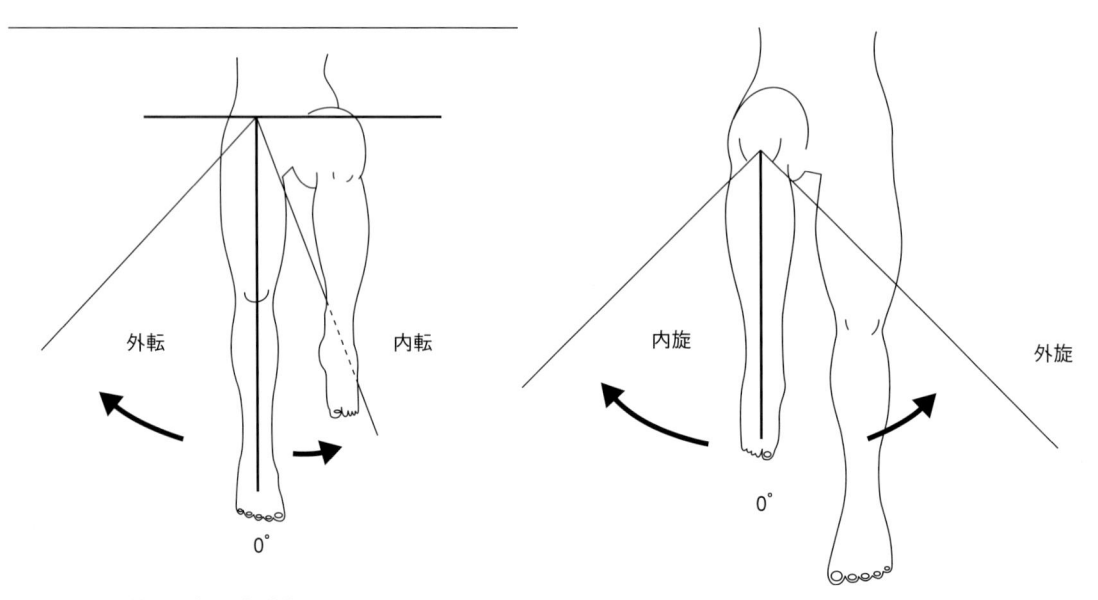

図 32 股関節内外転，内外旋の説明図
内転・外転運動，内旋・外旋運動は混同しやすいので，この図で確認して欲しい．

ば将来的には，このパターンが四肢の大関節を固定化し，拘縮ということになり，脳から四肢の筋肉によい命令が到達するようになっても，歩容は変わらないということになる．

そこでこのパターンから脱出し，よいパターンで歩く努力も必要になる．これらは両立しないので，頭の中で今は何のための訓練をしているか切り替えつつ，①②の両方の訓練をしなければならない．

脳性麻痺の運動パターンは脳の中の命令系統の異常により発生してくるものであって，二分脊椎のそれとはまったく異なる．症状も訓練方法も異なるので混同してはならない．

脳性麻痺の場合の異常パターンは中枢神経系の不思議な機構に基づいている．すなわち中枢神経系が壊れると，前述してあるが，①出現すべき命令がなかなか出現しない（これを陰性徴候という），②出現してはならない（健常では抑制され覆い隠されている）命令が出現してしまう（これを陽性徴候という），という2種の徴候が発生する．

この代表例がすでに説明した尖足歩行である．これは，出現すべき足関節の背屈命令が出現しなかったり弱かったりすること，さらに出現してはならない下腿三頭筋の筋緊張が異常に高まることの結果である．

この対処法についてはすでに述べたところである．

股関節の内転傾向，屈曲傾向についても尖足と同様の考え方で対処する（**図32**）．

内転している場合は，内転筋の過緊張と外転筋への命令が出現しにくいという状態があるはずである．対処法は内転筋の緊張をストレッチで緩めること（これもけっして抵抗に逆らって力ずくで行ってはならない），外転運動を覚えることである．しかし，この外転運動は児にとって行うのが難しく，訓練士が指導するのも熟練を要するものであるので，専門家にまかせ，慣れてきたら自力で行うのを介助する方向で考えるとよい．

同様のことは股関節の屈曲傾向についてもいえる．屈筋の過緊張と短縮が存在すると共に，伸展筋への命令の不十分さがあるはずである．これに対しても同様の方法で対処するべきであるが，屈筋のストレッチの方法は少々難しいので，以下に述べる．

[股関節屈筋群のストレッチ法] 両股関節を無理に伸展しようとしてみても，外見上股関節が伸展しているようにみえても，腰椎の前弯が増強するだけで，効果が上がらない．一側の股関節を屈曲

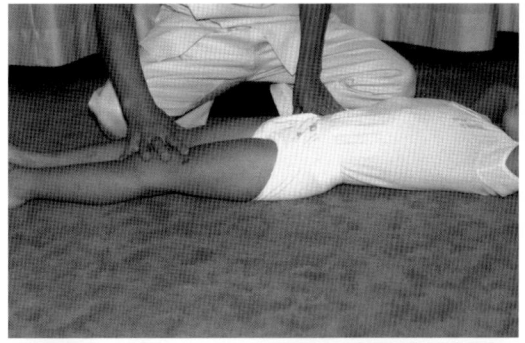

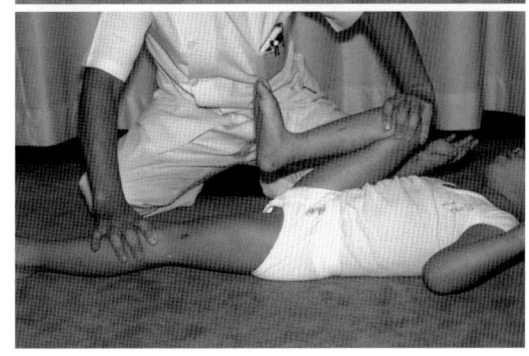

図33 股関節屈筋のストレッチ
右股関節をしっかり屈曲させ，腰椎の前弯（反り返り）をとり去る．その後，左の股関節の屈曲傾向，拘縮，または筋緊張の高まりがあれば，左股関節をゆっくり伸展し，左股関節の屈曲傾向をとり去る．

位に保ちつつ，反対側をゆっくり伸展すると，腰椎の前弯が発生せず，目的を達することができる（図33）．この際も無理なストレッチは極力避けるべきである．

これにより屈筋の緊張が十分低下したのを確認し，股関節伸展筋収縮運動をするとよい．伸展運動は仰臥位で両膝を立て，臀部を挙上する運動を促すことにより行うとよい（図23参照）．または，つかまり膝立ちで後方に突き出た臀部を引っ込める方法も効果がある．

4. 筋ジストロフィー症

小児の筋ジストロフィー症は大きく2種類に分かれる．すなわち，先天性（福山型）筋ジストロフィー症とドゥシャンヌ型筋ジストロフィー症である．前者は生直後より筋力低下の症状があり，精密検査によりすでに診断がついていることが多い．

後者は歩きはじめは少し遅れるが，あまり気付かれず，3～4歳頃より筋力低下が目立ち出し，専門医の診察受けるようになることが多い．突然変異を除いては男子に限られ，遺伝子は母親のX染色体から受け継いできたものである．

両者とも自然経過としては，次第に病状は進行し，最終的には呼吸筋も侵され20歳前後で一生を終えることになる．これらの予後を考慮し，覚悟を決めて幸福な人生が送れるよう援助が必要である．

身体的な障害が精神面での障害にならぬよう両親，担当医など医療関係者と相談し怪我をせぬよう，正常にできるだけ近づけた生活ができるよう計画を立てるべきである．

運動に関する原則は両者とも同じである．無理な筋力向上は不可能であり，翌日に疲労が残らない程度の運動が望ましい．抗重力運動も疲労が多く目的が達せられないので避けるべきである．現在の能力を維持するのを第一に考え，骨折など大きな外傷がないよう努めるべきである．骨折またその後の安静をきっかけとして，筋力低下が進行し，歩行が不可能になることも多いので注意が必要である．

先天性の場合は，乳時期より運動発達は極めて遅れており，独歩ができるようになる児はいない．知的障害も程度の差はあれ存在する．

平均的には女子の方が，最大到達運動能力は高い．四つ這い移動からつかまり立ちまで到達した児を経験しているが，通常は座位のまま前進する（いざり這い）までである．

筋力低下が激しい場合は，自力で座位になるまでの力がなく，座らせてもらえば座位を維持することができる程度のこともある．筋力は弱くても，立ち直り反応はよいので，この程度の能力をまず目標にするとよい．ここまで到達すれば，いざり這いを目標とするとよい．

小学校入学時点では手動車椅子使用，将来は認識レベルに応じて電動車椅子を使用できることもある．筋力低下により脊柱側弯などが出現することも多いので，定期的観察が必要であり，側弯が存在する場合は，増悪しやすいので，専門医の定期検診が必要である．

IV 摂食機能，コミュニケーション機能の理解と援助方法

●●●●高見　葉津：東京都北療育医療センター訓練科

　子どもたちの発達にとって，食事をすること，周囲の人々とコミュニケーションをとることは欠かすことのできない側面である．普通，乳児は生後まもなく授乳することから母との関わりが始まる．生後3～4ヵ月頃に離乳食が開始され，ある程度の固形物が食べられるようになるまで，生後1年以上の期間を要し，3歳になって咀嚼機能が完成するといわれている．また同様に乳児が泣き声や笑い声といった生理的発声から喃語を発するようになり，かたことの言葉を話すまでに生後1年以上かかる．その後，語彙の増加から文章を使いこなし，言葉でのコミュニケーションが十分取れるようになるまでには4, 5歳まで待たねばならない．しかしながら脳性麻痺児や重症心身障害児（以下重心児と略す）は哺乳や食べることに困難を呈し，また生涯言葉を獲得できなかったり，言葉の獲得に時間がかかったり，言葉が話せても不明瞭であることが多い．本稿では，健常児の発達の過程を参考にしながら，脳性麻痺児や重心児の摂食・嚥下機能障害やコミュニケーション障害の特性を理解し，その子どもたちのニーズに対応しながら日々の生活の中でどのように発達援助していくかについて述べる．

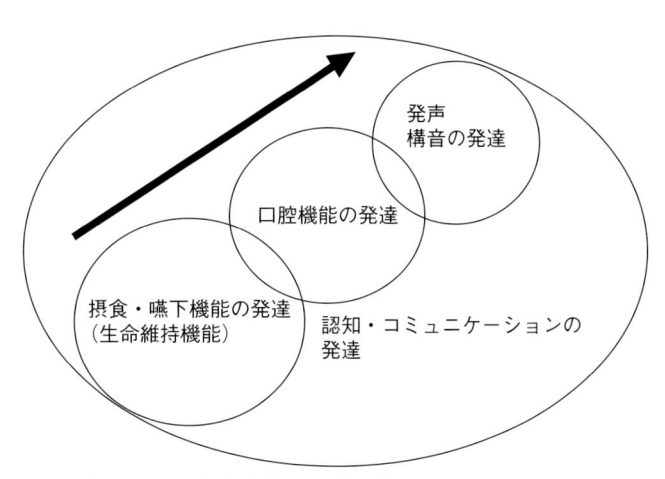

図1　食物摂取：生命維持から話言葉へ
高見葉津：ことばの障害入門．第6章脳麻痺・重症心身障害．
p154. 大修館書店，東京，2001.

A 食べる機能の発達とその障害

1. 食べることの意義（図1）

まず第一に人は食べることによって栄養を補給する．生命維持のためには栄養は欠かせない．

第二に口腔から食べることにより，口腔の感覚運動経験が促進される．このことは同じ口腔器官を使用する話し言葉の発音の運動の基盤になる．

第三に食べることは食物を介してコミュニケーションをとる機会を得ることになる．また食物の味や匂い，触感，温度を感じることでその食物が何であるか認知し，食物の名称やその他の関連する言葉の理解につながっていく．

そしてさらに，食事は社会性の発達を支えたり，食文化の継承としての意義がある．

2. 食べる機能の発達

食べる機能である摂食・嚥下機能の始まりは，新生児にみられるミルクを飲むために必要な口腔の原始反射である．乳児はミルクを飲んだり，離乳食を食することで，食物から感覚刺激を受け，それに対応する運動の経験を積み重ねる．それにより口腔器官や周辺器官の中枢神経系や骨格や筋肉などが発達し，摂食・嚥下機能も発達し，いろいろな食物が問題なく食べられるようになる．その発達経過を理解するとともに，摂食・嚥下機能発達は身体の粗大運動機能や口腔機能，音声の発達と相互に関連するので，これらの関連の理解が大切である（**表1**）．また，授乳や離乳食を与える時に子どもに食物を見せたり，あやしたり，言葉かけなどの視聴覚の刺激をすることがコミュニケーションや認知発達の基盤となる．

ⅰ）哺乳開始

乳児は誕生から自力で哺乳ができるように口腔反射をもって生まれてくる．それらの反射は探索反射，咬反射，吸啜反射，嚥下反射といった哺乳に必要な反射と防御反射の嘔吐反射，咳嗽反射などである．乳児は生後3ヵ月位までは口腔周辺を触られたりすることに過敏に反応する．また，哺乳時には舌，下顎，口唇は一体となって動き，乳を吸い上げながら嚥下するといった一連のパターンで乳を飲む．このパターンをサッキングという．この時期の発声は開鼻声という鼻に抜けるような声である．

ⅱ）離乳食開始

3～4ヵ月の定頸の時期から離乳食を開始する．口腔反射のうち生涯摂食に必要な反射である嚥下反射，そして防御反射の嘔吐反射，咳嗽反射を除いて，他の反射はだんだんと消失していく．指しゃぶりや，タオルなどをなめることによって口での探索活動が盛んになり，口腔周辺の過敏性は減少する．この時期の食物の形態はペースト状のものや少量の粒が入ったものであり，舌，下顎，口唇の動きは未分化で食物を舌の前後運動で食物を送り込み，舌を少し前方に出しながら嚥下する乳児嚥下パターンがみられる．離乳食を開始直後は，スプーンから取り込んだ食物を舌で押し出すようにしてこぼすことがあるが，これもだんだんと減少してくる．乳を吸うことと嚥下することが分離しはじめ吸い上げてから飲むといったサッキングパターンになってくる．これは，少しの間ではあるが，口腔内に食物を保持できる機能が発達してきたといえる．

IV．摂食機能，コミュニケーション機能の理解と援助方法

表1 乳児期の粗大運動機能と口腔・摂食機能と音声の発達

月齢	粗大運動機能発達	口腔・摂食機能発達				音声の発達
		口腔反射		口腔機能	摂食機能	
0	屈曲優位，非対称性姿勢	探索反射・吸啜反射 嘔吐反射	吸啜・嚥下反射……減衰して生涯続く 嚥下反射は生涯続く	口唇，舌，下顎が一体となって動く 口腔周辺の触刺激に過敏に反応する	反射的でリズミカルな哺乳 吸啜・嚥下が一連のパターンでみられる	単調な泣き声
1	腹臥位で頭を一方に向ける					泣き声以外にアー，ウーの声を出す
2	伸展活動 腹臥位で間欠的に頭部を床から上げる			舌の前後の動きがある 口腔周辺の過敏性が減弱	スプーンからこぼしながらも水分摂取ができる	泣き方に変化ができる
3	定頸，対称性姿勢			舌尖ができてくる		鼻声が減少する
4	背臥位で両手に合わせる 手を口に持っていく			舌での食物の押し出しがあるが徐々に軽減する	離乳食開始，離乳初期食	喃語が盛んになる
5	腹臥位で上肢支持ができる 腹臥位で飛行機のように全身を伸展させる			食物を見て口を開ける開口反応が出現する	口唇音ブ，マなどの音がみられる	
6	寝返りができる			舌の上下の動きが出現する 口唇が舌，下顎の動きから分離して閉じる	離乳中期食 スプーン上の食物を上唇で取り込む	前舌音チャ，チャなどの音がみられる
7	座位ができる				マウチングパターンが出現する	反復喃語がみられる
8	腹這いができる 腹臥位から座位になる			舌の側方の動きが出現する 舌と下顎の分離運動が出現する	コップを使用するがこぼす 離乳後期	
9	座位から腹臥位になる				食物の大きさに合わせた口の開け方ができる	反復喃語が減少する 音声模倣がみられる
10	四つ這い移動ができる			下顎の回旋運動が出現する	咀嚼ができる	
11	伝い歩きができる 床から立ち上がる				コップ，ストローが上手になる	
12	一人で数歩歩ける				コップ，ストローでの水分摂取	初語

高見葉津：ことばの障害入門．第6章 脳性麻痺・重症心身障害．p156．大修館書店，東京，2001．

iii） 離乳中期食の時期

5ヵ月ころから子どもが腹臥位で腕を広げて胸をそらすエアプレーンといった運動を盛んにし始め，腕を一杯に伸ばして物を取ろうとしたりする．座らせればだんだんと座っていられるようになり，7～8ヵ月頃には自分でお座りができるようになる．

このころになると軟らかい小片ではあるが，固形物が食べられるようになる．食物を認知し始めると，食物をみて口を開けるようになる．また，上体が安定することにより食物に向かって身体や口を向けられるようになる．さらにスプーン上の食物を上口唇で取り込むことができるようになり，舌や下顎の上下運動で食物を押しつぶすマウチングパターンが出現してくる．口腔機能や呼吸機能が発達してくると，発声がしっかりし，舌，口唇，下顎を使っていろいろな音の喃語がみられるようになる．

iv） 離乳後期食の時期

9ヵ月～1歳ころは，運動発達でも四つ這い移動が始まり，つかまり立ちや伝い歩きなど移動や姿勢に大きな発達がみられる．1歳になるころには数歩ひとりで歩けるようになる．

このころになると，多少大きめでも軟らかめの固形食が食べられるようになる．食物の大きさに合わせて口を開ける下顎の段階的運動ができてきて，大きいものを前歯で噛みとる（咬断）ことができるようになる．舌は側方へ動くようになり口の中に入った固形物を舌で奥歯の方に移動させて下顎を上下に動かし食物を砕いたり（粉砕），磨りつぶし（臼磨）が可能となり，咀嚼運動ができあがってくる．またこのころまでにはコップの縁に下唇を密着させて水分が飲めるようになり，ま た飲んでいるときに水分をこぼさなくなってくる．

このようにして1歳までの間に固形物を咀嚼することを学習し，水分をコップで連続的に飲めるようになり，離乳が完了し，食物を食べる基本的な機能を獲得すると考えられる．また，手の機能も発達し，食物を自分で持って食べたり，未熟ながらスプーンを使うようになる．このころには喃語から意味のある言葉が出始める．その後，子どもは生活の中でいろいろな食物を食べることを経験し，3歳ぐらいまでの間に硬い食物も食べられる咀嚼機能を獲得していくのである．

3. 食べる機能の障害

i） 感覚の異常

脳性麻痺や重心の子どもたちには口辺や口腔内の感覚異常が多くみられる．感覚の異常は刺激に対しての過敏や鈍麻である．顔や口腔にちょっと触れただけで全身を反り返らせるような緊張が出現したり，スプーンが口腔に入っただけでスプーンを強く咬み込み随意的には離せなくなるような緊張性咬反射は過敏性によるものである．この反射によって，時には食べながら自分の下唇や頬の内側を咬み込んで傷をつけてしまうこともある．また，食物が口腔に入っても口が動かなかったり，嚥下反射が出現するまで時間がかかるといった感覚の鈍麻がみられることもある．食物や流涎が口辺を汚しても気がつかないのは感覚の鈍麻によるものである．

ii） 取り込み

食物を取り込む時に必要な開口では緊張で口を開けるまでに時間がかかったり，少ししか口が開

けられないことがある．反面，身体を反り返らせる緊張とともに大きく口を開けすぎて閉じることができない場合もある．開口しすぎたり，口唇の周辺の筋緊張が低いと軽く閉口しながら口唇を使って自分から食物を取り込むことが困難となる．自分で食物を取り込めないので介助者が食物を上前歯にひっかけるようにしたり，スプーンを硬口蓋に押し付けるようにして食物を口に入れ込むようにして介助することもある．

iii) 送り込み

障害の重い脳性麻痺児や重心児では咀嚼ができないことが多い．咀嚼ができないため固形物でも舌で食物を押しつぶすようにして送り込み丸呑みするように嚥下することもある．子どもによっては送り込みがスムーズにできず食物を口に溜め込んだり，口の中に食物が残ってしまうことがある．また，食物をまとめることができず嚥下時にむせてしまうこともある．また食物を送り込む時に口が開いた状態でいることが多く舌が前方に出てしまい，それにともなって食物が押し出されることもある．

iv) 嚥下

嚥下機能が悪い場合はむせたり，誤嚥をすることがある．また，むせがみられないが，よく肺炎を起こしたり発熱を繰り返す場合は，むせのない誤嚥（サイレントアスピレーション）のときがあるので気をつけねばならない．とくに重心児は嚥下機能に問題がある子どもが多いので注意を要する．子どもによっては半流動物や固形物は嚥下できるが水分にむせやすく誤嚥しやすいことがある．嚥下パターンでは乳児期を過ぎても口を閉じて嚥下することができず，口を少し開けながら舌を出すようにして嚥下することもある．

B 言語・コミュニケーションの発達とその障害

1. コミュニケーションの発達（Bates, 1975による）

子どもたちは，乳児期に表情，まなざし，発声，姿勢などの表出を周囲の大人から受けとめられることを通して他者との共感関係を経験しながらコミュニケーションの基盤を築く．それから非言語的コミュニケーション機能の指差し，身振りなどの広い範疇での伝達的行為へ発展し，その後音声言語を獲得しコミュニケーションに言葉を使用するようになり，より高度な言語能力が発達していく（図2）．

i) 聞き手効果段階（誕生〜生後10ヵ月）

子どもの快，不快といった情動の表出としてみられる姿勢運動，発声，まなざし，表情などに対し，大人がこれらの行為が伝達行為であるものとして対応することでコミュニケーションが成り立つ段階．

ii) 意図伝達段階（生後10ヵ月〜1歳）

要求の実現や人の注意を引くために，身振りや物を渡す，見せる，指差すなどの行動，音声，視線などの非言語的なシグナルを使う段階．

iii) 命題的伝達段階（1〜1歳4ヵ月）

それまでの身振りや音声に代わって言葉で伝達を始める段階．

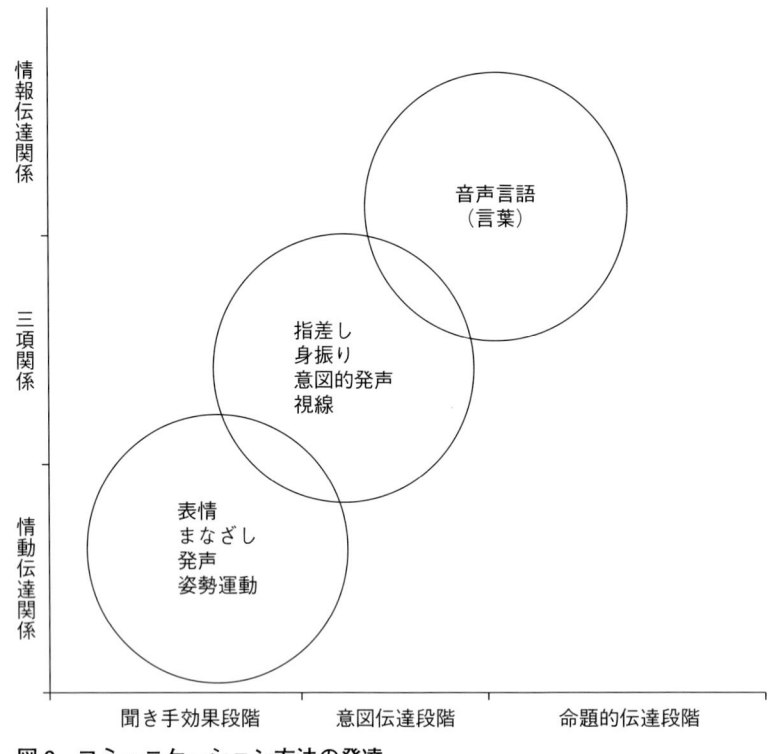

図2　コミュニケーション方法の発達

2. 言語発達

言語能力の発達には認知，概念形成といった基本的な知的発達に裏づけされた象徴機能としての言語能力とそれに基づいた話し言葉（スピーチ）の発達がある．話し言葉の発達にはこれらの知能や言語能力の発達に加えて発音の運動を獲得しなければならない．

i ）前言語期（～1歳）

この時期は母親をはじめ周囲の人々とともに過ごす中で，経験を共有し共感性を高め，対人的コミュニケーション関係を形成しながらジェスチャーや音声，指差しなどで伝達する方法を獲得していく．理解面では大人の働きかけや言葉かけに気づいたり，注目するような理解の兆しがみられる．

ii ）単語獲得期（1～2歳）

状況に則した言葉の理解が進み簡単な指示や問いかけに応じられるようになる．話し言葉では事物の名称や動作語や終助詞などの言葉が言えるようになる．この時期は語彙の発達時期である．1歳後半～2歳台では「パパネンネ」といったように語を連ねて言えるようになる．

iii）構文獲得期（2～3歳）

副詞や形容詞が出現し，助詞の使用もみられる．文法的には未熟な誤りがみられるが叙述機能のある文を使い始める．

iv) 構文期（4歳以降）

物事の理由を説明したり，順序だてて話すことができるようになる．音韻意識が芽生える．

v) 学童期

客観的・抽象的な言語の意味を獲得する．読み書きの習得．

3. 脳性麻痺児や重心児の言語・コミュニケーション発達障害

脳性麻痺児や重心児は筋緊張の異常によって生じる姿勢運動障害や感覚の異常，知的障害などの多様な障害により活動性に問題を生じやすい．また，母親や周囲の大人は，乳児期から育児困難を感じることがよくみられる．情動表出も捉えにくいため，子どもへの働きかけも弱くなったり，偏ってしまうことになり共感関係が築きにくくなる．これらのことにより，前言語期の非言語的コミュニケーション発達に遅れや偏りを生じることが多くみられる．言語発達では言葉を獲得したり使いこなすまで時間がかかる．重心児では生涯「聞き手効果」段階の子どももいる．また，脳性麻痺児のなかには言葉を獲得しても不明瞭であるため，聞き取りにくくコミュニケーション機能として有効に言葉を使用できない場合もある．

C 障害を配慮した援助内容

1. 食事に問題のある子どもたち

まず嚥下機能と摂食機能を整理して考える．嚥下機能に問題がある場合はとくに注意を要する．嚥下したときに食物が気管に入り誤嚥を起こしてしまう危険性がある．誤嚥は窒息や誤嚥性肺炎などを起こすので特別な注意が必要である．このような危険性のある子どもの食事を介助するときは専門職種のアドバイスを受けることが望ましい．食事場面での援助としては安全に栄養摂取をするとともに，摂食機能の発達を促進しながら口腔器官の運動の練習ができるとよいだろう．

食事時の援助を実践する際の留意点を以下に述べる（図3）．

i) 食事時の姿勢

椅子の種類，椅子と机の高さ，自力で座れない子どもにはどのような椅子を使用したらよいか，

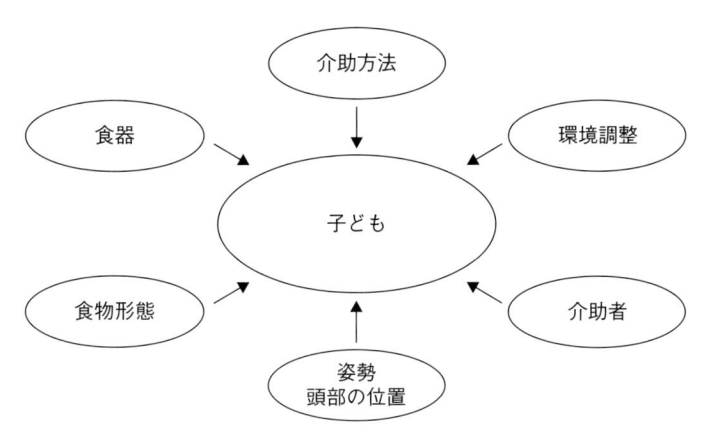

図3 食事援助の内容

どの程度背あてを傾けたらよいかなど，保護者や専門家の意見を聞きながら検討をする．椅子座位や抱っこでの留意点は，臀部が安定していること，体幹，頭部の中心軸がずれていないことである．とくに頭部が後屈しないよう調整する．介助が必要な場合は，介助者と子どもの位置関係にも配慮が必要である．介助者の負担も考慮して子どもと介助者の位置関係や介助方法を考える．

ii）食物の形態や大きさ

とくにむせや誤嚥など嚥下機能に問題がある場合は，食物の形態や大きさに十分配慮する．嚥下しやすい形態はペースト食である．基本的に食物が軟らかく小さい形態が嚥下しやすいが，食物をみじん切りや刻みにしただけでは，かえって口の中で食物がばらばらになり，むせやすくなる場合があるので注意する．その場合はみじん切りや刻み食にとろみをつけるとよい．咀嚼ができていない時は，指で押しつぶすことのできる程度の硬さの食物が適当である．

水分摂取のとき，むせて嚥下しにくい子どもには増粘剤を使用して子どもが嚥下しやすい程度の粘性をつけるとよいだろう．

iii）食器

自分で食べられる場合には，スプーンを子どもの上肢機能に合わせて持ちやすいよう工夫する．スプーンを工夫するだけで自分で食べられるようになることもある．口腔内の感覚が過敏であったり，スプーンを咬みこんでしまうような問題のある子どもには軟らかい素材の物を使用するとよい．スプーンの大きさは基本的に子どもの舌より一回り小さいものが望ましく，口唇の取り込みを引き出すためには浅めのものがよいだろう．

水分摂取にはコップ，ストロー，スプーンなどを使用するが，これらの食器も素材によって子どもの飲みやすさ，使いやすさが異なるので保護者とよく話し合い決めていくのがよいだろう．コップの素材もいろいろあるが，基本的に硬くて厚い素材は飲みにくく，薄くて柔軟性のある素材が口唇にフィットしやすく飲みやすい．ストローを咬み込んでしまう子どもにはビニールストローにするとよい．コップやストローが使用できず水分を充分とりたい時はビニールストローつきボトルを使用して介助者が水分を押し出すようにして飲ませる方法もためしてみるとよいだろう．これらの食器の一例を**図4**に示した．

iv）介助の方法

食べる前にはこれから何を食べるのかを子どもに意識を向けさせるよう声かけをしたり，食物を見せたり，食物のにおい嗅がせて子どもが口を開けてくるように働きかける．嚥下機能を考慮して口腔に入れる食物の一回量を決める．多すぎるとむせたり，少なすぎると送り込みの動きを引き出せないこともある．口を閉じることが不十分で

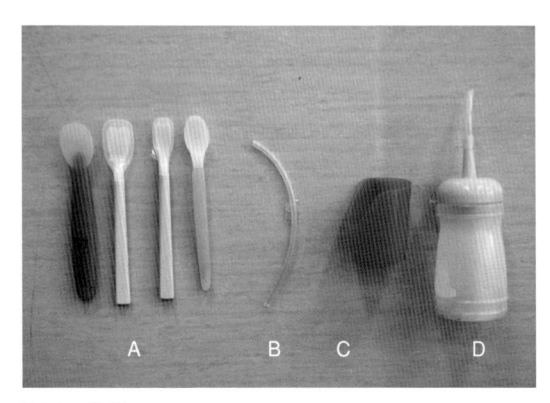

図4　食器
A　柔らかい素材のスプーン
B　ビニールストロー
C　鼻がぶつからないよう一側面をカットした柔軟性のあるコップ
D　ビニールストローをつけたボトル

あったり，口の開け方をコントロールできない場合は，介助者が下あごに手を置いて下顎を支えるとよい．摂食時の介助方法の中では下顎の安定が大きなポイントとなる．下顎を安定させる方法としてはオーラルコントロールがある．ペースト状の形態の食物は舌の中央に入れ，上口唇がおりてきて口唇が閉じてくるのを待ちスプーンをできるだけ水平に抜くようにし，スプーンを上方に引いて食物を歯や硬口蓋にこすりつけないようにする（図5）．咀嚼の機能を引き出したいときは安全に気をつけながら，固形の食物を奥歯の上に置くようにする．スプーンでうまく置けないときは，口腔内を傷つけないよう注意しながら箸を使うのもよいだろう．より咀嚼機能を促進するために，水で湿したガーゼで少し硬めのものや粘性のある食物を包み，ガーゼの端を口の外で保持し，安全を獲保しながら奥歯でかむ練習をする方法もある（図6，7）．

ⅴ）水分摂取

コップを使用するときは下口唇にコップの縁をしっかりあて，下顎を安定させて上口唇に水分が触れるようコップを傾けてようにして介助する（図8）．このとき子どもの頭が前傾するよう調節する．ストローはストローに舌を巻きつけて乳を吸うような飲み方をしている場合は注意をする．ストローを口唇のすぼめで固定して吸い上げるような使い方ができるような方法に誘導する．必要に応じてストローを口角に固定して吸うようにしてもよい．子どもにとって水分摂取は欠かせないことなので摂取しやすい方法と，課題としての練習方法とを分けて考えるとよいだろう．

ⅵ）食事場所の環境調整

気の散りやすい子どもには集団で食べるときの席の位置を調整し，食の進まない子どもや緊張しやすい子どもには，話しかけやバックグラウンドミュージックなど楽しい雰囲気を作り出すように

図5 前方からオーラルコントロールをしながらスプーンを抜く

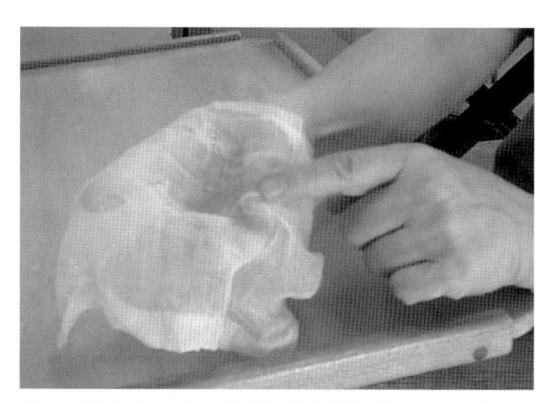

図6 湿らせたガーゼに練習に使用する食材を包む

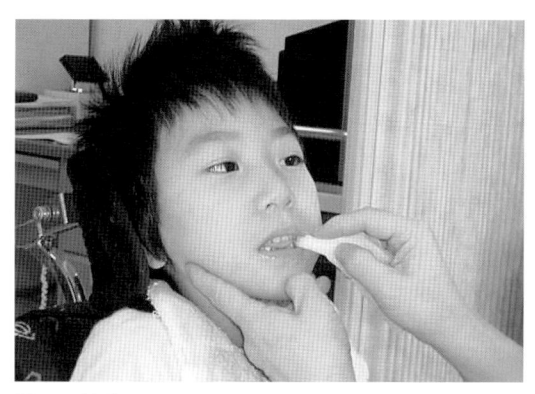

図7 前方からオーラルコントロールをしながらガーゼに包んだ食材を奥歯でかむ練習

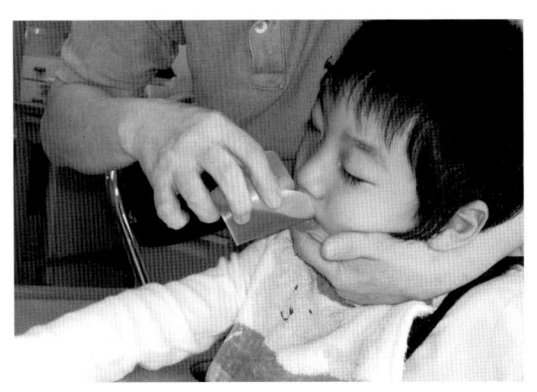

図8 側方からオーラルコントロールをしながらソフトなカットコップでお茶を飲ませる

配慮する．

vii）介助者

　母親に代って職員が介助する時は，子どもと介助者との信頼関係が子どもの摂食機能を十分引き出せるかどうかの大きなポイントになる．初めはできるだけ決まった職員が介助し，慣れてきたら介助者を広げていくのがよいだろう．

2．コミュニケーション・言語に障害のある子どもたち

i）言葉に遅れのある子どもたち

a）言葉の理解力が弱いことによる言葉の遅れ

　知的障害を伴う脳性麻痺児や重心児は，言葉の理解力が遅れているため，言葉の発達の遅れが生じることが多い．発達段階にもよるが，基本的には，楽しい時間や楽しい場面を共有し共感する機会を作り，生活の流れの中や保育場面で状況の理解を高めていく．子どもの理解レベルにあった豊かな言葉かけはもちろんのこと，視覚，聴覚，固有感覚，触覚，嗅覚など多感覚への刺激を与えるようにする．実物や写真，絵，ジェスチャーやサインなど視覚的な情報を加えながら話しかけると，子どもにとってはわかりやすくなる．理解力の弱い子どもたちは言葉の理解力の発達レベルが表現力の発達レベルにかなり先行しないと言葉が出ないので，このような子どもたちには，言葉の理解力に視点をおきながら働きかけることが大切である．言葉の理解力を育てるためには，物を操作する能力や視聴覚の認知能力を育てる．提示する物が子どもにとって見やすく，操作しやすい物であるかを検討し，また子どもが受け入れやすい提示のしかたを工夫する．障害の重い子どもは反応が不明確で，どの程度理解しているのか，集団での活動が有効かどうか疑問に感じられることがあるかもしれないが，子どもは全身で周囲の状況を受け止め，その刺激を子どもなりに溜め込んでいることを忘れてはならない．どんなに障害の重い子どもでも楽しい経験の繰り返しが子どもの発達を促進する．表出が弱かったり少ない子どものわずかな変化を大切にしたい．

b）言葉の理解力があるのに言葉の発達が遅い

　脳性麻痺児の中には対人関係もよく，状況や視覚的な手がかりだけではなく，言葉の理解力があるにも関わらず，話し言葉がなかなかでない子どもがいる．そのような子どもたちは，手足の運動機能の障害とともに呼吸・発声や口腔器官の麻痺によって言葉を発することが困難な場合が多い．発語に必要な発声，舌，下顎，口唇の動きがうまくできないため，言葉の育ちが遅れたり，言葉を獲得するのが困難だったりする．また言葉を話すようになっても不明瞭で聞きとりにくいこともある．このような場合でも，子どもたちは表情，視線，手や全身の動きなど，なんらかの方法で表出しているので，コミュニケーション意欲を育てるように，子どもの様子をよく観察しその表出をできるだけ受け止める．うまく受け止められるか

は，聞き手の感性に依存している．聞き手がうまく受け止めることで子どもたちのコミュニケーション経験は豊かになり，コミュニケーションの意欲が育つのである．脳性麻痺児は身体に麻痺があるので自分の意図しないところで身体が動いてしまったり，気持ちがあっても身体が思うように動かないことがあるので，身体の状態を理解しながら子どもたちの気持ちを読み取るようにする．このように周囲の人々が子どもの気持ちを受け止めるとともに子どもたちには言葉に代わるコミュニケーション手段を獲得させていく方法を工夫する．イエス・ノーの表現方法を見極めたり，子どもが反応しやすいように選択肢を準備して問いかけたり，質問の仕方などを配慮する．ある程度理解力のある子どもには，運動障害を考慮しながらジェスチャーやサイン，写真や絵の入ったコミュニケーションボード，シンボルなどを導入する方法があるので検討するとよい．

ⅱ）発声・発語に困難がある

a）食べることと話すこと

　言葉は呼気を使って喉頭にある声帯を震わせて声をつくり，その声を使って下顎の開け方，舌の動かし方，口唇の開け方や閉じ方で日本語のさまざまな音を作り出し，その音をつなげて言葉として発する．したがって話すことはこれらの発声器官や発語器官が目的の音を作り出すのにうまく機能することが前提となる．これらの発語器官は食物を食べる口腔器官と同じものを使用している．したがってこれらの器官がうまく動くためには，食べる機能をしっかりと獲得して話す機能の準備をすることが必要になる．

　しかしながら，言葉を獲得してはっきり話すために，口腔機能がよくなることは必要な条件ではあるが，十分条件ではない．言葉を話すためには，口腔器官の機能とともに知的能力や言語能力が必要である．口腔器官の機能に問題がない子どもでも言葉を話せない場合があることに留意しなければならない．このことを念頭におきながら脳性麻痺児のように口腔器官の運動機能に問題がある場合は，摂食・嚥下機能の発達を促進すること，発語に必要な口腔器官の運動機能を改善する援助を行う．

　乳幼児期に食べる機能の発達を促すこと，つまり食物を使って口腔器官の運動を促すことは，言葉を話すことである発語運動の基礎になる．食べ物を取り込むとき口の開け方が調節できたり，上口唇を使って食物を取り込んだり，咀嚼時に口腔の中で食物を舌で動かしたり，舌を使って上唇についた食物を取ったりすることは，口唇や舌の動きを促進する．硬いものをよく咀嚼したり，コップでこぼさず水分が飲めること，ストローを使って水分を吸い上げられるようにすることは下顎の安定を促進したり，口唇を閉じる機能を高めたりする．これらの動きは，発音の機能にも影響を及ぼす．

b）発声・発語について

　我々は，声を出したい時に随意に声を出しているが，脳性麻痺児や重心児の中には声を出そうとすると身体全体が緊張してしまい苦しそうな声になったり，小さい声しか出せないこともある．これらの障害の原因は，声を出そうとすると身体の緊張が高まり声帯も緊張しすぎて苦しそうな声になったり，身体の筋緊張が低く呼吸筋の活動が弱く発声に必要な呼気の持続や安定した呼気が保持できないためである．リラックスして発声できるような姿勢や，呼吸筋が発声に有効に使えるような姿勢をみつけ，また心理的にも緊張しないように配慮する．大きい声で笑ったり，泣いたりするような生理的発声から言葉にならなくても楽しい

時や怒った時，注意を向けてほしい時など，自然に発せられる発声を大切にし，無意識に出している声を受け止めて，「声が一杯出たね」，「よい声が出たね」などうまく発声できていることに注意を向け，それを子どもにも伝えていくとよいだろう．吹く練習は発声の基礎になる．笛やラッパを吹いたりシャボン玉やローソクを吹くこともよい練習になるであろう．

　発声の問題とともに発語があっても舌や下顎，口唇の分離，協調運動がうまくできないため発音がうまくできないことが多い．それに加え，途切れ途切れに話したり，話す速度がゆっくりであったり，イントネーションやリズムが崩れるなどの特異性により，聞き取りにくいことが多い．身体の異常な緊張を減らし，適度な身体の緊張に調整しながら安定した姿勢を維持することが言葉を話す大切な条件となる．子どもはリラックスするとはっきりとした言葉を言うこともある．「いってごらん」と指示すると緊張して声が出にくくなるときもある．このような子どもたちには，無理に言い直させることはせず子どもの言葉を受け止め，話すことが楽しいと感じられるように対応することが大切である．話す経験を積み重ねることも発音の練習になる．発声やかたことの言葉をどのように周囲の人々が受け止めてくれるかで，話す意欲が育まれる．したがって周囲の大人たちは子どもの言葉を聞き取る技量を高めなければならない．場面や状況を通して子どもが伝えたい内容を含めて言葉ははっきりと聞き取れなくても伝えたい内容を理解するように努める．聞き取ってあげようとする姿勢が聞き取り能力を高め，子どものコミュニケーション意欲を育てることになる．また，子どもの言葉に慣れてくると聞き取れる言葉が増えてくるものである．日常的な対応は子どもが話そうとしているときは，子どもとしっかり向き合い，話をよく聞くこと，大人から話しかけるときは，子どもが話すことに緊張しないようゆったりと話しかけるように配慮をする．

ⅲ）言葉を話すがコミュニケーションが成り立たない

　脳性麻痺児の中には，上肢機能にあまり問題がなく，言葉も達者で知的理解力にも問題がないようにみられる子どもがいる．しかしながら，そのような子どもと話していると一方的なお喋りや聞きかじった言葉を並べているだけでコミュニケーションが成り立ちにくいと感じられることがある．そのような子どもは視覚認知に偏りがあったり，操作や構成能力に問題を持っていることがある．表面的な言葉の表現力だけに目を向けるのではなく，応答関係が成り立つか，言葉の意味を理解して言葉を使用しているかといったことに留意する．しっかりと相手の顔を見ながら話すことを促しながら，子どもにわかりやすいように話しかけ，子どもが話している内容を子ども自身がどの程度理解しているか確認しながら丁寧に会話をする．言葉の使い方や順序だてた話し方など大人がモデルを示すようにする．また就学後の学習にも影響が出てくるので，言葉だけではなく視覚認知や物の操作や構成などの能力にも配慮することが望ましい．

D　まとめ

　食事もコミュニケーションも子どもが成長していく過程で欠かすことのできない機能である．とくに乳幼児期の環境や刺激は成長の要となる大切な時期である．障害のある子どもたちも同様に乳幼児時期の生活環境は重要である．障害があるゆえに成長に必要な経験が得られなかったり，特異

な行動が周囲に理解されずに子どもの負担が増加し気持ちが不安定にならないような配慮が必要である．それにはまず障害の特性をよく理解し，そして子どもの発達の道すじを捉えながら子どもとの関わりを深めていくことに留意する．食事もコミュニケーションも子どもとの関わりの中でその成長の芽を育てることができる．子どもの成長を援助することは，関わる側の保育者がどれだけ子どもを理解し，子どもへの関わり方を変えることができるかにかかっているのではないかと思うのである．知恵をしぼり，工夫をこらし，保育者自身が変化することを目指して実践を積み重ねていきたいものである．

参考文献

1) モリス ES：障害児食事指導の実際．協同医書出版，1979
2) フィニー NR：脳性まひ児の家庭療育，第3版，医歯薬出版，1999
3) 高見葉津：コミュニケーション発達を考慮した重症脳性麻痺児への食事指導．ボバースジャーナル 22 (2), 194-153, 1999
4) 西村辨作編：ことばの障害入門．大修館書店，2001
5) 大石敬子編：ことばの障害の評価と指導，2001
6) 日本聴能言語士協会講習会実行委員会編：アドバンスシリーズ，コミュニケーション障害の臨床 3，脳性麻痺，協同医書出版，2002
7) 高見葉津：重症心身障害児（者）の摂食・嚥下指導の実際―STの立場から―．日本重症心身障害学会誌 30：33-39, 2005

V 保育計画のたてかた

●●●● 船崎　俊子：元東京都立北療育医療センター通園科

A 障害児受け入れにあたって

1. 障害に対する考えかた

　幼稚園・保育園（以下，園と表現）を利用している発達に遅れのある子どもの中には，ダウン症や脳性麻痺などと診断名のついた手足に障害のある肢体不自由児や精神発達遅滞児，四肢・精神面ともに障害の重い重度・重症心身障害児といわれる子どもがいる．

　そういった子どもに，保育者がどう関わり，他の健常な子どもたちも含めたクラス集団をどのようにつくっていくか戸惑うことがあるであろう．

　障害のある子どもを捉えていく上で，まず，①障害があろうがなかろうが，乳幼児という点では，健常児と何ら変わりがないこと，②子どもの発達は，障害児も健常児と同様なプロセスを経て発達する，という2点を押さえることが重要である．障害があっても，乳幼児期は，大人の働きかけ次第で，表情や理解面など，一番成長・変化がみられる時期にあたり，その時期を保育者として共有できることに誇りを持ちたいと思う．

　その上で，障害児の発達を促していくための園での生活を考えていきたい．

2. 障害児の生活

　脳に障害のある子どもは，①全般的に身体が丈夫でない，②24時間の生活リズムがつきにくい，③生活力（食べること，排泄習慣，更衣，遊ぶ力）が弱い，傾向にある．これは，障害から起因するものと，発達の未熟さが要因となっている場合が多い．よって客観的に子どもの状況をみ，診断名や障害の特徴，手足や精神面での発達程度をとらえることは，大切な点である．

　健康面に留意していくことは前提になるが，通園しながら，日中の生活のメリハリをつけていくことで，まずは，1日の生活リズムを徐々に確立していくことから始めていく．

B 生活習慣づくり

　生活力（生きる力）を培うことは，人間として歩みを進めていく上で，大きな課題になる．基本的生活習慣を形成していく上で，本人の持っている力を最大限利用することが，大きなポイントとなる．留意点は，以下のとおりである．

1. 生活リズム

　生活リズムとは，生活の規則性と周期性であると考える．躾や生活のけじめなど，生活の内容と

深い関連がある．日々の生活リズムが確立していなければ，躾ることも困難であり，けじめをつけながら，生き生きとした生活を送り，種々の力を身につけていくことも困難となる．

　障害児は，24時間のリズムがなかなかつきにくい特徴があるので，種々の力を獲得するまで大人側が留意しなければならない．生活リズムの確立は，障害児が発達していく力をつける取り組みの基礎であり，また基本的生活習慣を獲得していく力となる．

2．食　事

　発達に遅れのある子どもは，特徴として，摂取する食品に偏りがあり，偏食傾向がみられる．子どもは，毎日の体験を通して学習していくので，乳幼児期に，食品の幅を拡げ，どんな食品でも摂取できるように育てていくことが必要である．とくに，障害児の場合，年齢を重ねていく中で自然に体得していくことは難しい面があるということを念頭におくことが重要である．

3．食習慣獲得に向けての考えかたと方法

ⅰ）自力で座位がとれる場合

① 両足の足底が足置きまたは，床についているようにする
② 円背にならないようにする
③ 利き手に道具を持ち，もう一方の手の使用を促す
④ 楽しい雰囲気の中で，励ましながら食べる意欲が高まる働きかけをする
⑤ 三角食べができるようにする

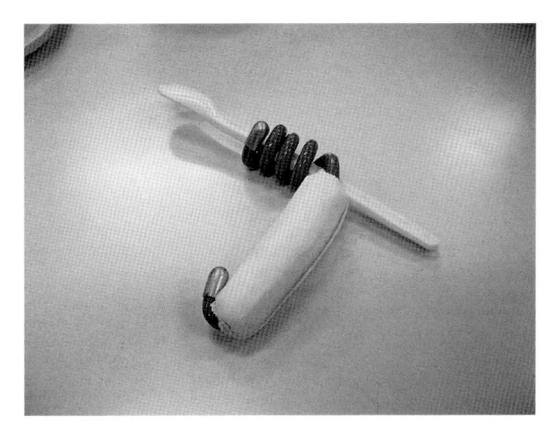

図1　スプーンやフォーク使用時の自助具

図2　特殊スプーン

図3　特殊フォーク

⑥苦手な食品は，少量を少しずつ摂取させる

ii）重度・重症心身障害児の場合（座位がとれない児）

①座位保持椅子使用
②口腔機能（咀嚼力，舌の動き，嚥下力）の確認
③道具（スプーン，フォーク）の把持力の確認
④安全に楽しく食べる

iii）目標とすること

①偏食を少なくし，食べられる食品の幅を増やす
②咀嚼機能を高める
③誰とでも食べられる
④自立が課題になる児は，食事に関連する一連の動作を獲得する（食事の準備，食事動作の獲得，後始末）．
⑤できる機能を高める練習を継続する

4．トイレットトレーニング

膀胱の機能（尿を溜めておくことが困難など）にもよるが，生活の区切りで習慣化を図ればよい．習慣づいてない場合でも，他の健常な子どもの影響を受けることが多い．基本的生活習慣の獲得は，日々根気よく積み重ねていくことが大切である．

i）目標とすること

①便座に慣れる
②生活の区切りでの習慣化を図る
③協力動作を獲得する
④自立が課題になる児は，トイレに関わる一連の動作を獲得する

図4 重心児が座位保持椅子にすわり，食事をしている場面
寝たきりの児．テーブル上にお風呂マット等を工夫しお皿をセットしている．ぬれおしぼりを食器の下に敷くことも一方法である．

図5 デク皿

トイレに関わる一連の動作とは，①衣服の上げ下ろし，②便座に一人で座る，③おしりを拭くなどの後始末，④整容（身だしなみ）を指す．また，男児の場合は，立ち便器での練習も課題になる．

5．更 衣

体幹のバランスやどちら側に麻痺があるか，手

図6 バー付きトイレ
トイレ．座位安定用（両腕でもたれることができる）に作成したもの（左から2番目）．

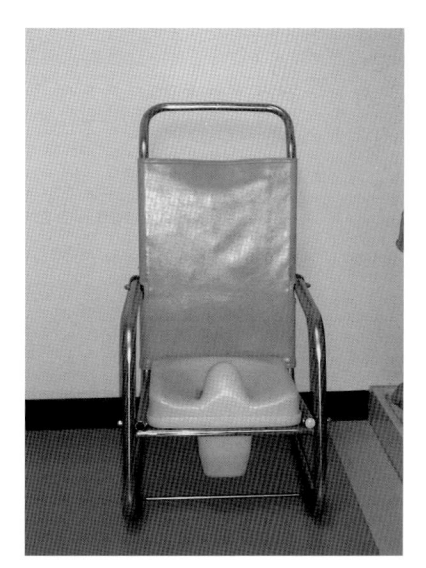

図7 椅子便器

の力や足の使い方はどうかなど，機能面でのできる点を捉え，児に見合った方法を考える．療育施設などの専門機関との連携も考えてよい．

まずは脱衣から練習を始める．

ⅰ）座位がとれ，体幹が不安定な場合

例　ズボンの着脱衣など，下半身の練習
①背部を壁などにもたれ，姿勢の安定を図ること（長座位）
②できるだけ，両手を使わせ，ズボン・パンツを把持するよう働きかける
③麻痺側の足，利き足の順に通し，その姿勢のまま途中まで衣服を上げる
④膝立ちをし，上まで上げる
⑤整容（身だしなみ）の仕方を身につける

例　シャツなど，上衣の練習
①姿勢の安定を図る
②被り物は，児の機能に応じた方法を見つけ出すこと
③麻痺側の手，利き手の順に袖を通す
④手を使って，衣服の裾を整える

ⅱ）重度・重症児の場合

更衣時に声かけをしながら，協力動作（手を動きに合わせて動かす，腰を上げるなど）を促しながら，働きかけていくことが大切である．

C　発達を促す遊び（保育内容）

遊びは，心と身体を育て，遊びや課題への取り組みは，脳や神経の働きを活性化し，感覚・判断力・記憶力・認識力を高める．それらに伴い，人としての感情や意思，自我などの確立にも作用していく．

遊びのもつ意味は，①子供の生活を充実させる，②人と関わる力を身につける，③外界や事物に働きかける力を育てる，の3点にある．

子どもは，いろいろな取り組み・体験を通して

力を蓄え，成長していく．障害児の場合，機能面・精神面の発達が未熟なため，遊びに取り組む力・深める力が非常に弱く，一定の課題設定は必要となる．もちろん，大人や子どもたちとの仲間集団によって，遊びが構成され，発展していくという前提は，当然である．たとえば，ボール遊びの場面で，寝たきりの児の参加方法として，介助者が立位をとらせ，来たボールを足で打つことも可能である．このように，特別なことを考えることよりも，子どもたちの遊びの輪にどのように参加させるかを考えることが，重要な視点といえる．

i) 五感を揺さぶる

感覚を楽しむ遊びとして，1つは，音楽的課題がある．音楽は，人間の本能を揺さぶる作用があり，あやし遊びや歌いかけ，リズム遊び，表現遊びなど，種々の課題に対して，どんな障害児でも，比較的，快刺激として受け入れる傾向が強い．その中で笑顔や発声，模倣，言葉，動きが活性化されるといえる．

次に，触刺激を通した感触遊びを考えてみる．手指は，運動器官の1つであるが，同時に，感覚器官ともいえる．手指を動かすことで，さまざまな感覚が発生し，脳にフィードバックしていく．脳の皮質や言語中枢は，手指と深い関係にあるといえる．障害児の場合，一部，触刺激に対して，過敏に反応し，触覚防衛が働く子どもが含まれるが，取り組みを通して種々の素材に触れられるようになれば，遊びの幅が拡がり，生活習慣獲得にも近づくといえる．

ii) ボディイメージをつくる

障害児の場合，機能面の弱さから，自分の身体図式のイメージをもつことは，難しい面がある．そのため，①粗大運動などを通して，バランス感覚を養う，②手足・全身を存分に使い，足腰を鍛える，③空間認知力を高めること，を目的にしながら課題設定を考えるとよい．身体を使うことで，機能面の向上や丈夫な身体づくりにも繋が

図8, 9 遊動円木で遊ぶ時の工夫例
座位がとれない児を対象とする

る．また，全身運動から細かな各部位の動きに発展していく．その中で，自分の手であること・足であることの認識をしていく．動きを伴うことで，課題によっては不安感を訴える場合もみられるが，経験を積み重ねていく中で，乗り越え，ボディイメージを獲得していく．

ⅲ）表現・構成力をつける

人として育っていく上で，コミュニケーションをとる力を培っていくことは，重要なことである．障害児の場合，認知力や言語機能の問題から，意思表出の力や相互交渉をする力が弱い傾向にある．

a）コミュニケーション力を高める

自分の気持ちを他人に伝え，感情のやりとりをすることは，人ならではの楽しみである．言葉

図10　ブランコ時の工夫例
座位がとれない児を対象とする

図11　ボールプール

図12，13　玩具例
目と手の協応動作を促す

表1 表現力を高めるポイント

1) 感情，情動の交流を図る
2) 足腰の力をつける
3) 手指の働きを高める
4) 模倣する力を育てる
5) 話しかけを豊かに行う

は，呼吸パターンや口や舌の協調運動など，機能的問題から，障害児には発語がない子どもが含まれるが，言葉がでなくても，発声や指や手の動き，視線での意思表出は可能である．そのためには，あやし遊びや歌いかけ，話しかけを通して，大人と子どもとの感情的交流を行い，子ども自身の気持ちを引き出していくことが重要である．やりとりを続けていくことで，各児の意思表出手段が確立していく．言葉を獲得するまでの前提になる力をつける（表1）．

b）認知・構成力を高める

知的に遅れのない子どもでも，機能面や視覚的捉えの問題から，形の弁別や絵の中に形をみつけ出すこと，左右・上下など，空間認知，位置関係を認識する力が弱く，それに伴い，イメージ（想像）をもつことや創造性，概念形成をする力が弱い傾向にある．

いろいろな体験を積み重ねていく中で，子どもを励ましながら，物の形を見分けたり，手を動かさせ，個々の知覚が繋がるように働きかけるとよい．集中力も弱い傾向にあるので，課題によっては，「余分な物は置かない」など，環境設定も必要である．

D 保育計画について

受け持ちクラスの保育計画を立てる際，障害児の留意点を加え立案してみるとよい．以下，発達に応じた保育プランとしての目安について述べる．

ⅰ）生活面

個々の状況を捉え児の発達に合わせ立案する．詳細を表に示す（表2～4）．

ⅱ）遊び（保育）

a）音楽遊びの目標（表5）
①音楽を通して共感関係を育てる
②音楽の楽しさを知り，開放感を味わう
③音楽に合わせ，のびのび表現する
④リズムの違いを感じ，運動機能，身体表現能力を引き出す
⑤身体をリラックスさせ，全身の動きを引き出す

b）感触・描画・造形遊びの目標（表6）
①手・足で感触を味わい，それぞれの動きを引き出す
②感触遊びを通し，開放感を味わう
③手と目の協応動作を促し，手操作を高める
④集中力を養う
⑤表現力や創造性を高める
⑥色や形を認識し，概念形成を育てる

c）運動遊びの目標（表7）
①いろいろな動きを経験する
②いろいろな動きに慣れ，遊びを楽しむ
③手足・全身の自発的動きを引き出し，バランス感覚やボディイメージを養う
④身体を動かすことの満足感を味わいながら，運動発達を促す

表2 食事における保育計画

段　階	食形態	ねらい	姿勢	指導内容	道具	留意点
第1段階	離乳食初期 ペースト 粥	いろいろな味に慣れる 食べ物を舌を動かして飲み込める 口を閉じて飲み込める	椅子に座る 座位保持椅子等	口唇を使っての取り込みを練習する	スプーン	顎があがらないようにする 適切なポジショニング
第2段階	離乳食中期 つぶし食 粥	口唇で食べ物を取り込み，舌で押しつぶすことができる	椅子に座る 座位保持椅子等	押しつぶしの練習 咀嚼の練習 噛み切る練習	スプーン フォーク	楽しい雰囲気で食べる 食べる意欲を育てる いろいろな味に慣れる
第3段階	離乳食後期 きざみ食 軟飯軟菜	咀嚼ができる 手づかみで食べる	椅子に座る 座位保持椅子等	食事動作の導入を図る	スプーン・フォーク 特殊食器	誰とでも食べる 好き嫌いなく何でも食べる
第4段階	普通食	道具を使って自分で食べる コップ飲みができる	椅子に座る 座位保持椅子等	食事動作を獲得する （さす，掬う，箸の練習） 食事マナーを身につける		個々の児に応じた摂取時の姿勢と時間に留意する

表3　排泄における保育計画

	指導内容	留意点とポイント
第1段階	排泄の動機づけ	＊児のペースを大切にし，機能や状況に合わせ進める ・母親に時間排尿の動機づけを行う ・トイレの雰囲気に慣れる
第2段階	時間排尿	・姿勢や便器に慣れる（抱っこ・おまる・洋便器・立ち便器） ・排尿間隔を把握する ・快・不快の感覚を育てる ・繰り返しトイレットトレーニングを行う ・排泄への意識づけ・意識の向上を図る ・ほめながら次への意欲に繋げる
第3段階	排泄の自立	・サインの引き出しを図る 　（表情・動作・発声・言葉） ・自発性を促し尊重する ・排泄に伴う一連の動作を獲得する

表4　更衣における保育計画

	指導内容	留意点とポイント
第1段階	・声かけ等をしながら，更衣の意識づけを図る ・児の協力できる部分を引き出す 　手，足を上げる 　お尻をあげる	①個々の障害に応じ，対応する ＜肢体不自由児＞ 　更衣への意欲を引き出し，やりやすい方法をみつけていく ・麻痺側の腕，足から先に衣服を着る ・麻痺のない腕，足から先に衣服を脱ぐ ・股関節と膝との関係を利用し，緊張を抑制する ・姿勢を安定させる 　座位の確保（椅子や壁を利用する） ＜重症心身障害児＞ 　声かけ等で意識させ，協力できる部分を引き出していく（協力動作） 　着脱は，麻痺側から ＜精神発達遅滞児＞ 　毎日の生活の中で，根気よく，繰り返し行い，習慣化を図る． ・手添えで行う． ・ほめながら，次への意欲に繋げる ②ボディイメージを育てる ③着脱しやすい衣服を選ぶ
第2段階	・衣服の着脱に興味を持たせる ・脱衣の練習をする 　パンツ，ズボン，シャツ	
第3段階	・着衣の練習をする 　パンツ，ズボン，シャツ	
第4段階	・更衣動作の自立を促す ・巧緻動作の獲得 ・身だしなみを整える	

表5 音楽遊びにおける保育計画

	ねらい	目的および遊びの内容
第1段階	音楽を通した他動的働きかけに対し，見る・聞く・触れられることを経験する	・顔，手，足に触れられ，人と対面しての遊びを快いと思う ・優しい快い曲を聴く ・目と目を合わせ，お互いの反応を確認しあう ・柔らかいリズミカルなはっきりした子音と豊かな響きのある母音で，ゆっくりと歌いかけていく ・音源や動きを追う力を育てる ・音・音楽を傾聴する ・一緒に音を鳴らして楽しむ
第2段階	他動的な働きかけに対し，身を任せる音や音楽の違いを知る	・肌と肌との触れ合いを通し，大人との関係を深める ・心と身体のリラックスを図り，好きなものをみつける ・不安を与えぬよう対面し，身体をフィットして抱くようにする ・いろいろな音を聴いてみる ・一緒に音を出してみる ・音の違いを知る
第3段階	音への興味をもち，自分から動こうとする	・歌や曲を聴き，一緒に声を出す ・歌や曲を聴き，手を叩いたり，足を踏み鳴らす等，リズムにのる ・「やってみたい」と思う気持を大切にしながら，一緒に動きをつくる ・楽器を手にし，音を自分で出してみる
第4段階	音楽を意識し，身体で表現する	・曲の違いを認識し，表現を変えることができる ・人の動きを模倣し，取り組める ・歌う，踊る等，大人の模倣を中心に，友達と模倣し合い，楽しく遊ぶ ・リズムにのって，鳴らしてみる
第5段階	音楽を聴き，イメージをもちながら，自分で動作をつくって表現する	・歌のイメージをもち，感情を込めて歌う ・曲のイメージをもち，感情を込めて表現する ・曲の変化を知り，いろいろな音色を出してみる ・リズム打ちをする

表6 感触・描画・造形遊びにおける保育計画

発達段階	ねらい	目的および遊びの内容
第1段階	・人との関わりから始め,刺激素材を徐々に増やし,感覚経験を豊かにする ・皮膚的感触を通し,快の状態を引き出す ・情緒的安定を図る	・人のぬくもりを感じる ・触る・なでる・くすぐる・タッピング等,皮膚刺激を受ける ・保育者と目を合わせる 　抱っこ・乾布摩擦・タッピング・ブラッシング・あやし遊び・わらべうた体操
第2段階	・人との関わりの中で,物への関心を引き出す ・手のひらで触ったり,触れたりすることに慣れる ・温度差,感触の違いを知る ・目と手の協応動作を促す	・いろいろな物に触れてみる ・日常にある物に手や足でしっかり触る 　タオル・布団・絨毯・床・玩具・身体・顔・水・湯等 ＊触覚防衛の強い児は,無理のないよう介助されながら繰り返し行っていく
第3段階	・物への興味・関心を引き出す ・手や足などの身体の動きを引き出す	・素材をしっかり握ったり離したりする 　(しっかり握れる物を与える) 　ボール・ピンポン玉・ビー玉・蚕豆・紙・バブルボール等 ・いろいろな素材で,感触の違いを味わう ・水を加える等の経験を通し,素材の変化を知る 　小豆・小麦粉・パン粉・砂・水・土・蒟蒻・豆腐・麩・乾麺・寒天・スライム ・季節感のある素材を使って遊ぶ 　土・水・氷・雪・落ち葉・野菜・絵の具 描画・造形 ・介助を受けながら取り組んでみる ・自由に取り組んでみる ・自助具等使いながら,握りやすいよう工夫する 　なぐりがき・点・線・螺旋・○△□
第4段階	・目的的に遊ぶ ・物の使い方を覚える ・集中力・観察力を養う	・自ら興味をもち,素材を変化させ楽しむ ・手操作を工夫する 描画・造形 ・クレヨン,マジック等を使い描く ・破いたり,丸めたり,折ることができる ・作品に意味づけをしたり,見立て遊びができる
第5段階	・自分の気持を表現する ・描いたり,製作する楽しさを味わう ・色や形を意識し,概念形成を育てる	・伸び伸びと工夫しながら楽しむ ・開放感を味わう ・絵画や製作をする ・ごっこ遊びをする

表7　運動遊びにおける保育計画

発達段階	ねらい	目的および遊びの内容
第1段階	・大人との関わりの中で、いろいろな動きを経験する ・いろいろな姿勢（体位）を経験する	・他動的に歌や音楽に合わせ揺れ遊びを経験する ・縦・横の揺れ、ゆっくりから強い揺れの体験をする（タオルブランコ・ブランコ・トランポリン・エアートランポリン・固定遊具等） ・潜り遊び（引いてもらっての移動）をする ・滑り遊びを体験する（滑り台　坂滑り） ・マット運動をする（介助での横転・腹ばい・前転・ワニ歩き等）
第2段階	・身体を動かしたり、動かされることに慣れる ・自発的動きを引き出す	・指示に従い、自分で動こうとする ・いろいろな姿勢・体位に慣れる ・ダイナミックな動きを体験する 　遊びの内容は、継続
第3段階	・自発的動きを引き出し、目的をもって遊べる ・遊びへの関心をもつ	・いろいろな動きを楽しむ ・目的の所まで、自力で移動する 　遊びの内容は、同じ
第4段階	・自発的に動き、自分で遊ぶことを楽しむ ・自分の身体の位置関係や空間認知力を養う	・自分で身体を動かし、いろいろな動きを楽しむ

E　家族支援について

　園を利用している障害児を抱えた家族の思いはさまざまである．0歳から保育園に通園するプロセスの中で障害が判明した家族と、乳児期に医療機関から障害を告知され、地域の障害児通園施設を体験した家族の子どもがいる．告知された当初は、我が子とどう向き合い育児をしていけばよいのか、かなりのショックや戸惑いを感じる家族がほとんどのようである．この時期、いろいろな医療機関を回り、医師の指示の下、各専門職種による機能訓練を受け始める．それぞれのアドバイスを受けとめ、家庭でも実践しようと真剣に取り組む時期でもある．次に、母親たちは、もっと違う方法があるのではと、情報収集し、他の医療機関を利用するなど、模索する時期に入る．それらのプロセスを経て、次第に、我が子を客観的にみつめ、丸ごと受け止められるようになる．このように、子どもの障害受容ができるまでには、3～4年かかっている実状がある．また、保育園や幼稚園などに通園させたいと考える家族も増えており、健常児集団の中で、我が子を育てたいという期待が高いことも事実である．なかには、何を目的として健常児集団に入れたいか不明確なまま利用する親もいるであろう．一人一人の発達状況が違うように、画一的対応では、相互理解が困難になる．さまざまな親の思いをまずは受け止めることから始める．子どもを中心にして、親・職員とが連携して児の発達を促していけるとよいと考える．障害児は、健常児と比べ、いろいろな面で力が弱い分、どんな家庭環境で育つかは大きなポイ

ントである．健常児集団の中で，いろいろな刺激を受けながら，児の成長・変化を親と確認し合い，家庭での子育ての励みに繋げられるとよい．そのプロセスの中で，親としての子育ての方向性がみえてくる．また，兄弟との関係などで悩みを抱えている親もいる．保育者としての仕事はたくさんあり，大変であろうが，親の気持を整理してあげて欲しいと考える．障害児を抱えた家族が，地域の中で生活しやすいよう援助することは，保育園や幼稚園の大きな役割といえる．子ども同志の仲間関係づくりや他の親との関わり，遊ばせ方や児の使用する椅子・食器など，一人で問題を抱えず，療育通園施設の保育士との関わりを通して，相談してみることも勧めたい．

第 2 章

発達障害児[注1)]への対応

I．事例から学ぶ対応
II．発達障害の捉えかた

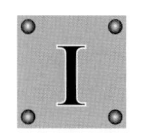

I 事例から学ぶ対応

●●●●猪野民子，坂井和子，川崎葉子：むさしの小児発達クリニック

　保育園，幼稚園ではどの子にもよい保育が求められているのは当然であるが，その中で今日，少なからぬ子どもたちが注目されるようになってきている．発達が遅れている，言葉が遅い，友達と遊べない，コミュニケーションがとれない，集団行動が苦手で飛び出したり落ち着きがない，行動抑制ができない，切れやすいなどの問題を抱えた子どもたちである．これらの子どもたちの背景としては，障害があるため，あるいは障害からくるものではなく劣悪な環境，養育困難な場におかれているために生じているなどさまざまであり，幼稚園，保育園はそういうさまざまな子どもたちが混じり合いながらひとつの集団が形成されている状況である．

　本書は，保育の現場で日々，子どもと接する先生方へのメッセージである．保育の正攻法では太刀打ちできない子どもたちが示す行動や感情の中にどんな意味が含まれているのか，どう理解したらよいのか，そこからどんな支援が可能かを考えるヒントになればと，先生たちの手と目をかけて欲しいと願っている一人一人の子どもに代わって保育園を巡回している医師，心理士の立場から述べた．

　ここに登場するのは，知的遅れの大きい子，軽度の知的遅れのある自閉症児，ダウン症児，知的遅れのない広汎性発達障害児（高機能広汎性発達障害），多動・衝動性を抱える子（ADHD），過剰に適応して不登園になりやすい子，被虐待児など統合保育の場にいる子どもたち9例である．これらは私達が実際に関わった子供たちで，保護者，保育園には了解を得て記載し，プライバシーに配慮して部分的に変更したものである．この子どもたちにみられる行動には発達障害の子どもたちに生じやすい「気になる行動・困った行動」が網羅されている．

　事例を通して気になる子どもたちの気になる行動をどう理解すればよいのか，その意味を探り，その理解に基づいて対応を考えるということで，保育士や幼稚園の先生方からしばしば質問されることを項目にしてそれに沿って書き進める．

A　A子ちゃん

重度精神運動発達遅滞[注1]，てんかん[注2]

乳児期に発達の遅れに気づき，療育通園を経て加配対応[注4]で年中クラスに入園した．発話はほとんどみられない．知的な遅れのみでなく運動発達にも遅れがあり，てんかんのために服薬している．

i)「ぼーっとしたり，興奮しすぎたり，状態が一定しないんです」

A子ちゃんは新しい園の生活に慣れて，穏やかに過ごせることが増えてきたが，季節の変化や

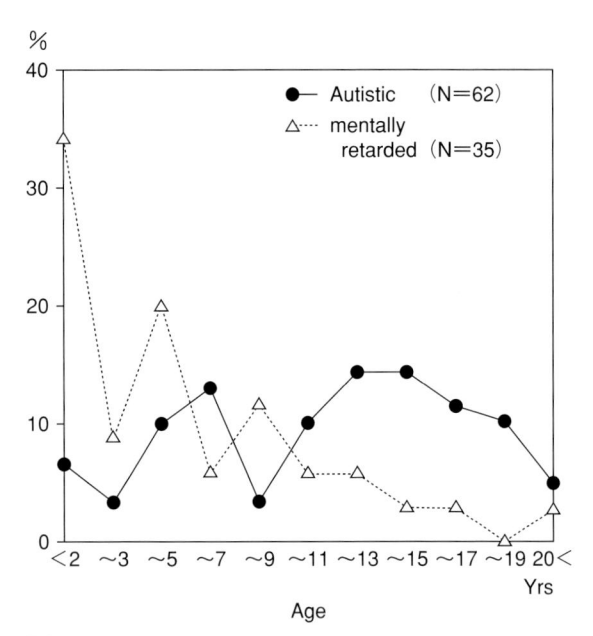

図1　Onset of Epilepsy
(川崎葉子：広汎性発達障害の病態神経生理．臨床神経生理学，34(3, 4)142-151, 2006.)

注1) 発達障害：文字通り発達が順調に進んでいないということである．身体の発達の障害もあれば，運動発達の障害もあるが，通常は「発達障害」は，心的発達の障害を指す．WHO世界保健機構の診断分類 (ICD-10) では，F 精神および行動の障害の8という項目のもとに，以下のように分類されている．

F8. 心理的発達障害 (ICD-10)

F80 特異的会話言語発達障害	F84 広汎性発達障害 (PDD)
F81 特異的発達性学力障害	F88 他の心理的発達障害
F82 特異的発達性運動機能障害	F89 特定不能の心理的発達障害

すなわち，言語の発達の問題，学力障害（いわゆる学習障害＝LD），運動の問題（不器用児），広汎性発達障害（後述），その他に分けられるが，これらは併発していることが多い．

注2) 精神遅滞：現在，福祉や教育では知的障害という用語に変わってきている．医学では精神遅滞という用語が使われている．診断の基準は，①個別施行の知能検査で知能指数（IQと略される）がおよそ70またはそれ以下であること，②適応機能（意志伝達，自己管理，家庭生活，社会的/対人的技能，社会資源の利用，自律性，学習能力，仕事，余暇，健康，安全）がその文化圏でその年齢と比べ低い，③18歳未満にそれが出現している，の3つを満たすものである．精神遅滞はその程度により，軽度精神遅滞（IQが50〜70），中等度精神遅滞（IQが35〜50），重度精神遅滞（IQが20〜35），最重度精神遅滞（IQが20以下）と区分される．前述のICD-10ではF7という項目に分類され，F70軽度，F71中度，F72重度，F73最重度，F78他の精神遅滞，F79特定不能の精神遅滞，とそれぞれ下位分類される．

注3) てんかん：WHO(世界保健機構)の定義によると「てんかんは，種々の病因によって起こる慢性の脳障害で，大脳ニューロンの過剰な発射の結果起こる反復性発作（てんかん発作）を主徴とし，これに種々の臨床症状および検査所見を伴うものである」とされる．つまり，ひきつけのような全身けいれん，短時意識がとぶなどというエピソード（てんかん発作）があり，脳波検査で発作波（てんかん波）が認められるというものである．通常は薬物療法で治療する．PDDではてんかんの発症が通常人口よりも多いことが知られている．PDDでのてんかん好発時期は中学生時期であり，幼児期にはまだ発症していないことが多い（**図1**）．

注4) 加配対応：統合保育の中で特別な配慮を必要とする園児に対し適切な園活動ができるよう保育士を加配すること．基準や内容は自治体によってさまざまである．

抗てんかん薬の影響でぼーっとしてしまったり，理由のつかめない激しい泣きや興奮など調子のむらはあった．長期休みのあと生活リズムがくずれ，夜更かしから登園が遅れることや，午睡のリズムがくずれ興奮してしまう時期もあった．生理的脆弱さがあるため順調だった生活が時に乱れ，大きく退行したように感じることがあるが，ほとんどが一時的なものである．そういう時期は家庭と協力しながらあせらずゆっくりと見守りリズムが戻るように待った．午睡時に興奮してしまうときは別室で，A子ちゃんが落ち着くようにできるだけ刺激を少なくして過ごした．まず体調の調節と基本的な生活リズムをつけることが大切である．

ⅱ）「動きや興味が乏しく意欲がありません」

保育士は少しずつ新しい遊具へ誘い，またぐ・渡る・よじ登る・くぐる・乗り越えるといった動きを援助しながら促した．多様な空間を自由に移動したり，身の回りのものを扱う力が育つと外界への興味が広がっていく．A子ちゃんは当初は地面に座り込んでいるかウロウロ歩いていることが多かったが，次第に歩行がしっかりし，手すりを使って階段の昇降も安定し，目的を持った行動が増えてきた．散歩や遠足への参加は，体力が続かない時期は一部バギーを使い，目的地では皆と一緒に自由に行動し楽しめるようにした．粘土や砂，紙などの素材を叩く・ちぎる・押しつける動作や，さらに道具を使ってすくう・さす・描くなどレパートリーが増えると，持続して着席しクラスの友達と一緒の活動を楽しめることが増えた．0歳や1歳クラスの玩具を借りてきて，積む・入れる・差し込むこと，<・・すると～になる（球を入れると転がり音がするなど）>という因果関係のある遊びを十分に経験させることも知的に重度の遅れのある発達段階の子どもには，次のステップに向けての大事な体験となる．

ⅲ）「言葉を話せないんです」

コミュニケーションに言葉を使うことが難しい場合，<ちょうだい>，<おしまい>，<トイレ>など身振りサイン[注5]をその時々にみせ模倣を促す．とくに要求と拒否の表現は是非身につけて欲しいことである．拒否を適切に表現できないと困った行動を生むことになる．拒否の表現としては，首や手を振る動作，「ヤー」，「バイバイ」，「おしまい」の言葉などが一般的である．A子ちゃんは首をすくめ両手を耳に当てるしぐさをよくしていたので，それを拒否の表現と意味づけ関わっていくことで，次第にサインとして伝えてくるようになった．言葉の理解力が弱い場合，身振りや絵カードそして実物を提示する工夫をすると理解しやすくなる．椅子は（すわって），コップは（飲む？），靴は（出かけるよ）などと語りかける．このように身近な事物は繰り返し体験する中で社会的意味を持ってくる．さらに相手の指差しに注意が向くようになるとコミュニケーションはぐっととりやすくなるので，意識的に指差しを使うようにして対応した．

注5）身振りサイン：コミュニケーションをする時に言葉を使うことが困難な場合，身体を使った表現．その子どもに合った表現を広げ，コミュニケーションをとりやすくしようとするものである．指差しやベビーサイン，手話やマカトン法などがある．その子どもの発達段階や障害によって使用するサインはさまざまある．

iv）「身辺自立がほとんどできていません」

着替えは気が散らないように部屋の隅で行ったり独りで集中してできるように皆と少し時間をずらして誘うなどの工夫をした．ズボンを履く時は，「あし」と声かけながら脚を軽く叩き協力的な動きを促し，Tシャツを脱ぐ時も最後の引っ張りなど，自分でできそうな動きは促した．服は着脱しやすい物を用意してもらい，靴の踵のつまみ部分にはリングをつけて引っ張りやすくする，スプーンは柄を太くして持ちやすくしたり，お皿は深めのものを選び，すくいやすくする等々の工夫をした．生活習慣動作（ADL）では自分でできることを積みあげるために，動作をスモールステップに分けて少しずつ進める．さらに登園や帰りの支度，園庭から部屋へ戻る時の手順などの流れを徐々に指示や援助なしに連続した行動ができるようにつないでいく．トイレでの排泄は〈あせらず気長に〉，が肝要である．排尿間隔をまずつかみ，食事や午睡などの活動の切れ目にトイレへの誘導を試みていると，タイミングが合って排尿することがでてくる．それを繰り返すことで次第に確実になっていく．サイン（下腹部を押さえる動作）をしながら誘導していくと，やがて子どもから尿意を事前に伝えてくることにつながる．就学前には時間誘導で排泄できるようになる子が多いが，なかなか身につかない場合もある．それでもトイレに馴染んでいれば学校での指導がスムーズになる．成人した時，時間誘導での排泄ができるかが社会生活の広がりに影響する．

v）「困った行動があるんです」

遊びのレパートリーが乏しいため，ものを口へ入れる，棚や引き出しから物を次々に出す，机上から落とす，捨てる，投げるといった困った行動が続くことがある．行動を制止すると，反応をみてますますエスカレートさせることもある．とくに，本人なりに人と関わりたいという意識が育ってくるとこの状態になる．困った行動に固着させないために，入れ物をみせて「入れて」，手をさしだし「ちょうだい」など，応じてほしい行動を促すことを心がけ，応じてくれたら必ず「上手」とか「ありがとう」と返す．ただ，他に楽しめることが無い場合はこのような困った行動でも全面禁止は難しい．「ここはいい」，「これはいい」と安全な場やものに限っては許容することが必要な時期もある．危険な場所やものには，入ったり触れたりできないように環境を工夫することも大切である．遊びの種類が広がると，困る行動は相対的に減っていく．相手がダメと反応することに興味を持ち繰り返す場合は，あえて無視して反応しないようにし，相手の反応を楽しみたい気持ちに対しては，追いかけっこなど他の遊びで付き合っていく．

成長に伴いA子ちゃんは強く要求をするようになり，先生が手こずることがでてきた．大好きなブランコを引っ張り，今すぐ乗りたいと大声で叫び続けたり，大好きな水遊びを「終わり」と止められるとひっくり返って激しく怒るなどである．工夫しても切り替わらないときは素早く魅力的な刺激や場面から離してみる．みえなくなると諦めやすくなる．

B　B君

自閉症
―孤立型　重度の精神遅滞[注2, 7]

1歳半健診で，目が合わない，笑わないなど対人反応の問題に気づき，療育機関での母子通園に通った．もう少し療育通園を経験するのが適当との判断はあったが，家庭の事情もあり，加配対応で保育園の年少クラスに入園した．

i）「周りと関わりをもたないんです」

入園当初B君は生活環境の変化や，療育通園と違い大勢の子どもたちの声・動きなどいろいろな刺激にあふれている集団生活に混乱し，表情や身体は固く，泣き叫びも多くあった．長いものをみつけては目の前でゆらゆら振ったり，あるいは自分がクルクル回り続け，呼びかけや接触に応じず自閉的様子が強まった．B君は今までの生活で手がかりとしていた事柄を保育園という新しい環境にみいだせず，言葉などによっても状況を理解できないため見通しをもてず不安が高まったようである．過剰な感覚刺激はB君にとっては不快で，回避拒否したくてもどう対処してよいかわからず，情緒的に混乱し泣き叫ぶか自己刺激的感覚運動[注6]遊びに没頭することにより，外界を閉ざして安定を得ようとしていた．そこで，まずは落ち着ける場や好きなことを大切にした．B君は廊下の隅の古いソファーが気に入ったので，そこで先生が歌う歌やお気に入りのカタログめくりなど好きなものを手がかりに一緒に楽しんでいった．並んでいるロッカーの扉を開け閉めすることなども安全に気をつけながらまずは制止せず見守るようにした．今いる場が安全で安心できるところと感じられることが大切である．そして，少しずつみんなと一緒にいることの心地良さを感じられるように働きかけていった．

ii）「人と関わりません」

B君は物との関係が強く，人とはなかなか一緒に楽しむことができない．人を意識させるために，遊ぶ時には間に物を介在させないダイレクトな遊びに誘導することを心がけた．くすぐり・追いかけっこ・グルグル回し・歌や言葉のかけあいなどである．一緒に楽しむなかで「もっと」と要求の気持ちが生まれるとB君にも相手に働きかける力が育ってきた．要求の時にはB君のような自閉症の子どもでは，言葉や指さしではなくクレーンハンド[注7]で要求を伝えてくることが多い．そのような時は顔を合わせ（開けて）（ちょうだい）など要求語のモデルを聞かせる．B君が何気なく発した声（アジャアジャなど），音（ブルルなど），動き（手を振るなど），そしてものの扱い（持っているもので叩くなど）を先生が真似していくと，B君はふっと先生に注意を向け，次第に響きあう関係を楽しむようになった．壁や机をトントン交互に叩き合ったり得意な声や音を

注6）自己刺激：感覚の刺激に夢中になり，手をひらひらさせたり，指の間から覗き見したり目をぐるぐる回したりして，過敏な神経を持っている子どもが興奮した神経を鎮めるために行うと推測されてる．適切な療育や関わりの中で変化し軽減していくこともしばしばである．感覚過敏があるために不快な状態になることを避ける防衛行動であるとも理解できる．

注7）クレーンハンド：何かを取って欲しい時にその人に訴えるのではなく，その人の腕を掴んで取って欲しいものの方へ導く．取って欲しい手（＝クレーン）しかみていないのでクレーン行動といわれる．

出し合ったりとちょっとしたことで模倣ややりとりへの興味を育てていく．

ⅲ）「クラスの生活場面が理解できません」

自閉症の子どもの多くは視覚的な情報の方が理解しやすいことが特徴である．言葉で説明してもわからない時には，食事・片づけ・午睡など今が何をする時か，何をする場かを，視覚的にわかりやすくしていく．皆がばらばらに動いている場面はわかりにくいが，皆が揃って食事をしていればわかりやすくなる．大枠が整ったところでB君を誘うとスムースに応じやすくなった．一日の生活の流れを順番に写真や絵で示すことも見通しをもつのに有効である．室内と外との区切りを示すのに足型を置き，靴の着脱が必要なことに気づけるようにした．自分の靴箱やタオルの位置がわかるようにできるだけ出し入れしやすい位置に配慮し興味ある動物などをマークにして「B君の…」と自他の区別を促す．着替えの手順など一連の行動がつながるように服や靴下などを順番に配置するなど場面の構造化[注8]を心がけた．

ⅳ）「嫌がるものが多いです」

B君は砂や粘土，糊などに触れることや物をしっかり握ることを嫌がった．感覚的に受け入れる幅が狭いので，楽しめることが限られてしまう．自閉症の子どもたちにはこのような感覚過敏がとても多く観察される．この過敏の特徴は，場面によって，とても不快に感じたり，さほどでなかったりと変動があることがしばしばである．また，成長によって不快の程度は軽減していくことが一般的である．B君の場合は好きな歌を歌いかけながら粘土や糊に触れることを促すことで少しずつ慣れていった．こういう感覚過敏は食事にもあらわれる（後述）．苦手な食品も無理せず一口試みることを続けると少しずつ食べられるものが増えていった．

ⅴ）「いつもグルグル回っているんです，やってほしくない遊びをして困るんです」

自閉症の子どもたちはグルグル回り，身体の前後揺らしやつま先歩き，両手をヒラヒラ揺らす，長いもの揺らし，丸いもの回し，ガラス叩き，ものを嚙むなどさまざまな感覚運動的な常同行動[注9]に没頭することがある．そうした常同行動に終始して生活に必要な行動に移れない時には，注意を向けるものをみせたり，場所をかえるなどで興味の切り替えを促すようにする．オナニーや激しい壁叩き，複雑な機械のスイッチいじりなど社会的に受け入れ難いことは早めに介入し行動を切り替え，習慣化しないように心がける．遊びのレパートリーが乏しい子どもにとっては常同行動もその子なりに意味がある．その内容が社会的に許容しがたい場合は早く他の望ましい行動に代えるよう促し，許容できる場合はある程度見守り，食事や外遊びなど基本的なクラスの活動には参加できるように切り替えられる力をつけていく．

注8）構造化：環境の意味を理解しにくい自閉症児に環境の側を調整してわかりやすくすること．たとえば何がおこるか予測できるように予定をスケジュールボードで視覚的にみえるようにする，部屋の中をわかりやすく区切る，所有をはっきりするためにマークを使う，始めと終わりの枠を決めるなど行動の見通しをよくするための工夫．

注9）常同行動：手を振る，体を揺らす，指を動かす，物をクルクル回すなどの行動で目的を持たない動きである．

C　C子ちゃん

ダウン症[注10] 中軽度精神遅滞

　一般にダウン症の子は知的には遅れがあっても人なつこく真似が上手なため保育の中で比較的受け入れ易いと思われている．実際に，統合保育の中では集団遊びにそれとなく参加していたりリズム体操やお遊戯でもワンテンポずれることはあっても笑顔いっぱいに愛嬌たっぷりに自己表現している姿を多くみかける．それではダウン症の子どもが自閉症の子より社会性が豊かで集団生活が過ごしやすいかというと必ずしもそうではない．先生方からは頑固とか気引き行動で対応が難しいという話を聞くこともある．

　C子ちゃんは年少から加配対応で保育園に入った．知的には同年齢の半分くらいの精神発達である．ダウン症の子には心臓疾患など合併症を伴う場合も多くみられるがC子ちゃんの場合は幸いなことに何も合併症はない．コミュニケーションは身振りが多く単語を少し使うくらいで構音ははっきりしない．何か言っているのだが友達に伝わりにくいところがある．

i)「食事を丸呑みしてしまうんです」

　ダウン症の子どもでは咀嚼せずに丸呑みしてしまうことが多くみられる．C子ちゃんも食事の時に前かがみの姿勢で丸呑みでよく噛まずにかきこんで食べている．ひとりで食べさせていると，どんどん丸のみパターンがエスカレートしていく．

先生は隣に座り一口で食べる量を教え「かみかみごっくん」とか「1, 2, 3, ・・・ごっくん．よく噛んで」と言葉を添える．しかし，食事の全部を介助するのは，本人も嫌がり，自立に向けてもマイナスにもなりかねない．C子ちゃんも，介入が多くなると怒って食べものを投げたり，隣の子の髪をぎゅうっと引っ張たりしてしまった．あんまりうるさく言うと逆効果の時もあり，タイミングよく少なめの声かけの方がよいようである．最初の5口とか，逆に最初の数口は本人の好きなやり方で空腹を満たして，その後の5口とか決めて，それを徐々に増やすなりでよい食べ方を学べるようにするとよい．

　低年齢だったり咀嚼力が弱い場合は，2～3回の咀嚼で飲みこめるような食形態のものを1品は食事にいれて，「もぐもぐ，ごっくん」のくせをつけてあげられるとよい．食べ物は舌の前の方に置いてあげる．奥の方だと丸飲みしてくださいと勧めていることになってしまう．介助せずにひとりで食べられることは誰もの目標であるが，好ましくないくせが付く場合もあり，進め方は慎重にする必要がある．不適切な摂食の仕方を身につけると，舌など口腔機能の発達が促されず，悪循環になってしまう．

ii)「頑固に拒否するんです」

　C子ちゃんは皆のやっていることに興味を持ち真似る力があるが，反面，手伝われることや介入されることを嫌がるところがある．お遊戯など自分で見て真似るのはよいのであるがこうやって，ああやってとこと細かに指示されることは嫌で頑

注10) ダウン症：染色体異常で生じる発達障害の代表．人は通常22組の常染色体と2個の性染色体により，さまざまな個体特性を次世代に遺伝させている．このうち，大きい順に並べて21組目の染色体が普通は2個なのだが，3個あるという変異した状態．この影響が心臓，消化管などの奇形，顔立ち，知能障害等々心身のさまざまなところに生じる．

固にその場にしゃがんで動かず固まってしまう．先生が離れてしまうとまたお遊戯を続ける．教えられるのは嫌がるが，自由時間に時々補助の先生と踊っているうちにC子ちゃんなりの踊りができた．しっかり教えようと思うとかえって空回りしてしまい頑固な関わり方を身に付けてしまうので少し「流す」という感覚のほうがよいようである．先生が教えることに拒否を示してもクラスの子の言うことはわりと聞くということもある．クラスの友達の協力を得るのも有効である．先生がC子ちゃんに「向こうで待ってるね」と声かけし離れると，しばらくしてから皆のほうになんとなく参加していく．

頑として自分の主張を通す硬さもある．納得できない時自分からその場を離れてお気に入りの場所にこもることもある．C子ちゃんのお気に入りの場所は保健室で，保健室にある人形を相手にして聴診器を当てる真似や熱を測ってベッドに寝かす真似をしている．この保健室では保健室の先生がC子ちゃんが入ってきた時にその気持ちを自然に受け入れ相手をしてくれる．人形を相手に病気の手当てをする様子の観察力には驚くほどである．自分のペースで遊び，気持ちが落ち着くとまたスーッと皆の中に入っていく．ダウン症の子どもは大人が気長に対応するというのがこつである．

iii）「体調が良くないときが多いんです」

C子ちゃんは気温の変化などに体調をうまく調節できず，夏は熱がこもりがちで外の遊びを嫌がり部屋からなかなか出ない．早めに外に出て早めに部屋に戻り先生と本を見て皆を待つようにした．逆に冬は外遊びが大好きである．いつも鼻かぜ状態で鼻が垂れ目も涙目でうっとうしいようだ

がなかなか切り上げられない．週初めの月曜日はリズムが取りにくくとくに生理的な不快感に左右される．集団の中でうまく流れについていける時と外れやすい時とがある．不安定な時は生理的な体調のことも影響しているかもしれないと判断し，家族と連絡を取り合いながらいつもの保育より早めに切り上げるのもよい．また個別の遊びを多目に取るなどゆるやかな集団への参加を心がけるとリズムが戻りやすくなる．

iv）合併症がある場合

ダウン症の子どもの中には視力障害（近視，遠視，乱視），聴力障害，心臓疾患や頸椎の異常など合併症を持つ子どもも多い．心臓疾患では，過激な運動を避ける，頸椎の奇形がある場合では前転のような運動を控えるなど，活動に制限が必要な場合がある．両親を通じて，健康管理をしているかかりつけの医師からの指示をもらい，注意しながら保育をすることが大切である．

v）「わざといけないことをするんです」

対人的興味で模倣しながら上手に集団に参加するところと先生の顔色を瞬時に窺いながらわざと物を落としたり投げたり，友達を叩いたり髪の毛を引っ張ったりして自分の方に注目を引きたいといったマイナス行動のみられる時がある．一般にダウン症の子は発音がはっきりせず何を言っているか周囲にわかりにくいことや，見た目の愛想のよさに比べると気持ちの伝達は弱いところがあることを理解しておく必要がある．こういう気引きについては注意するだけでは解決しない．こじれることもしばしばである．本人の気持ちを受け止めてあげること，同じ気引きでも好ましい行動（お手伝いなど）に誘導できるかが鍵となる．

C子ちゃんのクラスでは，食後の歯磨きの時間に先生が子どもたちの前で歯磨きを実演しながら指導している．C子ちゃんは自分の椅子を先生の横に置いて皆の方を見ながら先生のつもりになって「上，上，下，下……」とやり始めた．誇らしげに楽しそうである．保育園でやる歯科検診や視力検査なども自閉症の子がスモールステップでやっと慣れていく過程と比べるとダウン症の子は社会的模倣は比較的楽に身につける．他の子も歯磨きの先生役を希望したので毎日順番で前に出てやることになった．クラスの中で出番を決め居場所を積極的に作ることがマイナスの関わりを減じることになる．気持ちが安定するとゆっくりながらクラスの様子をみて取り込んでいけるようになる．

D　D子ちゃん

**自閉症
軽度精神遅滞**

　保育園年少の時に言葉の遅れ，友達と関わりが取れない，自分の思い通りにならないと激しく泣いて手が付けられないと，医療機関を受診し自閉症と診断され，集団生活の中で個別的な対応が必要と加配対応が認められた子どもである．

i）「クラス活動に参加しないんです」

　D子ちゃんはクラスへの所属意識は当初から持てたようで，他のクラスには行かず，自分のクラスで過ごしているが，友達とは遊ばず集団の雑多な刺激を無視するかのようにマイペースに自分の思いのままに動いている．「孤立型」といわれる対人関係の取り方である．工作など個人作業のときの集中力は素晴らしいものがあるが，先生の指示に従って皆と同じ行動はできない．次の行動へ切り替えるのが苦手で，ひっくり返っては大泣きの繰り返しである．自分のやりたいことが阻止されたことへの怒りでもあり，次に何をするのかわからない不安も感じているのである．踊りの時間も，皆と一緒にはしないが，踊れないかというと，そうではなくひとりで壁に向かって踊るのは好きなのである．

　初めてのこと，予測できないことへの不安は自閉症の子どもたちは多かれ少なかれ持っているものである．こういう場合，スケジュール表などで視覚的に一日の流れ，その時間の流れを理解できるような配慮があると，参加の程度が明らかによくなる．D子ちゃんには，集団への参加を強要せず活動が終わるとスケジュール表（図2）のその活動の部分を裏返して次に進み，自分から立ち直って次の行動に移れた時に自然に受け入れた．参加はしなくてもまずはクラスの中にいることで，皆と時間と空間を共有することを目標にした．スケジュール表と毎日の繰り返しによって日課が予測できるようになり徐々参加してくるのを待った．

　またD子ちゃんは玄関前の音楽時計が気になり何度も見に行き，いつまでも離れられないなど，生活空間の中でみつけた興味対象にこだわり，皆と一緒の場から外れてしまうこともよくあった．無理に連れ戻すとパニックになり大騒ぎになる．こういう時にはこちらのペースを強要するのではなく，そのまま興味に付き合い，タイミングをみて次の興味に切り替えたり，「あと1回」と指を立てて切り上げの準備をした．この折り合いが自閉症児の場合とても大事である．時計へのこだわりは興味の広がりとともにいつの間にか軽

図2 スケジュール表の例

　クラスの部屋の一定の注目しやすい場所に，その日の活動の流れを時間を追って図示する．（文字と絵・必要な場合は写真）．1日の始めにスケジュール表を示しながら説明しておき，次の活動に移る時に，その部分を示す．「今何をやる時間か」をはっきりと意識化するためである．終わったスケジュール表を裏返していく方がわかりやすい場合もある．外遊びの切り上げは特に手こずりやすいが，小型の同様のカードを手持ちにして「給食です．お片づけしてお部屋に入ります」とタイミングよく次の予定の「きゅうしょく」のカードを示すのもよい手がかりとなる．

　登園後や給食前後，午睡前後など，日々決まった手順で流れることも，順序だてて図示しておくとわかりやすく，援助なしに自立して行動できることを助ける．

　たとえば，＜昼食後のながれ＞は，食器片付け→椅子片付け→はみがき→着替え　などとなる．それぞれの行動が一人で達成できない場合は，さらにより細かいステップ（行動）に分ける．たとえば＜着替え＞であれば，服を脱ぐ→たたむ→所定の位置に置く→パジャマを出す→パジャマを着る　などとなる．

　また製作の場合も，作業手順を事前に示せると，一つの操作に没頭しすぎず目的へ向けての行動がスムーズになる．目的へ向かう過程のどこを現在実行しているか，視覚的に把握しやすくなる．

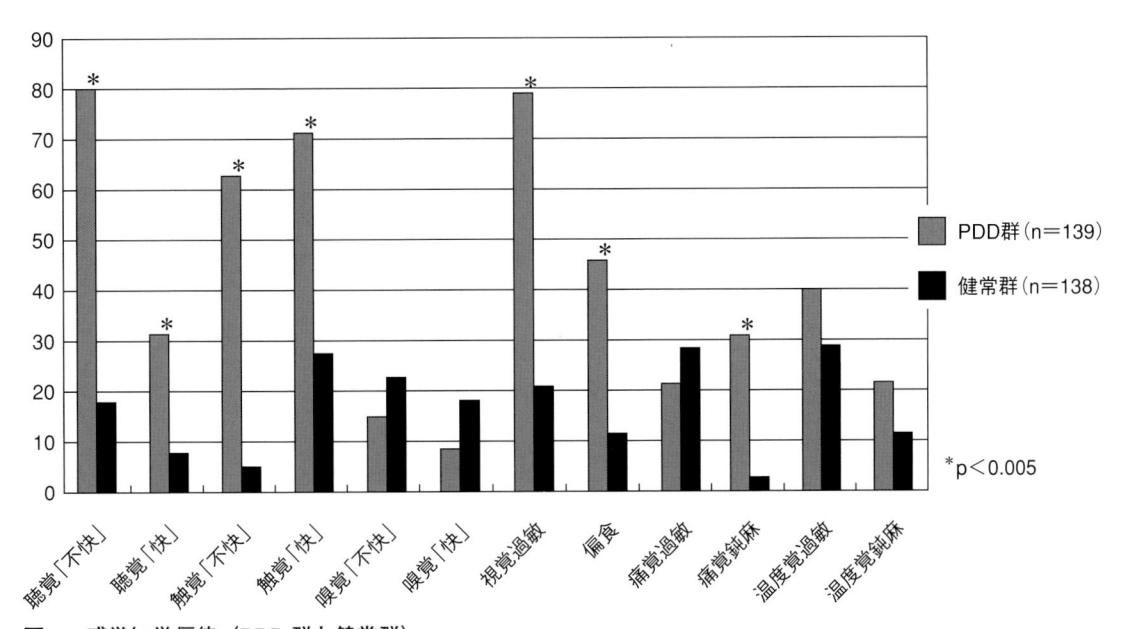

図3 感覚知覚偏倚（PDD群と健常群）
川崎葉子：広汎性発達障害の病態神経生理．臨床神経生理学，34(3・4)142-151，2006．

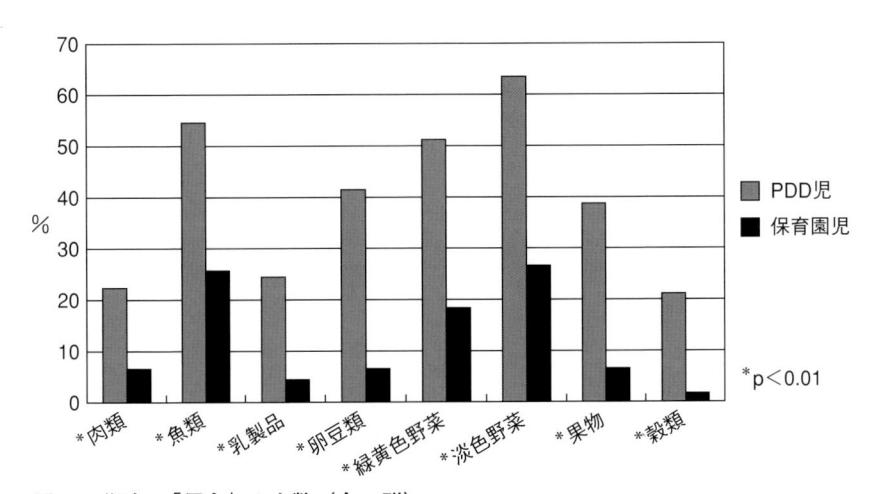

図4 群別の「偏食」の人数（全8群）
猪野民子：自閉症スペクトラム学会発表資料．「PDD児の偏食について」2005．

注11）感覚過敏：PDDにみられる特性の1つ．視覚・聴覚・触覚・味覚・嗅覚など五感が敏感なために，普通の人ではなんでもない感覚が不快刺激となり混乱してパニックになったり，自傷・他害的になることがある．あるいは反対に五感に鈍感さがある場合もある．

　たとえば明るい光や，掃除機・ミキサーなどの機械音，赤ちゃんの泣き声や，怒鳴り声・笑い声などが不快で混乱する．また友達と手つなぎを嫌がり，肌を触られたり頭を触られたりするのをとても嫌う場合もある．**図3, 4**は感覚への過敏さ，鈍感さに関して幼児期にあるPDD児と普通に発達している幼稚園児（定型発達児）とを比較したものである．これでみるように，PDD児は定型発達児に比べ，快につけ不快につけ聴覚，触覚などで過敏が強い．偏食も非常に多い．痛覚や嗅覚は逆に鈍である．痛覚が鈍感で中耳炎の発見が遅れ怪我をしていても訴えが無く手当てが遅れるなどの問題が生じることもあるので注意が必要である．

減していった．

ⅱ）「泣き声や叱る声をとても嫌がるんです」

気に入らない時の泣き声はびっくりするほど大きいD子ちゃんであるが，他児の大きな声や叱る時の強い調子には耳をふさいだり，さらに大きな声で泣いてパニックを起こすというように感覚過敏[注11]があった．統合保育では，刺激を排除するためにはその場から離すというやり方が一般的である．事務室や保健室など普段から避難場所を決めておきパニックの時は一番安心できる先生と興奮が治まるまで静かに待つ．クラスの中にも自分が一番安定していられる場所を用意しておく．D子ちゃんの場合は部屋の隅の，先生が作った牛乳パックの椅子を並べたコーナーが安全地帯である．なるべくなら部屋の外に行かないで，皆と共有できる場の中で安心していられることを目標にしたい．

ⅲ）「偏食[注12]がひどいんです」

偏食も感覚過敏の中のひとつであるが，自閉症の子によくみられる特徴のひとつでもある．D子ちゃんも白米だけ，ヨーグルトやチーズはメーカー指定，と食べられるものが限定されている．保育園では，冷めたご飯を拒否するD子ちゃんにご飯を温めたり，機嫌のいい時をみて「一口パックンしたら好きな食べ物をどうぞ」と根気のいる取り組みが続いた．また食欲の旺盛な子の隣に座らせ食べることで食事への関心を広げることも試みた．過敏故に生じる不快感情は簡単に治ることではないが，先生との安心できる関係の中で「なめる」，というほんのわずかなトライから少しずつ苦手な食べ物を口に運ぶようになった．感覚過敏は年齢があがると，徐々に軽減していく．あせらずに付き合うつもりですすめるとよい．

ⅳ）「トイレに行かないんです」

クラスの中で居場所もできてきたが，D子ちゃんは保育園のトイレに入れない．家では昼間のオムツは取れている．トイレの間隔は2時間くらい空いているので保育園でもオムツを外す準備はできている．様子をみていると水の音や臭いなど感覚過敏による不快感があるようである．また，自分の好きな世界で遊んでいる時にそのことが止められてしまうことへの拒否もあるようだ．回数多くトイレへ誘導するのは止めて，好きな外遊びへ出る前にやや強く誘導することにした．トイレへ行けば好きな遊びが約束されているとわかると少しずつ成功することができた．また他の子どもがトイレにいない時を選び，先生と二人だけでトイレへ行き，他児の水を流す音が聞こえないように注意した．ズボンを脱ぐのが嫌でトイレに行かない子もいる．そういう時は，その子の順番へのこだわりを利用して「1番ズボン，2番パンツ」と声かけしながら脱がし，「3番トイレ」と順番をはっきり言うことにより，脱ぐことへの抵抗が少なくなり成功することもある．

トイレや偏食など感覚のこだわりに絡む問題については，わがままとか，努力が足りないとかいうことではなく，生理的に受け付けない状況であ

注12）偏食についての調査から（2005）（図3）
　　PDD児と定型発達児との偏食について食品46品目を8群に分けその出現頻度を調べたもので，その結果，PDD児は定型発達の保育園児に比べ偏食が高頻度でみられた．経験的にはPDD児は野菜嫌いが目だつが，偏食は限られた食品群だけではなく広くいろいろな食品でみられた．

ることを先生方は理解していく必要がある．また現時点ではトイレ誘導は無理せずオムツ使用と割り切ることが必要な場合もある．発達障害の子どもたちは，他にもいろいろ学んでほしいことがある．全体の発達をみて何を最優先の課題とするかを決め，他の課題は後回しにするという思い切りも時には必要となる．

v)「お昼寝をしない[注13]んです」

D子ちゃんは保育園でお昼寝ができなかった．生活を共にする保育園では，午睡は健康面でも精神面でも大切である．D子ちゃんの場合も眠れないため集団生活の疲れでいっそう気分の差が目立ち，激しい泣きがみられることがしばしばである．

まずは，眠ることを求めず別室で担当の先生と絵本を見たりして「走り回らない，騒がない」ように静かに過ごすことを目標にした．クラスの子どもたちの寝ている所をみせ，寝る時間であることの意識づけはした．保育園によって午睡時にパジャマ着用のところと着替えだけして寝るところとがあるがこの園では着替えだけである．D子ちゃんは「寝る時はパジャマ」というこだわりがあったことも昼寝をしない背景にあった．家から持参したパジャマに着替えたら以後横になるようになり，最終的には時間はかかったが，昼寝ができるようになった．

vi)「行事が苦手なんです」

D子ちゃんは遠足や運動会といったいつもと違う状況は苦手である．年少の時は担任・保護者の話し合いをもとに遠足は不参加にした．大きい集団でいつもと違う場所に電車で行くという変化を受け入れられないからである．刺激と興奮に包まれた遠足は見通す力の弱いD子ちゃんには混乱が大きすぎると判断したためである．また電車の移動にも慣れていないこともあった．年中時はもう少し参加度を増やし，保護者と昼食後解散，と部分参加でみんなと同じ体験が少しできるように配慮した．

運動会も同様に年少の時はジャングルジムで一人プログラムに関係なく高見の見物であった．年中では自分の出番のうち1種目参加，年長になって友達の協力も得てほぼ全部参加という体験を重ねることができた．拒否の強い音楽やピストル音は進行状況を予告することで「ピストルバン！」と自分からも言えることで落ち着た．子どもによっては，ピストル音への過敏のために競技に参加できない場合がある．そうした時はピストルの代わりに保育士の「ヨーイドン」の合図で参加できるようになるということもある．日々の保育の流れと異なる行事は卒園までの長いスパンで積重ねていくという考え方も大事である．要は他の子どもと出来栄えを比べるのではなく，いつもと違う流れを自分の中に取り込んで不快なことと折り合いをつけたと評価してあげることが大切であ

注13）睡眠障害：寝つきが悪い（入眠障害），夜中に起きる（持続障害），突然起きて興奮する（夜驚症），朝早く起きてしまうなどで，PDDの子どもでは高機能の子どもで43%，低機能の子どもでは62%と2/3近くの子どもたちが睡眠の問題を過去に持っていた，現在持っている，というのが我々251名のPDDの子どもたちの調査ででてきている．なかには薬物療法を受けている子どももいる．一律に昼寝をさせると，夜の睡眠が上手くとれない場合もあり．短時間でも夕寝をしてしまうと夜に眠れなくなる場合もあり，園もこの知識を持ちながら，それぞれの子どもでの特徴を保護者と情報交換して園生活の工夫をする必要がある．

る．しかし行事は他の家族の目に参加できない我が子がさらされることでもある．保育園側の先生の考えを押し付けるのではなく親とどこまで参加させるか保護者との話し合いを丁寧にしたいものである．

vii）「話が伝わらないんです」

言葉で何度も伝えるより絵を見せながら話すほうがわかりやすいことが多くある．自閉症では視覚的な情報を処理する力に比べると耳から入る聴覚的情報の処理能力が低いことが通常である．子どもの得意な情報処理方法をコミュニケーションに使うほうが有効である．言葉でコミュニケーションをとるとD子ちゃんの場合オウム返しで先生の言葉がそのまま返ってくる[注14]ことがほとんどで，内容を理解していないことが窺われた．言葉は短く，なるべく写真，絵や例示（モデルをみせる）で伝えていった．順番がわからなくて混乱する時には「～ちゃんの次」と固有名詞をいれてどうすればいいかわかりやすいようにした．自分がやりたいことをすぐに実行できないと大騒ぎ

だったD子ちゃんであったが，今は友達から「D子ちゃん，ここ」と言われると順番を待つことも交代することもできるようになっている．対人関係も「孤立型」から，知っている友達から声を掛けられれば受け入れる関係，「受動型」[注15]へと育ってきた．

E　E君

高機能[注16] 広汎性発達障害[注17]（以下PDD）

E君は1歳半健診で言葉の遅れ，視線が合わない，関わりのとりにくさで問題に気づかれ，健診後の親子グループ，通園療育を経て保育園に加配対応で年中から入園した．

入園当所は自閉症の特徴が目立ち，回避的で自分の世界へ没頭しながらどうにか集団にいられる「孤立型」[注17]であった．先生に好きな絵本を何度も読んでもらううちに記憶力の良いE君は，

注14）反響言語：言葉を相手の言ったとおりに反復して言う現象．即時反響言語と遅延反響言語があり，即時というのは，会話の中で直ちに反響して言葉がでてくるもの．遅延というのは，テレビのコマーシャルなどを時間が経過してからいうもの．

注15）「孤立型」「受動型」「積極奇異型」：広汎性発達障害における対人様式の在り方を分類したもので，他人との関わりを拒否しているようにみえるのが「孤立」，他人に関わられると応じるが，自分からは関わらないというのが「受動型」，積極的に他人と関わるが，そのやり方が一般常識とずれているのが「積極奇異型」である．広汎性発達障害の子どもたちは，幼児期早期は「孤立型」であることが多く，年長，学齢になると「受動型」や「積極奇異型」に移行し，さらに年を長じると「受動型」になるというように，ひとりの例でも発達段階や年齢によって対人関係の在り方は変遷していくことが普通である．

注16）「高機能」：広汎性発達障害のうち，知的に遅れのない例，つまり，IQがおよそ70を上まわる例を高機能と呼んでいる．これと対比して知的障害のある例は「低機能」となる．

注17）広汎性発達障害（Pervasive Developmental Disorders = PDD）：発達障害の代表格．かつて自閉症と診断されていた対人関係に落ち込みのある例の総称．今は典型例だけではなく，概念が広がり，広く傾向のある例を取り込んで診断するという方向で世界が動いているので，有病率がぐっと押し上がっている．WHO（世界保健機構）やアメリカ精神医学会が診断基準を設けている．専門家によっては「自閉症スペクトラム」と呼ぶこともある．①社会性（対人関係）につまずきがある，②コミュニケーション機能に落ち込みがある，③生活，活動様式が限局して常同的である（こだわり），この中には細かな分類がされている．

絵本やアニメの好きなキャラクターの台詞を覚え、似たような現実場面でその台詞を使うことが増えてきた．クラスの仲間と同じキャラクターの世界にデビューしたことで、言葉は急激に伸び少しずつやり取りが増えてきた．さらに、文字にも興味を持ち始め、字が読めるようになると、過敏さを持ちながらも楽しめる対象が増えたことでクラスにいることが容易になった．興味あることや同じ趣味を持っている子となら遊びや話に加わることができるようになり、友達関係も少しずつ広がりがみえてきた．それと同時に言葉の理解が伸びたことで周囲の状況や意味がわかりやすくなり安定して落ち着きが出てきた．

ⅰ）「じゃんけんやゲームを嫌がるんです」

E君は集団遊びにも参加できることが増えたのであるが、1番とか勝つことへのこだわりがみられるようになりトラブルになることが出てきた．順番決めのためのじゃんけんでも、負けるといじけて抜けてしまう．じゃんけんに固執して、何をやるのか全体がわからず意味がつかめないのである．ゲームに参加する前に拒否することは遊びの間口を狭めてしまうものである．

そこで、あらかじめ順番のためにじゃんけんをすることを説明し、じゃんけんではなくくじ引きやあみだくじにする方法もあることを伝え、クラスから抜けないようにした．同時にゲームは勝ったり負けたりするものだということを教えていく必要がある．地団駄踏んで抵抗を示す時には収まるまで介入せず無視することも一つの方法である．そしてその場に戻ってきた時に、悔しさを乗り越え自分の気持ちが調整できたことを認め、さりげなく参加させる．無視（関わらずにいること）は、本人が自分で立ち直り、皆の中に戻りたいという気持ちを待つ時に限定する．また勝敗にこだわらないで皆で参加できるような遊びも提案して、一緒に遊ぶ楽しさを体験できるように配慮することも必要である．E君は少しずつであるが、ゲームに参加できるようになっている．

ⅱ）「興味がとても狭いんです」

数字の好きなE君は、室内にあるカレンダーに目がいってしまい先生の話が耳に入らない．これはシングルフォーカス[注18]といわれ、その時大切なことに注意が向けられない状態である．こういう時は必要なことに注意が向くように個別に声をかける．

表1　F84 広汎性発達障害（PDD）の分類

F84.0 自閉症
F84.1 非定型自閉症
F84.2 レット症候群
F84.3 他の小児崩壊性障害
F84.4 精神遅滞および常同運動に関連した過動性障害
F84.5 アスペルガー症候群
F84.8 他の広汎性発達障害
F84.9 広汎性発達障害，特定不能のもの

表2　PDDにしばしばみられる症状

感覚知覚の問題：	過敏と鈍感，偏食が多い，情報入力が視覚＞聴覚
	学習障害（LD），学習困難，シングルフォーカス
情緒面：	情動コントロールが不良でパニックがおこりやすい，＊フラッシュバックがおこりやすい，
行動面：	多動性障害，運動能力障害（不器用）
生活面：	睡眠障害をきたしやすい，
その他：	てんかん性脳波異常が多く、またてんかんが発症しやすい

PDDには、診断基準にある3つの特徴に加えて表のような症状がしばしばみられる．

一つのことに没頭するというこだわりは，マイナス面だけではなく，反面，狭いが深い関心で他児を圧倒するような知識の習得というプラスの面もある．「電車博士」であったり「国名博士」であったり，友達から羨望の目で，一目置かれることもしばしばである．ただ，クラスの中で知識を披露する時は，場所と時間を考えて一方的に喋ることのないように指導することも必要である．

ⅲ）「不器用なんです」

　PDDの中には，不器用さの目立つ子がいる．ゲームに参加できない理由に，勝ち負けにこだわる子もいるが，もう一つの理由として，上手に身体を使えずテンポがずれてしまい達成感が味わえないことがある．

　手先の不器用さ（箸が使えない，折り紙が折れない，ハサミが使えない，鉛筆がしっかり握れないなど）は，日常生活の中や集団では大事なスキルであるが，人と比べ「下手」なことがわかりやすい能力だけに自己評価を下げることにもなりかねない．

　気持ちはやりたくてもできない不器用さを察してあげるとよい．本人が好きなこと・興味あることをテーマにして描いたり・切ったりすることから始めるとうまくいくことがある．好きな「電車」なら苦手なことであっても「やってみようかな」と描くきっかけになるかもしれない．「描けた」という自信が次の行動のモチベーションを高めることになる．一つのことに集中するE君は，しばらくの間は描くものは電車だけであったが，形や色使いに工夫がみえ，卒園頃には動物などリアルに描いて先生を驚かせた．

ⅳ）「人の話を聞かないで勝手に喋るんです」

　記憶力の良いE君は言葉が増え知識も広がった結果，自分の興味あることを一方的に話す傾向がでてきた．場を読むことが苦手で，今は話してはいけない時とわからず，相手の気持ちには無頓着に自分が話したいことを喋っている（「心の理論」[注19]の障害）．今やるべきことに気持ちを切り替えたり，友達が興味ないようだったら「〜君は違うお話がしたいみたいよ」と相手には興味がないことに気づかせ黙るよう伝える．E君には，相手が話している時は，絵カードで具体的に「口チャックの絵（＝話してはいけない）」を提示することにした．

　一方的に喋ってしまうのは，先生の話がわからないことが背景にあることもある．知識があるので何でも知っているようにみえるが，意外と簡単なことを知らなかったり想像力が弱いためにわからない時もある．内容が難しすぎないか検討することも大切である．

注18）シングル・フォーカス：自閉症圏の子どもの特徴の一つとされる．一つのことに焦点が当たると他のことが何も見えなくなってしまう，同時に二つ以上の事柄を意識内に収めることができないこと．
注19）心の理論 Theory of Mind（ToM）：バロン・コーエンらの提唱したPDDの特性を説明する理論で「アンとサリーの課題」が代表的．相手の心の中を推察する，他者が自分とは異なる意識を持つと考えることができる能力のこと．他者の考えが読めるようになるのは定型発達の幼児は4歳くらいといわれるのに対し自閉症圏の子どもは精神発達年齢が9～10歳になってやっと正解する．しかし最近では高機能の自閉症圏の子どもの場合，定型発達の子どもとは脳の異なる部位を使い違う方略で他者の考えを読むといわれている．すなわち定型発達の子どもが無意識に直感的に他者の心の状態を読むのに比べ論理的な情報処理の過程を経て心の状態をわかるともいわれている．実際に医療現場では高機能の子どもの場合，幼児期に心の理論の課題に通過するケースが増えている．

v）「ふざけて手に負えないんです」

高機能の子どもたちでは対人関係が「受動型」から「積極奇異型」に移行し，友達の中で一緒に遊びたい・関わりたいという思いが強い一方で，コミュニケーションの取り方がわからずマイナス行動にでてしまうことが時にある．その一つにふざけ・受けねらいがある．自分への注目を求めて，E君も駄洒落を飛ばしたり汚い言葉を言っている．また時には緊張感のため，あるいは理解できない状況のために，自分のペースに周囲を巻き込みたくて回避的にふざけを使っていることもある．通常の場合は一過性のものでだんだん場をわきまえていくのであるが，E君はしつこく相手が反応するまで繰り返しワンパターンに言うので，他の子どもたちが避けてしまう．E君には，この間と同じ楽しいことを言ってるのにどうして友達が嫌がるか理解できない．ここにも相手の気持ちがわかりにくいE君の特徴がある．友達が困っていることを伝えつつ，E君の関わりを求める気持ちは受け止め，具体的に場面ごとの友達への声の掛け方を教えていった．

またE君に同調してふざける子がいる場合もある．その子も，関わり・注目を求めてやや無差別的に模倣しているのかもしれない．クラス全体が崩れないよう，叱るところは少なくし，クラスの子ども一人一人に目を配り「先生は見ているよ！」という気持ちを伝えることが大切である．朝の集まりの時などに「わたしの宝物」「好きな本」など皆に見せたい，知らせたいことを発表し，全員が主人公になる時間を積極的に用意することもよい．一人一人が大事にされる時間を持つことでE君もその雰囲気に吸収されるように落ち着いてきた．

どの子も幼児期に自分が大事にされた経験が自己肯定感を育てる．とくに発達障害の子どもは，自己肯定感をもてないまま学童期に進むと，「相手が悪い」と他罰的になったり，または逆に自分はダメだと自己否定的になって新しいことへの挑戦意欲が育ちにくくなることがあるので注意が必要である．

F F君

ADHD[注20]を伴うPDD

高機能広汎性発達障害の子どもの中に関わりを求めるがうまく関われない子，自分の思うように相手が行動しないと瞬間的に手が出たり，暴言を吐いたりと集団生活の中で適応が難しいタイプの子どもがいる（積極奇異型の対人関係）．

F君は年少で幼稚園に入園後，友達に手を出して危険で目が離せないと園から退園をうながされ，年中で障害のある子どもも受け入れている幼稚園に転園，市の教育相談所から医療機関へ紹介のあった子どもである．前掲のE君のようなPDD児の特徴もありさらに強い衝動性を抱えているため，年長になった時に薬物療法を取り入れた．初対面でも緊張や距離感は無く，自分中心の話題であるが自分から話しかけ，嫌なことがなく安心できる場面では会話が弾み，あまりこだわり

注20) 注意欠陥多動性障害ADHD(attention deficit hyperactivity disorder)：いわゆる多動児のこと．これはアメリカの精神医学会が作成した精神障害の診断と統計の手引きの中の「通常，幼児期，小児期または青年期に初めて診断される障害」に分類されている．ADHDと診断する基準は，①不注意，②多動，③衝動が認められること，である．ちなみに世界保健機構（WHO）の診断基準ICD-10ではADHDは多動性障害という名前でF19に分類されている．

やコミュニケーションのまずさは感じられない.

i)「すぐ怒って手がでるんです」

F君は個別的に話している時と集団の中では様子が異なる．相手の話を聞かないで自分の思い先行で話し，自分流に人の話しを解釈してしまい，自分の思いと違う時には形相を変えて怒り，手を出してしまう爆発タイプの子どもである．また切り上げに時間がかかるところがあり，反面相手が遅かったりすると容赦せず非難するところがある．

転園後の幼稚園では，大人しい情緒的にも安定し成熟度の高いグループの中にいれ，何をやるべきかその場の望ましい行動が何かを見てわかるようにした．周囲の子が安定し自分の思いを上手に吸収してくれる友達だと，F君の明るい気性が場を盛り上げ，怒りや自己中心的な行動は目立たなくなる．自己抑制も可能で「いいよ」と友達に順番を譲ったり，その場の流れに添って行動できる．

しかし興味の幅が狭い子や同じような衝動性を抱えている子が近くにいると，嫌がるようなことをわざとやって刺激し，相手の子の怒りを引き出してバトルになることがある．普段は「ごめんね」と素直に誤ることができても，こういう時は特定の相手をしつこく責め続け，退くことができなくなる．これはちょっとしたきっかけで繰り返され，まさに「天敵」状態の関係になって，何でも「……君が悪い」，「……君のせい」と他罰的な誤った信念を持ってしまうことがある．一度情緒が不安定になると知識や言葉が巧みなわりに周りで何が起こっているかみえなくなる．

小さいときからわがままとか躾の問題として周囲から親が非難され，親もつい厳しい躾をしてしまい，叱られる経験の多いF君は，もともとのアンバランスな能力に加え関わり方のマイナス体験を二次的に加えられている．

トラブルのあった子どもとは席を離し，グループを同じにしないなど視覚的に目に入りにくいよう空間を分けることは手っ取り早い一つの解決方法である．

しかし大切なのは自分の気持ちに気づき相手の思いを受け入れていくことである．それにはバトルの最中ではなく，落ち着かせてから言葉で言えるよう待ってあげることがとても大切である．友達のどんなところに怒ってそれをどんな風に感じて，暴言を吐いたり殴ったり手を出して嫌がることをしてしまうのか，喧嘩の仲裁だけでなく，また正論を押し付けるのではなく，まずは本人が感じていることを理解することが必要である．どうしたらよかったかの話し合いは，その後である．

ii)「家族からの体罰があるんです」

F君には場の読み取りにくさがあり，言葉の理解力も，知識的な能力はあっても全体を読み取る力が足りず，解釈も微妙にずれてしまう発達障害の特性がある．その結果，自分では我慢したり頑張っているのに評価されることが少なく，不安定な自己感が露出するのかもしれない．頑張っている自分ではなく我慢していた自分が出てしまう．

こういった怒りや衝動性は，家族の影響を受けていることもある．父や母，祖父母などの身近な人が性格的に激しい人や気分が不安定な傾向がある場合は，そういった大人たちの怒り方や気分のムラを敏感に感じとっている．身近な人が強い権力で子どもの思いを封じ込めている場合，感情を吐露する場や機会を持たずに成長する．無関係なお喋りは達者でも自分の気持ちを受け止めてもらえた体験は少なく，自分が危機的状況に立ったときに少し何か言われただけでも余裕がなくなって

しまい，衝動的な行動に出てしまうときがある．F君の場合も，家族は次から次へと出てくるトラブルに，厳しく躾けることで解決しようとし体罰もあった．ところが，それは必ずしも躾として成功していない．力で押さえ込まれているという無念さが残るだけであった．

衝動性や多動などエネルギーの高い子どもの場合，感情を上手に出す体験が少ないまま大きくなると，何ヵ月も前の嫌な出来事が思い出され突然手をあげたり，また違う相手でもたまたまそこにいた子どもを殴ったりしてしまうことがある（フラッシュバック[注21]）．なるべく不快な体験が固着しないよう大人が話しを聞き，気持ちを受けとめることが大切である．

衝動性の高い子の場合，心理・教育的対応をしても状況が変わらないときは薬物療法が有効な場合もあり医療機関につなぐことを考える．F君は多動，衝動に対する薬物療法を開始してから，ぐんと行動調整力がつき集団適応がよくなった．家族も行動コントロールのよくなったE君に対して，体罰など厳しい躾をしなくてすむようになった．

iii）「吃音やチックがあります」

コミュニケーションの不良さに加えて，内的エネルギーが高い場合や日常生活の中で緊張が続くと，言葉の語頭で詰まったり，音の繰り返しなど吃音が出ることがある．生活の中でとくに負荷がかかっていることがないか見直し，意識的に生活全体をスローテンポにしてゆっくり話すと治まってくることがある．家族や先生は注意せずに待つ態度が大切である．チックも緊張やストレスのかかる場で出やすいものであるが，吃音の時と同じ対応が必要である．

G　G君

場面かん黙，高機能PDD

2, 3歳の頃，家族の中では元気でお喋りや笑顔もあるのだが，他所や家族以外の人のなかでは固く緊張し，母親にしがみつくばかりで遊べないことが，母親は気になっていた．年中から幼稚園に入ったが，しばらくして登園しぶりが始まった．毎朝腹痛があるようになり休むことが増えてきた．医療機関を受診し軽度ではあるが，高機能PDDの特性があることが確認された．医療機関では年長児の小グループ療育に参加し，特性に配慮しつつ成長を見守っている．

i）「登園を嫌がります」

登園しぶりは定型発達の子どもにもみられることであるが，G君のように，社会性やコミュニケーションの弱さを抱えていると，慣れている相手では安心できても，大勢の子どもたちがいる集団の場はいつ何が起きるか見通しもなく，周囲で起きていることの意味もわかりにくく，自分から人に関わる力もなく，孤立無援で放り出されてい

注21）フラッシュバック：自閉症圏の子どもが突然過去の記憶を思い出してその出来事がつい先ほど起きたかのように振舞うこと．周囲が過去のこととして忘れていた過去に起因する事実であるため理解されにくい．他人と共通の時間軸の中で体験される出来事が，自閉症圏の子どもは自分だけの孤立した時間軸の中で体験されているために，ある状況が偶然に過去の状況と重なりあった時に再現性を持つことがある．その内容は，快のものより不快のものが多い．言葉を持たない自閉症の子の突然の精神運動興奮は，フラッシュバックが背景にある可能性もある．

るという強い不安感をもつ．それを背景に，登園しぶりが頑固に続く場合がある．G君の母親は，小さい頃からいつもそばに一緒にいて，G君が家族以外の大人や子どもと出会う時つなぎ役をしていた．そのため，頼りとなる母親がそばにいないこともさらに不安を強めていた．それでも知的な力で，皆の動きに合わせようと必死に努力し，表面的には問題ないようにみえる時期もあったが，表情は固く話すこともまったくなく不自然な様子であった．無理をしてその場に合わせている過剰適応の状態であった．家に帰ると，大好きなブロックや虫の絵を描くことに没頭していた．苦手な人間関係がなく，自分ひとりで思うように楽しめる家は安全で居心地良く，幼稚園はますます不安な緊張する場となった．

　園では，母親に代わる大人の存在をG君が感じられるように，フリーの先生がG君の様子を見守り何か困っているような時は声をかけ思いを受け止め，「どうする？」など相談相手になっていくことにした．たとえば皆の前で説明することや，わかりにくい激しいゲームなどは，やりたくなければ見て聴いているだけでもよいこと，お友達からの関わりに戸惑っている時は，G君はどうしたいのかなど思いを伝えやすいよう先生は待機していた．一方ちょっとした時に，G君の大好きな虫やブロックのことでのやりとりを心がけ，G君が自分の世界を先生に伝えてくることを待った．次第にG君は自分から先生に虫についての知識を嬉しそうに披露するようになった．知識はかなりなもので，そばにいた子どもが感心し話に加わってきたりした．得意なものによって子どもたちの中にG君の居場所ができてきた．

　緊張が強い子どもの場合，あまりに大人が問い詰めたり，「……すればいい」，「……しなさい」と強力に指導すると，かえって緊張を強め苦しくさせてしまう．できるだけ子どものペースに添い，ゆったりと子どもからの表現を待つムードが大切である．

　幼い妹や弟と母親を取り合う気持ちがあると，分離不安が強く家に母親と妹弟を残し一人登園することができないこともある．そうした場合は，下の子を預けられる状況が許せば母親と一緒に園の活動に参加するなど親子の様子をみながら段階を追ってすすめていくこともある．

ⅱ）「言いたいことを言えません」

　子どもたちと一緒に過ごすことが増えるとさまざまな思いを体験することになる．穏やかな雰囲気のグループで食べるお弁当の時間など，皆のように活発にお喋りを交わすことはないが，皆のお喋りを楽しみ一緒に笑ったり，同じ方向を振り向いたり，同じ動きを楽しむなど以前の形だけ模倣する不自然さではなく，自然体で交流を楽しむようになった．一方，隣の子がふざけてちょっかいを出すことがエスカレートして嫌でも訴えられず，ただ全身を緊張させて耐えていることなど，不快な状況に自分の力で対処する力は弱いものであった．自発的な表現を見守りつつ，必要な場面で言いたいことを相手に表現できるようサポートしていくうちに，指示されたものに手が届かない時，遠くの先生を見つけて自分から短く小声ではあるがきちんと訴えるようになった．友達に対しても「やめて」と訴え，話し合いの時も，G君なりに小声でぼそぼそと話すようになった．けれど呼びかけなどで相手の注意を引くことが下手で，せっかくの表現も相手に届かないことがよくみられた．そういう時は，相手の子に気づかせ，G君にもう一回言ってみるように促す．自発的な表現や行動に先生はしっかりと応え，（やってよかった！），（言ってよかった！）と感じられる体験と

なるように心がける．母親にもG君を心配し不安を強めるのではなく，小さなことでも自分でできていることや心配だったけど大丈夫だったことに注目してもらうようにした．

園では新しい場面でまだまだ緊張が強いが，安心できる先生や友だちに自分の気持を伝えることが増えている．クラスの友だちの中で得意なリレーやボール遊びで活躍し自信を深めてきている．

H H君

ADHD

0歳から保育園で育っているH君は1,2歳クラスでも衝動的な動きが多く，感情の爆発も目立ち，先生たちが心配していた．クラスのメンバーが自己調整力をつけてくる年中クラスになると，さらにその傾向が目立つようになった．落ち着いて座っていられない，先生の話の途中で大声で喋ってしまう，力のコントロールが悪く相手を泣かせたり怒らせてしまう，ちょっと注意されるとすねて暴れるなど，先生が手を焼くことが頻発した．加配対応はないが，必要な時は園内の協力で対応している．母親とH君の特性を理解し合い，年長になってから地域の相談機関も時折利用しながら成長を見守っている．

i)「いじけやすく，キレやすいんです」

今何をしているか周囲の状況などに思いをめぐらす暇もなく，ちょっとした刺激ですぐ動いてしまう時，周りからは「だめ」，「何してるの」，「ちゃんとしなさい」といった禁止や非難叱責を浴びる．悪気はないのに力の加減が不器用で，大きなエネルギーがあるため，押したり，ぶつかったり壊したりという結果になる．「何もしてないのにH君が叩いた」と言いつけられたり，怒った相手から攻撃を受けたりする．自分が言ったりやったりすることが周囲から受け入れられず嫌がられることが続くと，次第に自己評価が下がり，自信がもてず自分に対する不安を抱くようになる．H君も時々「どうせ僕だめなんだ」とつぶやいていた．衝動性は，情緒不安定になると増強するので，ちょっとした注意や制止にも耐えられずいじけて場からはずれるか，キレて攻撃することの悪循環が始まる．

感情が荒立っているときはまず落ち着かせる．ゆっくりやりとりできるように皆から離れ静かな場所が必要なこともある．落ち着いてきたらどうしたかったのかを問いかけ，その子の言葉の力によっては援助しながら感じていることを汲み取るようにした．注意する時は他児のいない所で伝えプライドを傷つけないように配慮した．H君は次第に自分の感じていることをすぐ行動化しないで先生に訴えたり，初めての体験のとき「ドキドキしちゃう」と気持ちの揺れを言葉にするようになった．

ii)「気が散りやすく，動きまわるんです」

目の前のちょっとした刺激に次々注意が動く（注意転導）や多動から，周囲の状況がわかっていないことが多いため，（今先生が話しをしている），（……君はH君を手伝おうとしていた）など気づいていないことを伝える必要がある．言葉でくどくど説明してもかえって混乱することがあるので，気づいていない部分を簡潔に伝えるようにする．不注意で友達のものを壊してしまった

ら，謝って直してみるなど，「こうすればよい」という具体的な行動を示す．その場で実行してもいいし，次のチャンスに「やってみよう！」と未来につなげてみることもある．自分がしてしまったことをうまく処理できるように援助し，たとえ失敗しても修復できる体験を重ね，大丈夫という感覚を育てていった．

　うっかり聞き落としが予想されるときは，事前に「3つのことを言うよ」と意識づけたり，強い刺激にすぐ反応してしまう（衝動性）ことが予想できる時は「今は……する時，最後まで仕上げる」と伝えておく．やってしまった後からその行動を注意し失敗感を残すのではなく，事前に大切なこと望ましい行動を伝え，たとえ短くても少しでも達成できたら必ずしっかりと誉め，応えてくれた嬉しさを伝えることを心がけた．自分をコントロールする力があることや相手を喜ばせることができることを体験すると，自分の良いところを実感し自信をもっていく．H君は自分に余裕がうまれると些細なことでうろたえたりキレたりが減っていった．

ⅲ）「これだけは守ってほしいんです」

　「ちゃんと座って！」，「すぐ前に出ないで！」，「気を散らさず着替えて！」，「片づけをすぐちゃんとして！」，「すぐ椅子を投げないで！」などなど，H君に身につけて欲しいことは挙げれば数え切れないほどである．しかし，これだけは身につけてほしい事柄，本人や周囲がこのことでかなり楽になるだろうと思われることを一つ，多くて三つについて，落ち着いた時間にH君と話し合いターゲットを絞り込んだ．H君と相談しながら「困った時，嫌な時は先生に言う（椅子を投げない）」，「布団敷きを手伝う（上を走り回らない）」，「先生が話す時は自分の場所に座っている」と約束を決め，約束ごとはわかりやすく絵や文字にして意識づけした．約束を忘れそうな時はさりげなくサインを送り気づかせ，言葉やご褒美シールで努力を認めていった．ほめるのは意識的に他児のいる所で行ない自信を持たせるようにした．先生も，他の子には何でもないことがH君にはかなりの努力が必要だ，ということをいつも心に留めておいた．

　年中クラスの時の遠足で，帰りに大荒れし先生を手こずらせたことを覚えていたのか，年長の遠足の前の絵に，H君は公園で迷子になり泣いている子を描いた．（今度の遠足はどうなるか）とH君なりに不安があった様子であった．心配したが，年長の遠足は崩れることなく最後まで参加し，後に「うさぎ（年中）の時は泣いたけど今度は泣かなかった」と先生に話した．H君なりに一人泣き喚く自分に（またダメだった），（またやってしまった）と感じ，先生が手こずる時にはH君もそんな自分にがっかりしていたのだと思われる．だからうまく達成できた時，H君自身がなにより成長を感じるのであろう．また年長クラスでは男性の先生が担任となり，「H君ならできる」と信頼し積極的に役割を頼み，H君もそれに応えていく関係が一層成長を支えた．

Ⅰ　I君

虐待要因を抱える環境で育つ子

　I君は配偶者間の暴力が原因で両親が離婚した後，年少の途中で保育園に入園した．父親に育てられているが日常の世話は十分受けられず登園してこないこともあった．登園してもなかなか切り替えが悪く活動の流れにのれなかったり，意に添

わないと突然パニックになり，「やだ」，「何もかもやだ」と自暴自棄になることがあった．

ⅰ）「生活が乱れているんです」

まずは毎日登園できるように「遅れても待っているから」と父親に働きかけた．清潔面など十分行き届いていない時は，シャワーなどの世話をしながら，I君が気持ちよく毎日変わらずに安心して過ごせるように個別的に配慮し，クラス担任だけではなく園全体で必要な役割を分担し関わった．

ⅱ）「情緒が不安定なんです」

DVにさらされていたり，ネグレクトなどいわゆる虐待要因を抱える家族の中で育っている子どもは，幼い子どもが育つのに必要な安全で安心できる環境がなく，常に緊張し脅かされ続けているため，落ち着きがなくちょっとしたことで感情が大きく揺れる．守られている安心感の中で穏やかな人とのやりとりを体験できずに育っていると，人との関係も不安定なものとなり，相手に媚びたり妙に従順だったりする半面，自分を受け入れてくれそうな人には慣れなれしく一方的に関わったり，乱暴ですぐに叩いたり蹴ったり攻撃的威嚇的な面をみせたりする．まず生活の大きな枠や安全面で必要なこと以外は強要しないで，できるだけI君の動きに添っていくようにした．受容的な先生との関係の中で，次第に素直に甘えたり，援助を求めるようになった．さらに皆と一緒に過ごしたいという気持ちから，クラスの枠への気づきとそれを自分も取り入れようと努力する様子がみられるようになった．

それでも，ちょっとした刺激につられやすく，また怒りの抑制が弱いため，求められていることがいつまでもできなかったり，些細な言葉に怒っ て反撃することは続いた．その都度今大切なことは何かを気づかせ，トラブルの時は「何を言いたいのかな？」，「どうしたいのかな」と言葉にすることを促しながら，先生は根気強くつきあっていった．何かを表現すると受け止めてくれる人，感じていることをわかろうとしてくれる人がいること，いつも見守られていることを，こうした体験のなかで実感していくようであった．

「悪い子」，「だめな子」と自尊心を傷つけられることへの恐れから，初めてのことやわからない状況ではより落ち着かず衝動性も高まった．それでも先生やお友達に認められ居場所がしっかりしてくると，I君自身が気持ちを切り替えようとしたり，少し場を離れて気持ちを調整することができてきた．先生はそうした自己調整力の伸びを捉え，I君に伝えていくことを心がけた．

年長クラスになるとI君はかなり落ち着き，友達をリードする面もでてきた．ただ家族の問題は未解決で卒園後の見通しは厳しいのであるが，保育園の生活で大切にされた体験はこれからの基盤になると感じる．

子どもが日中生活する場としての保育園の役割は，子どもが安心して生活でき，人との信頼関係を育てることである．保育園巡回の中で，被虐待児が園で守られ安心感の中で子どもらしい成長を遂げている姿も多く経験する．あらためて，保育園が子どもの育ちに大切な場であることを実感する．

しかし，被虐待児の家族には根深い人間関係のもつれがあり，虐待が再現する危険性があることを見逃してはならない．必要時には家族全体の動きを把握し，親子の分離を検討することもある．保育園で抱えるだけでなく，家庭支援センターや児童相談所との連携は欠かせない．

II 発達障害の捉えかた

猪野民子,坂井和子,川崎葉子:むさしの小児発達クリニック

A 発達障害の捉えかた

　昔は,自閉症を代表とする広汎性発達障害は,母子関係・心因論で解釈されてきた.母親が冷たかったから,望まないのに生まれた子どもだからなどである.現在は脳機能のアンバランスが背景にあることが共通認識となってきている.どの親の子育ても100点満点といえるものはない.何を100点とするかもわからない.子ども側の要因もあって,育てやすい子,育てにくい子,育ちやすい子,育ちにくい子などさまざまある.それは身体疾患でも然りである.心臓病の子,喘息持ちの子,アトピーの子はそうでない子よりも手が掛かる.こういう身体疾患は親の育て方に原因を帰するなどということはない.しかし,心の問題となると,原因が特定しにくいだけに,育て方の問題と解釈されやすい面がある.

　典型の自閉症に関しては,現在は母子関係・心因論は破綻している.しかし,高機能という知的に遅れのないグループが新たにこの障害に含められるようになり,その数の方が典型例よりもはるかに多いという現在の状況がある.典型の自閉症と比べると,障害がわかりにくいため再び心因論が台頭してくる余地がでてきた.そしてまた,わかりにくいためにこじれてしまう例が多く,環境因を併せて考慮しなければいけない例が増えている.

　一方,環境からくる情緒障害,たとえば虐待を受けた子どもも同じように集団不適応を起こしやすい.しばしば情緒不安定になりやすく,一方的で切り替えの悪さを持っている.発達障害と情緒障害ではアプローチの仕方が同じ部分もあるが,異なる部分もある.基盤は情緒的安定という共通のものであるが,そのための手立てが,情緒障害では,情緒の安定が主眼であるが,発達障害では情報入力の偏りがあるのでよりわかりやすく現実を理解し対処できるような援助も重要なのである.先生方はその子どもの問題と背景を把握し適切な保育対応をする必要がある.

　ここに紹介した9例は,特別な支援を必要とする子どもたちへの一般的な対応法であるが発達障害児とその周辺児への対応のすべてではない.同じ診断名でも100人100色の子どもたちである.発達障害の代表である広汎性発達障害には社会性の障害・コミュニケーションの障害・想像力の障害の三つの基本的特徴がある.この三つの特徴の裾野は広く,定型発達に連続しているようにみえる.障害のある子どもと,いわゆる普通の子といわれる定型発達の子どもとをみると,どこからどこまでが障害の範疇に入り,どこからが障害ではないのか保育の現場では迷うことの多いのが現状である.知的に重いほど障害のもつ特徴に規定されるが,障害が軽い場合はその子の対人関係のと

り方やコミュニケーション能力，情緒の安定は，環境との絡みによってさまざまに様相を変えることがあると感じている．この障害にはこの方法というパターン化した対応だけではなく，子どもが表す行動や表現の意味を細かく分析し理解した上で，その子の気持ちに添った対応法を探るという視点が求められる．

B 発達障害児の家族の理解

子どもはもともと持っている特性の上に環境の影響を受けながら自己を形成していく．人格の基礎をつくる乳幼児期に一番大きく深い影響を与えるのが家族である．

子どもの持つエネルギーが統制しきれない程高い場合は，歩き出した頃から気を抜けない，目が離せないと親は子育てに緊張感を強いられる．周囲からも「親の躾が悪い」と，批判的な視線が向けられる．それを受けて有無を言わさずに力でコントロールする厳しい躾が生まれ，時にはそれが体罰になる．あるいは反対に子どもに振り回され，とても一緒には外出できないと親が疲労困憊してしまうこともある．その心情を汲んで対応しなければ信頼関係が成り立たない．どちらの場合も親の苦労を察し受け止めながら，園でうまくいったエピソードなどを手がかりに率直に話し合えるとよい．

育児を困難にさせる家族側の要因は，精神的な不安定さ，うつ，一人親家庭の負担，文化の違う外国人の子育て負担など，さまざまであり昔より増えている．

母親が産後のうつで外出できず，家で母子二人だけで過ごし保育園に入るまで外遊びもしたことがないという親子もいる．保育園に入り，大きな集団に混乱しながらも初めて食べること・寝ること・遊ぶことといった当たり前の経験が始まる子どももいる．親のうつに加え子どもに発達障害というハンディがある場合は，愛着関係も育ちにくく，もともとの共感性の乏しさがさらに増してしまうことがある．父親がうつの場合も同様に，不安定な夫婦関係から不穏な空気が子どもの情緒の安定を損なうことがある．一人親家庭の状況も，ひとりで育児しなければならないことや経済的なことなど，子どもにも親にもストレスのかかる割合は高く余裕の無い状態におかれる．子どものみならず，親も守られているという安心感は持ちにくいものである．また虐待要因を抱える家族の中で育っている子も同様である．

このように家族に事情がある場合が昨今増え続けている．家庭養育の分までも含めた子育て支援という役割が保育園に求められることも珍しくなくなっている．苛酷な環境因が想定されるときは，関係機関と連携しながらまずは子どもが園での生活に安心できるよう受容していくことが大切である．子どもが安心して先生を頼り，守ってもらえている，わかってもらえているという基本的な信頼関係の中で，必要なことを伝える表現力を育て，環境と折り合う力を保育園でゆっくり育み，友達関係がさらに広がる学童期へとつなぎたいところである．

C きょうだいへの対応[注22)]

発達障害児とともに育っているきょうだいはさまざまな影響を受けている．育てにくさを感じ障害がわかったり疑われる時，親はそのことで一杯になりどうしても他のきょうだいへの配慮がうすくなりがちである．きょうだいもそんな家族の状

況を察し，親の期待に応えようと甘えることを控え健気に振舞うことがある．反対に自分の存在をアピールするようにごねてみたり，拗ねてみたりして手こずらせることもある．

またきょうだいが，社会性やコミュニケーションの問題を抱えた子どもへ関わろうとすると，固い拒絶にあったり激しい怒りを向けられることもある．そうした時に受ける思いを労われ慰められていると，次第にきょうだいは付き合い方を会得していく．けれどきょうだいにも同じような社会性の問題がある場合はなかなか穏やかな関係は続かずに，親はいろいろ苦労する．

それぞれの家族の全体の様子を描きながら，そこで育っているきょうだいがどんな思いを抱いているか日々の様子を見守り，情緒的な安定を支えることが大切である．

今日では各自治体の療育通園などで「きょうだいの会」をつくり障害児本人だけではなく家族支援の一環としてきょうだいをサポートするところができている．後述のＦ市の療育通園施設では小学生になったきょうだいが集い，障害のある子が日々生活している場で指導員とともにゲームをしたり料理をする時間を共有している．障害児のきょうだいが，同じ境遇の子どもが自分ひとりだけでなく身近にいることを知ることは心強い経験になるであろうし，また親にとってもきょうだいが障害のある子を理解し家族の一員として自然に受け入れていく下地となると感じるようである．

D 発達障害児のいるクラスの保育

障害のある子が統合保育に入った場合の留意点がある．障害がはっきりわかるような重度の子に対しては，他の子どもたちは保護的・許容的に関わることが多く，とくに世話好きの子どもは，付きっ切りで世話を焼きたがる．パターン化した関わり方で迫られ，しつこく接触される過剰な関わりに辟易しながらも，本人は表現する手段が乏しく耐えていることがある．その時は「……って言いたいみたい」と子どもの表現できない気持ちを代弁し，通訳していく．次第に周りの子どもたちにその子の気持ちを察する力が育ち，思いを汲み取ることができるようになる．障害の重い子の場合は，年長になるにつれゲームやお話などに参加できない時間が増えるので，できるところだけポイントを決めて活動に誘うことや，行事への参加の工夫が必要になる．とかく担当の先生との個別対応が増えるため，担当の先生はクラスにいる時間が少なくなり，孤独感や孤立感を増すことがある．保育チームとして園全体で支え，情報を共有することが大切である．

一方，障害がわかりにくい軽度の子に対しての子どもたちの反応はその子を理解し許容するというようにはいかないがみられる．通常子どもたちはそれぞれに自分をコントロールして集団のルールに沿っている．自己コントロールに苦労している子は，とかくはみ出しても許容される様子に「Y 君はずるい」，「どうして Y 君だけいいの」と

注22）高機能 PDD の兄弟の意識調査：多摩高機能 PDD 親の会によるきょうだいの調査では，トラブルを経験しているきょうだいは全体の62％で，内容は友人から不快なことを言われるのが全体の58％でもっとも多く，次いできょうだいげんかになるが20％であった．ストレスを感じているのは，男の兄弟で38％，女の姉妹で47％と多く，とくに女子の方が多かった．

納得できない気持ちを抱き，あるいは，はみ出す子どもの動きを待っているかのように一緒にはみ出すことがある．そういう時は席を離して刺激し合わないようにしたり，絡み合いに早めに介入することが必要である．クラスの子どもたちには「Y君は次のことをするのにちょっと時間がかかるの．でも今練習中．応援しようね．」と説明し，皆でY君を攻め立てないことが大事である．本人が自分から流れに戻った時はあっさりと自然に迎え入れる．そしてY君のボール扱いの巧みさ・独創的な遊びの工夫，友達を気遣う優しさなど，先生が意識してよいところに注目することでクラスの子どもたちもY君を受け入れ，頼りになる友達として一目置かれ期待される存在になっていく．先生や仲間ら認められことと比例するかのようにY君にもコントロールする力が育ってくる．

統合保育ではとくに手のかかる子に対しては工夫と援助の手が差し伸べられるが，その子だけでなくどの子どもに対しても「先生がちゃんと見ているよ」，「・・ちゃんのいいところは優しいところ」，「お手伝ができるところ」などさりげなく普段の保育の中で認めてあげ，「困った時やわからない時は先生に言えば大丈夫」というメッセージをきちんと伝えることがクラス全体の雰囲気を落ち着かせる．

学校教育は，教科学習が大きな部分を占めてくるので，知的な遅れをともなう発達障害児には統合教育はかなり厳しいものがあるが，保育園，幼稚園のように，まだ教科学習が入らない環境では統合保育のよさが十分生かされる．定型発達の子どもたちがハンディのある子どもにどう接するかを体験するよい機会である．

E　園内の調整

子どもに障害が疑われたり，また子どもの現在の状況を整理して考えるために相談機関や医療機関に紹介することが必要な場合がある．保育園から他機関を紹介する時は今までの先生との信頼関係が壊れないよう注意が必要である．他機関を紹介するまでの流れを述べる．

①園内での情報交換

担当者一人で抱え込まず，まずは園内でカンファレンスをきちんと持つことである．気になる子を担当者だけでなく園全体でみるように心がける．関わる先生によって問題にしていた行動が出ないことがある．そうすると「大丈夫．問題ない」とみなされ担当者のやり方の非難になることも時にある．園内で十分な情報交換が大事である．

②対応の記録，共有

どんな時にどんな気になることをしたか，その時とった対応を記録にする．すぐに障害という視点でみるのではなく状況を細かく経過を追いながら観察し，園全体で記録を共有しエピソードを集める．対応を変えても変化がなく園全体で気になる子と思ったら親へ伝える．

③親との意見交換

家での様子，困っていることなど情報を収集する．「園では気になることをこういう方法で対処して様子をみています」と担当者の努力を伝える．家ではどんなやり方をしているか，どんな様子かよく聞く．一方的に押し付けないよう注意が必要である．子育てをしていくのは親であり，それぞれの家庭が一律に同じ生活，育児方針であるということはないので，親のやり方に沿った援助方法・伝え方を探る．

とくに気をつけたいのは家族の状況である．家族が何らかの原因でうまく機能していないとき，うつ傾向など精神的に不安定な親で子育てが困難な場合，夫婦の関係がうまくいってない，虐待など疑われる場合，同胞に障害がある時などには，いつ，誰が，どう伝えるかをよく園内で話し合ってから伝えるようにする．

④巡回相談[注23]員などの利用

最近では障害児や発達の気になる子のいる保育園や幼稚園を巡回し，子どもの特性に合わせた保育・教育を助言する相談員を配置している自治体が増えている．園で気になる子がいた時には巡回相談員からその子どもの発達状況や問題点の背景・見通し，対応の仕方などより客観的な意見を求めることができる．緊張感の高い保護者へ子どもの気になる点を伝えたり医療機関の受診を進めるときにも専門的な第三者の介入が有効な場合がある．

⑤家庭と園の連携

親と子どもについて意見交換ができ，親も医療機関や各相談機関に行こうという気持になったら先生も一緒に子どもの関わり方を学びたいという気持ちを親に伝え，家庭と園が連携しながら子どもの保育に当たる心づもりであることを言い添える．

F 関係機関との連携

それぞれの子どもで，本来の特性，経済状態や両親の状態，親類の影響，同胞の有無などさまざまである．また，私たちは東京の多摩地区で発達障害児やその周辺の子どもたちと関わっているが，地域によっても実情が異なる．図1は，多

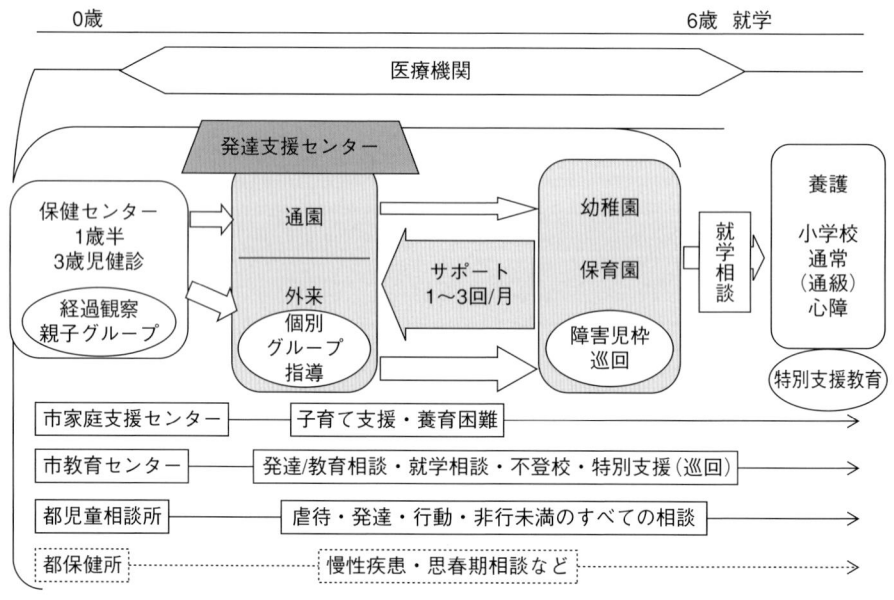

図1　F市の要支援児のサポートシステム 2005

注23）巡回相談：障害児のいる保育園を巡回し園活動が円滑にいくよう園児や保育士，保護者などへ専門スタッフが相談に乗り助言する．スタッフは主に医師（児童精神科，小児神経など），心理士，言語療法士，作業療法士など各保育園によって異なる．

摩地区のF市の地域支援の連携図である．

　幼児期の子どもの親にとって一番敷居が低く相談しやすいのは，1歳半健診や3歳児健診を受けた保健師のいる保健センターである（名前は行政によりさまざま）．医師による発達健診や，心理士・言語療法士・育児相談員などが子どもの発達を抑えながら問題点を整理し，健診後の親子グループに誘ったり，親子の様子で気になることがあれば家庭支援センターを勧めたり，発達の遅れがあれば療育指導を勧めたりまたは医療機関へ紹介する．必要な支援がいつでもどこでも受けられることが理想である．

G　まとめ

　幼児期に大切にしたいことがある．環境が個人にとって不快・不安・脅威が強くて，守られている安心感がもてないと基本的信頼感が育たず二次的な障害を生む．守られているという安心感・信頼感が肯定的自己感を育て，自分を信じる気持ちが自分を律する心を生み，協調性や自己コントロールの育ちになる．これが揺らぐと，脆弱な部分が露呈する．子どもは誰でも発達・成長の節目にある危機を乗り越えながら思春期へと移行するがその時々の危機を救うのは存在を認められている安心感・安全感であり・人を信じる気持ちに他ならない．その基礎をつくるのが幼児期といえる．

　保育で大切なことは，障害を発見したり，保護者に障害認知を迫ることではない．問題に気づくと，基本的な保育方針よりも，いかに異常か，いかに障害を親に認めさせるかということが先行してしまうことも，時にみかける．保育の目標は，安心して過ごせる育ちの場の提供である．先生方にお願いしたいことは，遊びや生活経験を通した子どもの育ちである．

　明日からのこの子どもたちの保育に期待は大きい．

第3章

肢体不自由児・精神発達遅滞・自閉症児の口腔管理

Ⅰ. 口腔の保健衛生管理

I 口腔の保健衛生管理

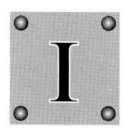

●●●●鈴木あつ子：東京都立北療育医療センター歯科医長

A 口腔の保健衛生管理

　口腔内の衛生管理と全身的な健康状態の関係が明らかになるに従い，口腔衛生管理の必要性は各方面に広く認識されるところとなった．障害を持つ人々の環境にあっても，保護者・保育園・学校・通所施設などかかわりのある場所のさまざまな職種のスタッフに口腔ケアという言葉が馴染み深く使われるようになってきた．

　ここでは比較的多くみられる発達期に障害を有す次の症例を対象とし，おもに自分では歯磨きやうがいが行えず，介助者が行う口腔衛生管理の実際を中心に述べる．

- 発達期の運動障害，肢体不自由（おもに脳性麻痺）
- 発達期の精神障害（精神発達遅滞）
- 発達期の問題行動，広汎性発達障害（自閉症）

B 障害と口腔内の特徴

　障害者の全般をみると口腔衛生の状態は，清掃が十分に行えない，あるいは行えても困難性が高いなどの理由から，不良な場合が多く見受けられる．そのため，ウ蝕や歯肉炎の誘発を抑制しきれないという現状がある．

　ウ蝕の治療状況は，非協力的なために歯科治療がいちじるしく困難な場合や児の生活環境が整っていなければ，不良という結果になる．歯肉炎や歯石沈着は口腔衛生管理の不行き届きと歯列不正などの要因が重なり，顕著に出現してくる．また口内炎，口角炎，口唇のひびわれ，口臭，咬耗，歯数や歯列あるいは咬合の異常などもしばしば認める．

　次に障害別に口腔症状の特徴を述べる（図1）．

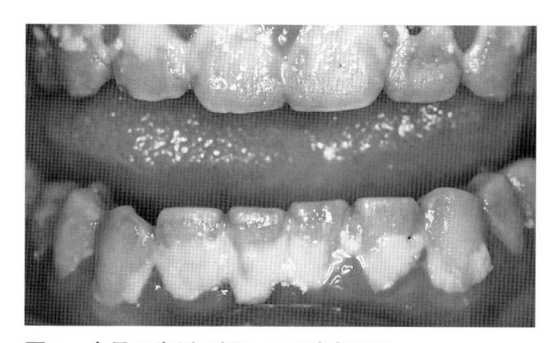

図1　多量の歯垢で汚れた口腔内所見

1. 肢体不自由児，おもに脳性麻痺の口腔所見

　脳性麻痺の場合，不随意運動や多様な筋緊張，あるいは異常反射を示すが，その他にも知的障害やてんかんなどの随伴症状を多く認める．

　①不随意運動や筋緊張による口唇および粘膜の

損傷，歯ぎしりやくいしばりによる咬耗がみられる（図2）．

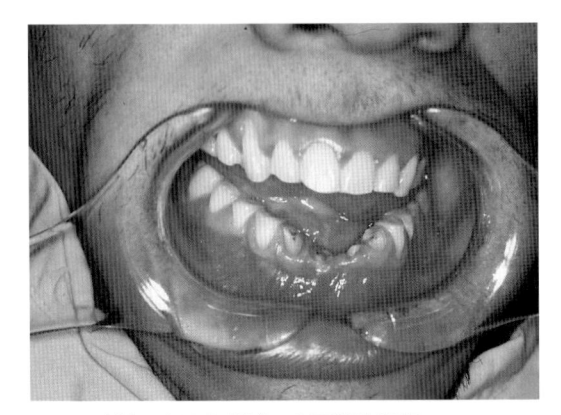

図2 咬耗により磨り減った下顎前歯部

②エナメル質減形成や永久歯の萌出遅延あるいは萌出異常がみられる．
③舌突出など口腔内の異常運動や口呼吸などにより，歯列狭窄や上顎前突あるいは開咬[注1)]や叢生など，歯列不正や咬合異常が起こりやすい．
④歯肉炎や歯周疾患は，口腔衛生状態不良が原因の他，抗けいれん薬の副作用としての歯肉増殖を認める（図3）．
⑤異常感覚障害による知覚過敏の症状を生ずることがある．
⑥運動発達遅滞による姿勢保持困難あるいは易転倒のため，歯の破折や脱臼がみられることがある．

2．精神発達遅滞の口腔所見

疾患が多様なため特徴が挙げにくいが，比較的多くみられる所見には次のようなものがある．
①口腔衛生の知識や技術が未熟なため，ウ蝕や歯肉炎にかかりやすい．
②口唇や舌など，口腔周囲筋の低緊張による歯列不正や咬合の異常，流涎が多い（図4）．
③運動発達遅滞やてんかん発作時の転倒などにより，顔面や口腔領域に外傷を起こしやすい．
④歯数や歯の形状あるいは萌出時期の異常を伴いやすい．

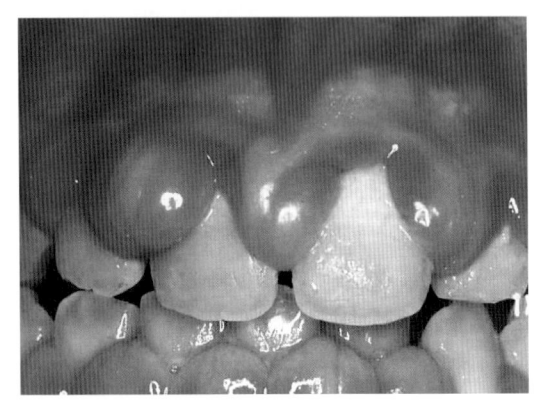

図3 抗けいれん薬による歯肉増殖症

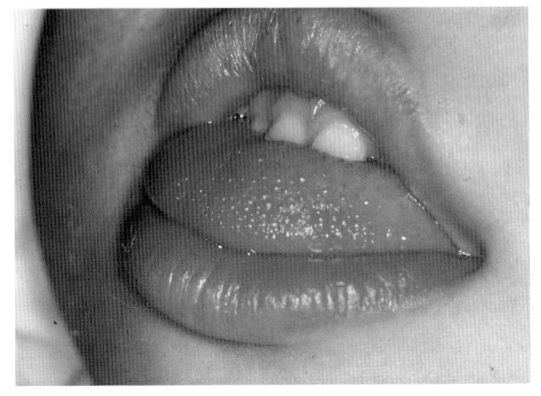

図4 口唇および舌の低緊張により舌は歯列を覆い，口唇閉鎖困難

注1）開咬とは臼歯部のみで咬合し，前歯部は咬み合わさらず隙間が開いてしまう咬合の異常

3. 自閉症の口腔所見

特有の口腔症状はないものの，二次的症状として次のようなものが挙げられる．

①異食や習癖による咬耗・磨耗を認めることがある．
②自傷による咬傷や爪でかきむしることによる歯肉の退縮，また歯の動揺をも生ずることがある（図5）．

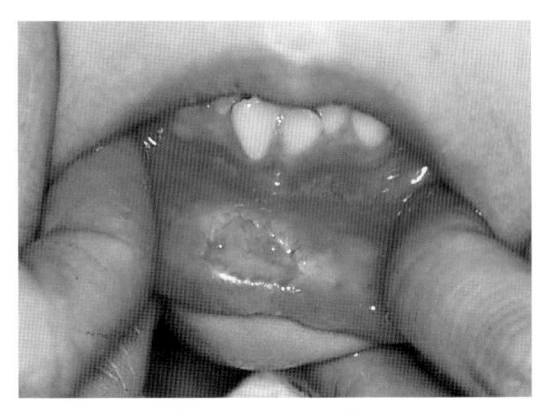

図5　下口唇を巻き込んだ自己咬傷

③こだわりや甘味料などの偏食によって，ウ蝕や歯周病にかかりやすい．

参考：ダウン症候群
　比較的出会うことの多いダウン症では，特有の口腔所見を認める．
①乳歯の晩期残存・永久歯の先天欠如・乳，永久歯の萌出遅延．
②歯列不正・咬合異常・短根歯（歯根が短い）．
③高口蓋・巨舌・溝状舌・口唇乾燥．

C　障害児の発達期における口腔衛生管理

肢体不自由や重症心身障害児および知的障害児への口腔の保健衛生管理を行う上で大切なのは，一人一人の目的や目標を明らかにして，個々のQOLの向上をはかることにある．したがって，それぞれを取り巻く環境全体を鑑みての支援がなされるべきである．

口腔衛生管理つまり口腔ケアの目的と意義は次のようになる．

1. 口腔ケアの目的

口腔ケアとは，口腔内を清潔に保つために，歯ブラシなどを用いて歯の表面や口腔粘膜に付いた歯垢や食物残渣などを取り除くことである．その目的を挙げると次の通りである．

①虫歯予防と口臭除去．
②口唇や口腔の乾燥を改善し，乾燥由来の歯周疾患を予防．
③ブラッシングの機械的刺激が血液循環を改善し，唾液の分泌を促進させる結果，自浄効果亢進．
④口腔内常在菌の異常繁殖を抑制することによる気道感染予防．

以上のように口腔内の清潔を保持し，歯科疾患の予防を図ることが経口摂取の維持につながる．

2. 障害児に対する口腔ケアの意義

①ウ蝕の治療による痛みからの解放（痛みの表現ができずにパニック，自傷や他傷あるいは情緒不安定を回避できる）．
②口臭除去による対人関係の改善（社会生活の円滑化がはかれる）．
③生活リズムとしての歯磨き習慣（毎食後のブラッシングが生活の基準になりうる）．
④静止状態の維持による忍耐力・自制心の育成

(静止状態とは口腔清掃中の時間的拘束や開口保持状態を示す).
⑤過敏・鈍麻等の口腔内異常感覚の改善(口腔の刺激による脱感作).
⑥口腔ケアを通じ他者との信頼関係の構築(介護者の手を必要とするため).
⑦手指動作の繰り返しが愛着行動の確立と発達に寄与(食べたら磨くという行為の確立が,発達への刺激となり得る).

自閉症の場合では,こうした口腔保健衛生的なアプローチが身辺処理の自立を促し,さらに社会性を育てることになる.

3. 口腔ケアの実際

歯や舌,口腔粘膜は食物残渣が付着して汚れるが,たとえ経管栄養や胃ろうなどのため,経口摂取をしていない場合でも,食べ物による刺激がなくなると自浄作用が低下するため,口腔清掃が必要となる.そこで,自力で歯磨きが行えない障害児の口腔清掃介助について述べる.

i) 歯のケア

a) 歯ブラシの選び方

歯ブラシは,植毛部分の大きさや毛の硬さ,あるいは用途別に選択する.植毛部の大きさは,下顎前歯部のアーチに合わせて楽に入るもの,または自分の指2本分を基準とする(図6).

図7a・bは年代別の歯ブラシを示す.図7aは幼小児用であるが,上2本は介護者用に,柄の部分が長く工夫されている.下の3本は自身が握りやすいよう柄が短く太めになっている.

図7bは高学年児童以上成人を対象とした歯ブラシである.一番上は植毛が2列のもので,頬の緊張が強く圧排した指と歯列の間の隙間が狭い場合や叢生などの歯列不正に使いやすい.2番目は毛先が細く密毛タイプで,歯間部が磨きやすく歯周疾患など,マッサージ効果を求めるものに適している.3番目は高学年児童用で年齢相応の植毛部の大きさと柄の太さになっている.4番目は全体にスリムで,奥歯の後方や下の奥歯の舌側などが磨きやすくなっている.

毛の硬さの選択は,当初は普通あるいは柔らか目から始める.歯を磨く行為に対する抵抗や拒否にあい,磨き手側の力が入りすぎた時や児が歯ブラシを噛んでしまう場合,毛が硬めでは粘膜を傷つけることがある.また,自分磨きをさせる場合も力の加減やブラッシング方向のコントロールが困難なため,硬い歯ブラシは不向きである.

用途別にとくに挙げるのは,シングルタフトブ

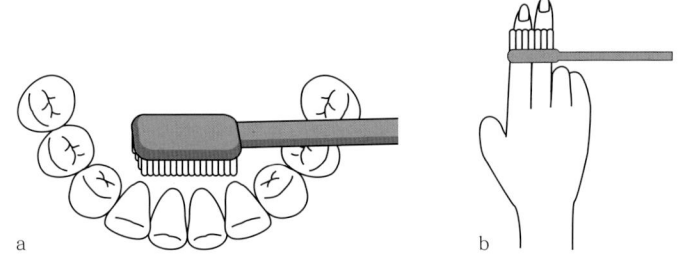

図6 歯ブラシの選び方は植毛部分の幅が目安となる
a 下顎前歯部の舌側アーチに合わせて楽に入るもの
b 二横指以内の大きさ

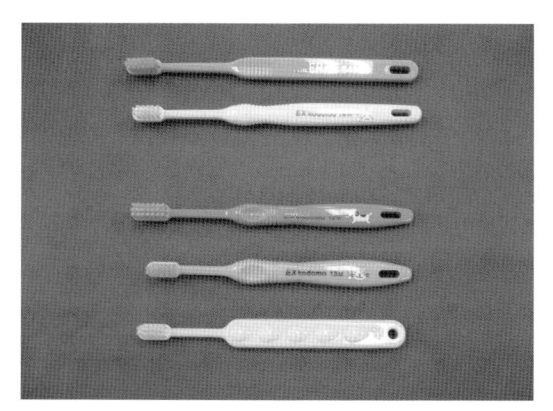

図7a　幼小児用歯ブラシ

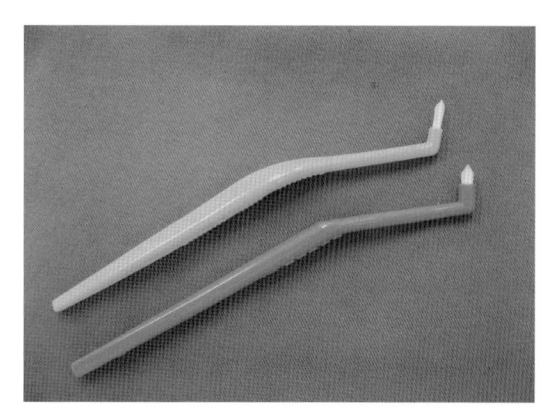

図8　シングルタフトブラシ

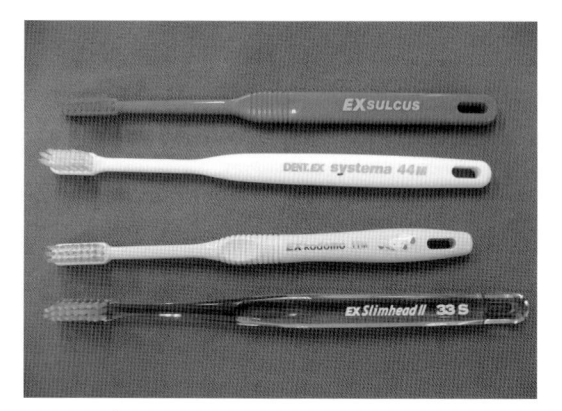

図7b　ジュニアおよび成人用歯ブラシ

ラシで，ポイントブラシとして部分磨きに適している．歯ブラシで磨き残してしまう，歯頸部や歯列不正部あるいは萌出途上歯などが磨きやすい（図8）．

> 参考：電動歯ブラシ・音波ブラシなど
> 　手に不自由がある場合に手用歯ブラシの代用品として，有効に利用することができる．しかし操作法を誤ると，短時間で広範囲に歯肉を傷つけることがあるため，正しい操作法を身に付ける必要がある．また，振動刺激や音に過敏で筋緊張が強くなる人や咬反射で噛み込む人には適さない．

b) 歯磨きに用意するもの

適切な歯ブラシとコップ2個，ティッシュペーパーとタオルを準備する．コップのひとつには水を張り，他方には水で希釈した洗口剤を用意する．洗口剤の味が刺激的で気になる場合は番茶あるいは水でもよい（図9）．

c) 体勢

正確に磨くためには頭部を固定することが大切である．寝かせ磨きは，ひざではさみこんで頭を安定させるため，両手が自由になる．したがって歯ブラシを持つ手の一方は，唇や頬の圧排が持続して行える．車椅子のリクライニングで同様の姿勢を作ってもよい（図10）．

d) 磨き方の実際

・歯ブラシはペングリップで圧力が掛かり過ぎないよう柔らかく持つ（図11）．
・歯ブラシを持っていない手の指の腹で，唇や頬を軽く圧排する（図12a, a', b, c）．

整理すると，5面体の奥側や上顎前歯のへこみにはつま先をつかい，5面体の手前や下顎前歯舌側はかかとを使う．頬舌側にはわきを用いるが，頬側は90度・舌側は45度で当てて磨く（図13a～h）．

磨く順序は，奥のほうから手前に向かって進み，上下の前歯が終わったら，磨き残しやすい上下左右の犬歯付近をもう一度見直す．

図9 洗口剤

図10 寝かせ磨き

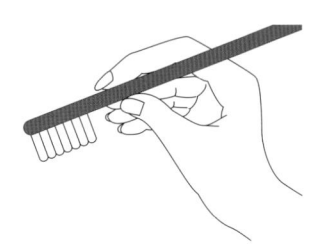

図11 歯ブラシの握り方はペングリップで

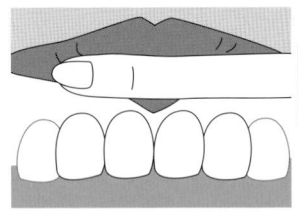

a 上唇小帯を傷つけないよう、指の腹でよける
a' (上唇小帯) 唇と中切歯の間にあるヒダ 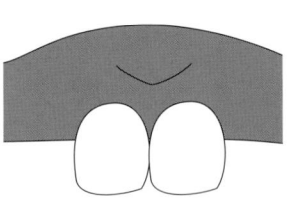
b 指の腹で上唇を圧排する 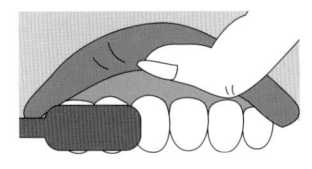
c 口角を引きすぎないよう指の腹で頬粘膜を圧排する 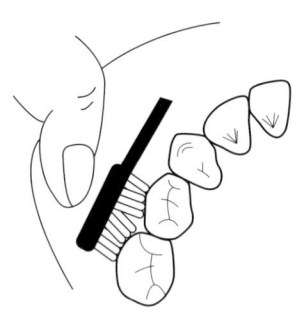

図12a〜c 唇や頬の圧排

　乳歯ウ蝕の好発部位は上顎前歯の犬歯から犬歯まで6本と次いで乳臼歯上下左右の計8本である．前歯部では歯間部や歯頸部に生じやすく，乳臼歯では溝が多い咬合面がウ蝕になりやすい条件をそなえている（図14）．

　e）磨き残しに対する注意
　①ポイント磨き
　丁寧に磨いても歯ブラシだけでは磨ききれない部分が出てくる．そうした部位に有効なのがシングルタフトブラシである．生え始めの最後臼歯（図15a, b）や歯頸部（図15c），叢生のような歯ブラシの毛先が届きにくい歯列不正部分にも毛先をあてることができる．使用方法は，毛先を目的部分にきちんと当てて，小さく丁寧に動かすよう心がける（図15d）．

I．口腔の保健衛生管理　**143**

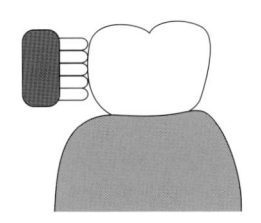

a 磨こうとする歯をよく明示し歯ブラシを歯面に直角に当てる

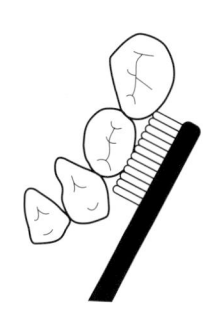

b 毛先を歯に当てたら軽い力で丁寧に歯ブラシを小さく動かす

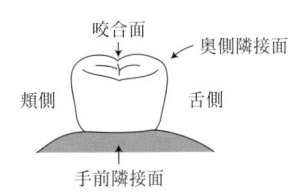

c この時、歯は5面体であることを意識する

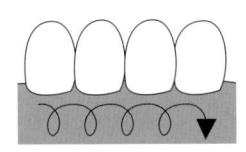

d そして原稿用紙1枡1文字を消しゴムで消す要領で歯ブラシを動かす。難しければ毛先で小さな丸を描く要領で行う

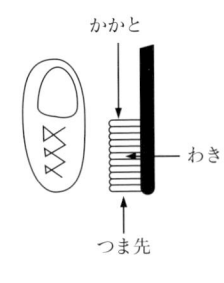

e 歯ブラシの各部位の名称

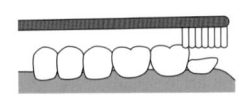

f 生え始めの奥歯は背丈が低く歯ブラシの毛先が届かないため歯ブラシを咬合面にあわせたら45度頬側に振り頬側から磨く

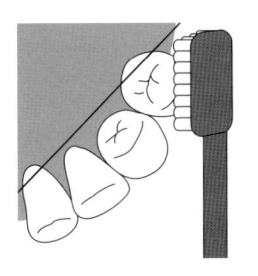

f' 咬合面に届かせてから歯ブラシを横に動かす頬側から45度方向

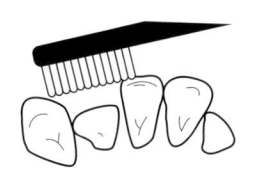

g 同様に生え始めの前歯も届かないため歯ブラシを縦に持ちつま先で磨く

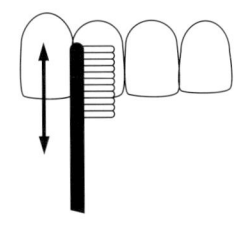

g' 歯ブラシを縦に持ち、つま先でみがく

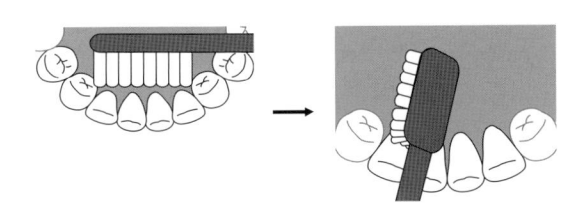

h 乳歯列の下顎前歯部裏側も届きにくいため、かかと部分を使うとよい

図13a〜h　磨く時には，こんなことに気をつけて！

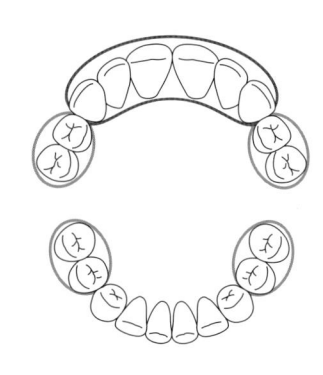

図14　乳歯ウ蝕の好発部位
上顎前歯（犬歯から犬歯までの6本）
臼歯部咬合面（上下・左右の4カ所）

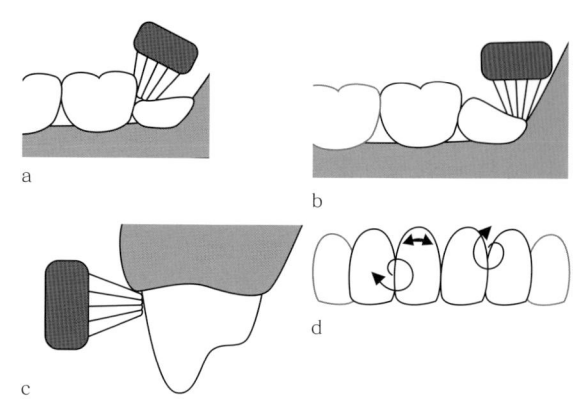

図15a〜d　シングルタフトブラシの使い方

②フロッシング

　歯間隣接面（歯と歯の間）ウ蝕の予防には歯間ブラシやデンタルフロスが適しているが，若年層では歯間空隙が狭く，ブラシの挿入が困難なことが多い（**図16**）．デンタルフロスはホルダー付が使いやすいが，歯冠長の短い乳歯では特に歯肉を傷つけないように注意が必要である．使い方はホルダーをペングリップで持ち頬に固定させ，歯列に直角に頬舌的に45度でしごくように隣接する歯の接触面を通過させる（**図17a,b,c**）．

　歯の付け根はくびれているため，フロスをしごくように進めて，抵抗が少なくなった時歯肉に深く入りすぎないようにする．それぞれの歯面を意識し，押し付けるようにして歯茎まで動かしていく．そうしてかき出した汚れはコップの水で洗うか，ティッシュで拭き取り，これを繰り返す．糸状のフロスは，糸の張り具合が調節しやすく，歯根が露出気味の歯や補綴物の入っているケースに向いているが，操作がやや困難である（**図17d, e**）．

③開口保持

　スムースな開口得られない場合や，歯ブラシを強く噛みこんでしまうケースでは，咬合面や内側を磨くことが困難となる．その場合には，割り箸を束ねてガーゼで包んだバイトブロックが便利である．安価で簡単に作ることができ，割り箸の硬さが噛みしめるのに適当で不快感が少ない．そのうえ介護者が指を噛まれることを避けられる．作り方は，割り箸を半分の長さにして個人の大きさに合わせて束ね，表面をガーゼで包みこむ．表面がガーゼで覆われていれば，強い咬合圧でかみくだいてもバラつかず，口唇などを傷付けることも避けられる（**図18**）．

ⅱ）歯肉・口腔粘膜・舌のケア

　経管栄養あるいは胃ろうなど口腔の使用頻度が少ない場合でも，清潔を保つ必要がある．口腔機能の低下により唾液分泌量が減少すると，口腔内は痰や粘張な流涎でネバネバし，口腔内微生物が増加してくる．すると，口腔乾燥や舌苔がみられるようになり，カンジダ症が生じやすくなる．口腔内の不衛生はカンジダ性口内炎ばかりでなく，肺や食道の感染症を引き起こしかねない．従って，感染予防に口腔粘膜や舌の衛生管理は不可欠である．

　口腔粘膜や舌のケア用品には小さなブラシ・柄つきスポンジ・歯ブラシタイプの粘膜ブラシがある．これらに水を含ませた後，余分な水分を軽く

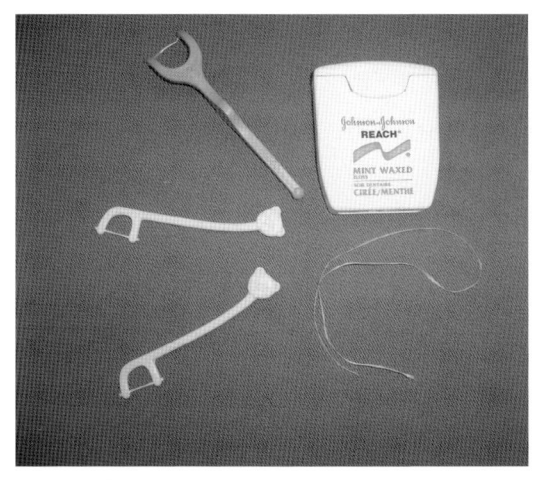

図16 デンタルフロス

絞って水を切る（図19a）．ブラシやスポンジなどは，内側に回転させながら汚れをかき出す（図19b）．

iii）歯磨剤や洗口剤などについて

うがいが十分に出来ないことが多い対象児では歯磨剤を使う場合には2度磨きをすすめる．はじめに汚れを落とし，2度目に発泡剤や荒い研磨剤を避けたペーストを植毛部の1/3程度使用する．市販の歯磨剤にはフッ化物配合のものも多く，歯垢の除去と共にその効果が期待できる．そして，うがいの代わりに水でぬらした歯ブラシでぬぐい

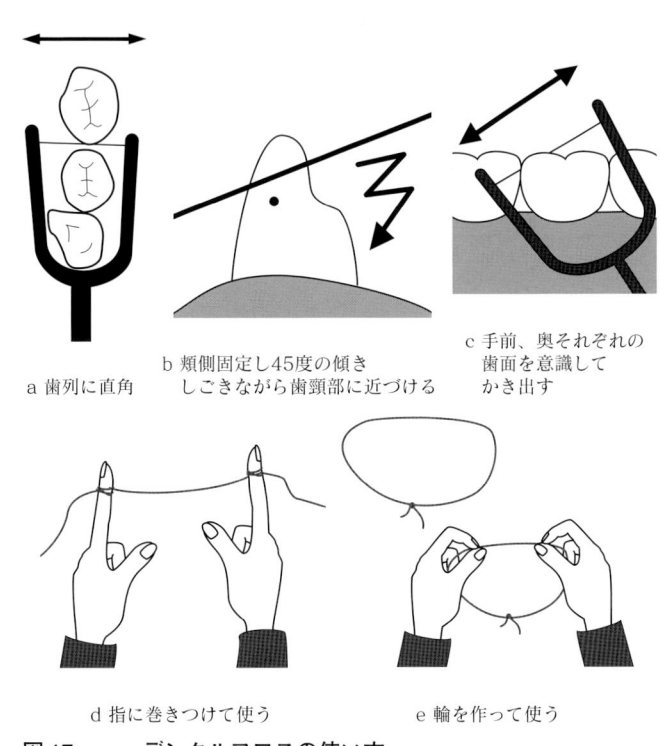

a 歯列に直角　　b 頬側固定し45度の傾きしごきながら歯頸部に近づける　　c 手前，奥それぞれの歯面を意識してかき出す

d 指に巻きつけて使う　　e 輪を作って使う

図17a〜e デンタルフロスの使い方

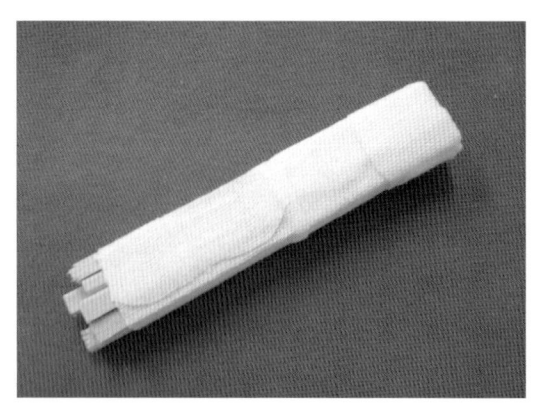

図18　割箸製のバイトブロック

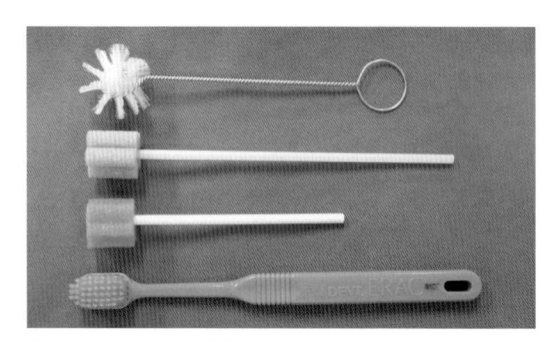

図19a　粘膜ケア用品

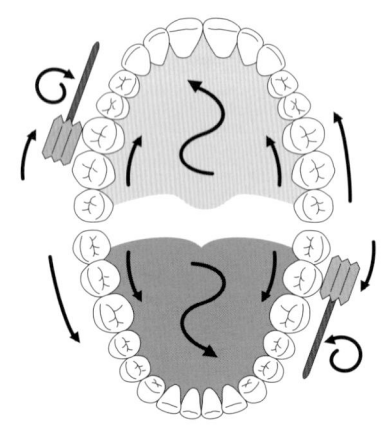

図19b　粘膜スポンジの使い方

図20　フッ化物配合の歯磨剤

図21　家庭用フッ化物

取るようにして拭き取る（図20）.
　ウ蝕の予防にフッ化物洗口剤や家庭用フッ化物があるが，飲み込が気になるようならば，過剰使用を避け，歯ブラシに付着した余剰分をふき取るようにする（図21）.

> 参考：フッ素について
> 　図21は個人が家庭で塗布できるフッ化物である．ウ蝕予防効果は幼小児により期待できるが，成人の根面ウ蝕にも認められている．いずれも歯磨きの後に使用するため，寝る前がもっとも効果的といえる．

文献

1) 酒井信明,植松宏編:障害者の歯科医療,医学情報社,1998.
2) 小西正裕,山本仁ら:障害者歯科ハンドブック,東京都立心身障害者口腔保健センター,2003.
3) 荒川浩久編:プラークコントロールのためのホームケア指導,別冊・歯科衛生士,クインテッセンス出版,2000.
4) 松田裕子編:口腔ケア健康ガイド,学建書院,2000.
5) 大谷広明監修:新歯ブラシ辞典,学建書院,2001.

索　引

あ
アーチ・サポート　67
頭ジラミ　25
圧力の受容困難　49
アテトーゼ型　7, 73
アデノウイルス　20
アトピー性皮膚炎　23
アレルギー性結膜炎　26
アレルギー性鼻炎　25

い
「言いたいことを言えません」　124
意義，口腔ケア　139
「いじけやすく，キレやすいんです」　125
胃食道逆流　16
胃食道逆流症　10
「いつもグルグル回っているんです，やってほしくない遊びをして困るんです」　110
「嫌がるものが多いです」　110
因果関係の原則　42
陰性徴候　75
インフルエンザ　19

う
ウエスト症候群　12
「動きや興味が乏しく意欲がありません」　107
ウ蝕の予防　146
腕立て位　49, 50
運動刺激　47
運動失調　63

え
エアプレーン　80
永久歯の萌出遅延　138
エナメル質減形成　138
遠近の識別　43

嚥下　81
嚥下造影　16
遠城寺式知能検査　11
エンテロウイルス　20

お
大島の分類　11
音刺激　47
「お昼寝をしないんです」　117
音韻意識　83
音声言語　81

か
開口保持　144
疥癬　24
階段昇降　60
外反　66
外反足　64
外反足歩行　66
外反尖足　66
外反扁平足　63, 66
開鼻声　78
学習障害　12
仮性球麻痺　9
「家族からの体罰があるんです」　122
片足立ち　60
片脚立ちの練習方法　60
片脚跳び　61
下腿三頭筋徒手ストレッチの方法　65
下腿三頭筋の痙性　66
下腿三頭筋のストレッチ　65
片麻痺　6
家庭用フッ化物　146
加配対応　106
感覚異常　80
感覚運動連関の原則　43
感覚過敏　115
感覚刺激　109
感覚の受容　47

「頑固に拒否するんです」　111
環軸椎の解剖図　70
環軸椎の脱臼　69
環軸椎の脱臼のX線像　70
間代性発作　12

き
「気が散りやすく，動きまわるんです」　125
気管支喘息　23
「吃音やチックがあります」　123
基底核　7
機能撮影　69
虐待　126
臼磨　80
仰臥位での骨盤挙上　57
「行事が苦手なんです」　117
兄弟の意識　130
強直発作　12
「興味がとても狭いんです」　119
筋ジストロフィー症　76
緊張性咬反射　80
筋力低下　63

く
屈筋群の過緊張　49
首すわり　29
首すわりと他の姿勢との関連　46
首すわりに関連する法則　30
首すわりの促し方　45
首すわりの定義　29
「クラス活動に参加しないんです」　113
「クラスの生活場面が理解できません」　110
クループ症候群　17
クレーンハンド　109

け

ケア，歯肉・口腔粘膜・舌 144
傾斜角度に関する法則 33
傾斜速度に関する法則 33
傾斜方向に関する法則 32
痙直型 73
痙直型麻痺 7
頸椎の脱臼 69
軽度精神遅滞 113
結核 21
欠神発作 12
言語能力 82

こ

語彙 82
高機能 118
口腔器官 87
口腔ケアの意義 139
口腔ケアの目的 139
口腔所見，精神発達遅滞 138
口腔所見，脳性麻痺 137
口腔反射 78
咬合異常 138
抗重力筋群の筋力低下 49, 50
構造化 110
咬断 80
広汎性発達障害 118
咬耗 138
誤嚥 9, 16, 81, 84
誤嚥，無症候性 10
股関節屈筋群のストレッチ法 75
呼吸介助法 10
呼吸筋 87
呼吸障害 10
固形物 80
心の理論 120
言葉の理解力 86
「言葉を話せないんです」 107
「困った行動があるんです」 108

コミュニケーション意欲 86
コミュニケーション手段 9
孤立型 118
「これだけは守ってほしいんです」 126
困難な課題は1つの原則 43

さ

座位の安定化 53
座位の安定化を促す方法 53
サッキング 78
サックリング 78
三肢麻痺 6

し

視覚障害 9
自己刺激 109
四肢麻痺 6
歯周疾患 138
姿勢・運動を構成する3要素 35
姿勢の調節能 35
失調型 73
自転車 61
歯肉・口腔粘膜・舌のケア 144
歯肉炎 138
自閉症 26
自閉症 109
自閉症の口腔所見 139
「じゃんけんやゲームを嫌がるんです」 119
ジャンプ 60
重症心身障害児 11
重心児 11
重複片麻痺 6
手掌での圧力受容困難 49
受動型 118
巡回相談 132
「情緒が不安定なんです」 127
常同行動 110
「食事を丸呑みしてしまうんです」 111

褥瘡 71, 72
食道裂孔ヘルニア 10
食物アレルギー 23
触覚刺激 47
歯列不正 138
シングル・フォーカス 120
シングルタフトブラシ 142
神経因性膀胱 72
「身辺自立がほとんどできていません」 108

す

錐体外路 7
錐体路 7
水痘 18
睡眠障害 117
頭蓋内圧亢進 71
スキップ 61
「すぐ怒って手がでるんです」 122

せ

「生活が乱れているんです」 127
精神遅滞 106
精神発達遅滞の口腔所見 138
静的反応 35
生理的発声 87
積極奇異型 118
摂食・嚥下機能 78
染色体異常 69
尖足歩行 64
先天性（福山型）筋ジストロフィー症 76
全般性発作 12
前方パラシュート反応 54

そ

相動運動能 36
足底板 67
側方パラシュート反応 54
咀嚼 80

た

「体調が良くないときが多いんです」 112
大脳皮質 7
対麻痺 6
ダウン症 111
ダウン症候群 69
タッピング 10
単麻痺 6

ち

知的障害 11
知能指数（IQ） 11
注意欠陥多動性障害 ADHD 26, 121
超重心 11
聴力障害 8

つ

追視運動 43

て

てんかん 12, 17, **106**
伝染性軟属腫（水イボ） 24
伝染性膿痂疹（とびひ） 24
デンタルフロス 144
転倒しやすい 62

と

「トイレに行かないんです」 116
「登園を嫌がります」 123
統合保育 111
ドゥシャンヌ型筋ジストロフィー症 76
動的反応 35
頭尾律 30
頭部挙上 43
頭部の回旋運動 43
独歩 59

な

内転筋 75
内反 66
「泣き声や叱る声をとても嫌がるんです」 116
縄跳び 61
喃語 80

に

二次性全般発作 12
二分脊椎 71
二分脊椎の肥満 73
乳児嚥下パターン 78
尿路感染 72

ね

寝返り 39

の

脳障害児 3
脳性麻痺 3, 73
脳性麻痺の訓練 74
脳性麻痺の口腔所見 137
脳性麻痺の定義 3, 73
脳性麻痺の発生原因 5
脳性麻痺の発生率 5
脳の成熟との関連の原則 42
ノロウイルス 19

は

白癬水虫 24
麦粒腫（ものもらい） 26
はしか 18
発語 87
発語器官 87
発達指数（DQ） 11
発達障害 3, 106
「話が伝わらないんです」 118
話し言葉 82
パニック 116
歯のケア 140
歯ブラシの選び方 140

歯磨きに用意するもの 141
歯磨きの実際 141
場面かん黙 123
パラシュート反応 35, 37, 54
反響言語 118

ひ

非言語的コミュニケーション 81
肘関節屈筋群の過緊張 50
肘立て位 43
肘這い移動 48
「人と関わりません」 109
「人の話を聞かないで勝手に喋るんです」 120
独り立ちのための練習 57

ふ

風疹 18
「不器用なんです」 120
腹臥位での方向転換 40
「ふざけて手に負えないんです」 121
不随意型麻痺 7
フッ化物洗口剤 146
部分性発作 12
踏まず支え 67
フラッシュバック 123
フロッシング 144
粉砕 80
噴門形成不全 10

へ

偏食 116
「偏食がひどいんです」 116

ほ

ポイント磨き 142
膀胱直腸障害 71
方向転換 41, 48
「ぼーっとしたり，興奮しすぎたり，状態が一定しないんです」 106

保護伸展反応 35, 54

ま
マウチングパターン 80
麻疹 18
睫毛内反（さかさまつげ） 26
「周りと関わりをもたないんです」 109

み
ミオクロニー発作 12
水虫, 白癬 24
身振りサイン 107

む
無症候性誤嚥 10

め
迷路性立ち直り反応 29
メチシリン耐性黄色ブドウ球菌：MRSA 20

も
目的, 口腔ケア 139
持ち上げ機構 36

や
薬物療法 121

よ
容易から困難への原則 42
陽性徴候 75
四つ這い移動 41, 49
四つ這い位の安定化 53

り
立位の平衡反応 57
立位への挑戦 56
流行性結膜炎 26
流行性耳下腺炎 18

療育通園 106
両麻痺 6

ろ
ロタウイルス 19

わ
「わざといけないことをするんです」 112

欧文数字
21トリソミー 69
B型肝炎 20
C型肝炎 20
Kaup指数 14
O脚 68
PDD 118
X脚 68

編著者略歴

中島　雅之輔（Masanosuke Nakashima）

昭和 42 年	東京大学医学部卒業
昭和 45 年	東京大学医学部整形外科学教室入局
昭和 47 年	東京都立北療育園整形外科医員
昭和 53 年	同整形外科医長
昭和 60 年	東京都立北療育医療センター整形外科医長
	（北療育園は北療育医療センターに発展的解消）
平成 3 年	同整形外科部長
平成 11 年	同副院長
平成 16 年 7 月	同退職，現在，同非常勤医師

著書

脳性麻痺研究（Ⅱ），（分担）協同医書出版社，1979.
発達から見た脳性運動障害の治療，新興医学出版社，1992.
脳性麻痺（リハビリテーション医学全書 15）第 2 版（分担），医歯薬出版，1989.
整形外科クルズス（分担）南江堂，1997.

学会

日本リハビリテーション学会認定医・評議員，日本整形外科学会認定医，脳性麻痺研究会幹事，脳性麻痺の外科研究会幹事

Ⓒ2007　　　　　　　　　　　　　　2 刷　2009 年 7 月 15 日
　　　　　　　　　　　　　　　　　　第 1 版発行　2007 年 6 月 15 日

最新障害児保育マニュアル

（定価はカバーに表示してあります）

検印省略	編著者	中島雅之輔
	発行者	服部秀夫
	発行所	株式会社 新興医学出版社

〒113-0033　東京都文京区本郷6丁目26番8号
電話　03(3816)2853　　FAX　03(3816)2895

印刷　三報社印刷株式会社　　ISBN978-4-88002-663-3　　郵便振替　00120-8-191625

・本書の複製権・上映権・譲渡権・公衆送信権（送信可能化権を含む）は株式会社新興医学出版社が保有します。
・JCOPY 〈（社）出版者著作権管理機構 委託出版物〉
本書の無断複写は著作権法上での例外を除き禁じられています。複写される場合は，そのつど事前に，（社）出版者著作権管理機構（電話 03-3513-6969，FAX03-3513-6979，e-mail：info@jcopy.or.jp）の許諾を得てください。